Marc Teufel, Dr. Jonas Helming

Eclipse 4

Marc Teufel, Dr. Jonas Helming

Eclipse 4

Rich Clients mit dem Eclipse 4.2 SDK

Marc Teufel, Dr. Jonas Helming
Eclipse 4
ISBN: 978-3-86802-063-2

Bibliografische Information Der Deutschen Bibliothek
Die Deutsche Bibliothek verzeichnet diese Publikation in der Deutschen Nationalbibliografie; detaillierte bibliografische Daten sind im Internet über http://dnb.ddb.de abrufbar.

Ihr Kontakt zum Verlag und Lektorat:
Software & Support Media GmbH
entwickler.press
Darmstädter Landstraße 108
60598 Frankfurt am Main
Tel.: +49 (0)69 630089-0
Fax: +49 (0)69 930089-89
lektorat@entwickler-press.de
http://www.entwickler-press.de

Lektorat: Sebastian Burkart
Korrektorat: Barbara Decker
Satz: Laura Acker
Belichtung, Druck & Bindung: M.P. Media-Print Informationstechnologie GmbH, Paderborn

Inhaltsverzeichnis

Vorwort

Erfolgreiche Konzepte und Technologien durchleben über die Jahre Metamorphosen und erweitern ihre Anwendungsbereiche. Wer hätte vor 20 Jahren vermutet, dass Linux einmal das am meisten verbreitete Betriebssystem auf Smart Phones sein wird oder dass man eines Tages über das TCP/IP-Protokoll telefonieren kann. Auch Eclipse ist so ein Verwandlungskünstler, war es zu Beginn doch nichts weiter als eine Entwicklungsumgebung für Java, die man mit Plugins erweitern konnte. Der enorme Leistungsumfang, den Eclipse als IDE damals schon bot, überzeugte viele Entwickler. Nicht nur die Entwicklungsumgebung beeindruckte die Community, insbesondere die Eclipse-Architektur und der sogenannte „Eclipse Way" sorgte für Begeisterung. Nach kurzer Zeit begannen viele Entwickler damit, Erweiterungen für Eclipse in Form von Plug-ins zu veröffentlichen. Zur Zeit von Eclipse 2.0, also etwa vor etwa zehn Jahren, wurde einigen Entwicklern dann klar, dass man mit Eclipse als Technologie mehr als nur eine IDE oder Tools bauen konnte. Erweiterbare Menüs, das Fenster-Management mit verschachtelbaren Views und Editoren, die auf verschiedenen Betriebssystemen nativen Widgets und die generelle Modularität sind alles Lösungen, die für eine flexible IDE gut funktionierten, aber eben nicht nur dort. So begann man recht schnell, mit der Eclipse-Technik als Grundlage neue Wege zu gehen und Anwendungen auf Eclipse-Basis zu entwickeln, die von den genannten Konzepten profitierten. Zwischen den Entwicklern der Plattform und der Community begann ein reger Gedankenaustausch, als Resultat wurde mit der Eclipse-Version 3.0 im Jahr 2004 die Rich Client Platform (RCP) eingeführt. Auf dieser basieren bis heute alle Eclipse-Anwendungen, auch die IDE. Die Rich Client Platform ist mehr als ein reines UI Toolkit, sie ist ein umfangreiches Applikationsframework, welches alles bietet, was in typischen „Rich Clients" benötigt wird. Softwareentwickler können die zahlreiche Funktionen aus dem Frameworks nutzen anstatt sie für jede Anwendung neu zu entwerfen. Eclipse RCP erlaubt es damit, sich auf die Entwicklung der Komponenten zu konzentrieren, die für die eigene Anwendung den wahren Wert ausmachen.

Seit der ersten Veröffentlichung im Jahr 2004 ist die Zahl der Geschäftslösungen, die auf Basis dieser Plattform entwickelt werden, sprunghaft angestiegen. Vom Handel über das Gesundheitswesen bis hin zur Medienbranche – es gibt heute nahezu keinen Bereich mehr, in dem man keine Softwarelösung findet, die auf Eclipse basiert. Damit stellt sich Eclipse RCP als durchschlagender Erfolg für die Eclipse Community dar, die ursprünglich nie vorhatten, ein solches Framework zu veröffentlichen.

Mittlerweile sind acht Jahre vergangen, in der Softwareentwicklung eine lange Zeit. Doch bis heute werden neue Projekte auf Basis von RCP aufgesetzt. Die bestätigte Akzeptanz und das Vertrauen der Anwender in die Eclipse-Technologie motivieren die Eclipse Community, die Plattform zu pflegen und weiterzuentwickeln. Eine Technologie, deren Entwicklung nicht kontinuierlich vorangetrieben wird, gehört sonst bald selbst zum alten Eisen. Auch noch so erfolgreiche Entwicklungsmuster, auf die man lange Zeit vertrauen konnte, sind irgendwann nicht mehr die optimale Lösung. Diese Erfahrung hat auch die Rich Client Platform in einigen Bereichen machen müssen. Viele Konzepte und Ideen, die 2004 noch „State of the Art" waren, haben sich mittlerweile überholt. Aus diesem Grund hat die Eclipse Community schon 2008 damit begonnen, mit dem Projekt „e4" die nächste Generation der Eclipse Plattform auf den Weg zu bringen. 2012 schließlich, nach vierjähriger Entwicklung, ist es nun endlich so weit, und die neue Plattform beginnt, die alte ablösen. Aus der Eclipse Rich Client Platform wird die Eclipse 4 Application Platform. Sie setzt sich die ehrgeizigen Ziele, flexibler und gleichzeitig einfacher als das die bisherige Rich Client Plattform zu sein. Dazu wurde die Erfahrung der vergangenen Jahre genutzt, sowie eine breite Community in den Entwicklungsprozess einbezogen. Gleichzeitig bleibt die neue Plattform abwärtskompatibel, sodass die vielen RCP-Anwendungen, die in den letzten Jahren entstanden sind, mit der neuen Version weitgehend lauffähig bleiben und eine weiche Migration durchgeführt werden kann. Mit der neuen Eclipse 4 Application Platform hat die Eclipse Community einen würdigen Nachfolger für die mittlerweile leicht betagte Rich Client Platform gefunden.

Wer sollte dieses Buch lesen?

Dies ist ein Buch von Entwicklern für Entwickler, die bereits über Vorkenntnisse in Eclipse RCP verfügen und nun Anwendungen auf Basis der neuen Eclipse 4 Application Platform erstellen wollen. Es richtet sich zwar primär an Eclipse-RCP-Entwickler, die auf die neue Plattform umsteigen wollen, ist aber auch in weiten Teilen für Einsteiger geeignet. RCP-Einsteigern sei an dieser Stelle jedoch trotzdem empfohlen, sich vor dem Einstieg in Eclipse 4 mit den Grundkonzepten von Eclipse 3.x, sowie OSGi und Eclipse Extensions Points vertraut zu machen.

Aufbau

Bei diesem Buch handelt es sich um ein Arbeitsbuch. Es erhebt keinen Anspruch auf Vollständigkeit und will kein Nachschlagewerk sein. Die Autoren haben sich darauf verständigt, in die wichtigsten Konzepte von Eclipse 4 einzuführen, die für die Anwendungsentwicklung auf der neuen Eclipse 4 Application Platform benötigt werden. Das Buch deckt dabei alle Themen von Grundlagen über Entwicklung bis hin zur Auslieferung von Eclipse-4-Anwendungen ab.

Grundlegende Konzepte der neuen Plattform, wie etwa das Application Model, werden im Detail erklärt, sowie ihre Anwendung anhand von leicht nachvollziehbaren Beispielen demonstriert. Das Buch besteht insgesamt aus neun Kapiteln, die aufeinander aufbauen.

Damit der Leser den Inhalt und vor allem die Beispiele nachvollziehen kann, weist es teilweise einen Tutorial-Charakter auf.

Das erste Kapitel beschreibt die Entstehungsgeschichte von Eclipse RCP von der Version 3.0 über e4 bis hin zur Eclipse 4 Application Platform. Es grenzt die neue Plattform von der alten ab, erläutert, aus welchen Komponenten sie besteht, und beschreibt die wesentlichen Vorteile der neuen Plattform.

Da sich dieses Buch an Entwickler richtet, geht es im zweiten Kapitel ohne Umschweife direkt ans Werk. Das erste Projekt, ein erweitertes Hello World, wird entwickelt. Ziel des Kapitels ist es, ohne zusätzliche Werkzeuge wie beispielsweise den e4-Tools oder Window Builder auszukommen. Das Beispielprojekt wird komplett von Hand aufgebaut und zeigt, wie ein e4-Projekt grundsätzlich strukturiert ist, aus welchen Dateien es besteht und wie man eine sinnvolle Projektstruktur aufbaut. Das Kapitel geht außerdem schon initial auf das neue Application Model ein und zeigt am Beispiel einer Toolbar, wie man diese deklarativ sowie alternativ programmatisch entwickeln kann.

Im dritten Kapitel werden die Werkzeuge, die das Leben des e4-Entwicklers erleichtern, vorgestellt. Breiten Raum nehmen dabei die e4-Tools ein, weil sie die Entwicklungsumgebung mit vielen wertvollen Wizards und Editoren bereichern, welche die Entwicklung von Anwendungen auf der Eclipse 4 Application Platform deutlich vereinfachen. Der Application Model Editor, als zentralster Editor der e4-Tools, wird hier genauso beschrieben wie der darauf aufbauende Live Editor. Mit der neuen Plattform ist es möglich, Anwendungen mithilfe von CSS zu gestalten, aus diesem Grund gibt es auch für die Entwicklungsumgebung umfangreiches Tooling zum Umgang mit CSS. Auch dieses wird im Rahmen dieses Kapitels beschrieben. Das Kapitel schließt mit einer Einführung in Window Builder, einem leistungsfähigen GUI-Designer zum Gestalten von Oberflächen mit Swing oder SWT und JFace.

Das vierte Kapitel widmet sich einem der zentralsten Themen der Eclipse 4 Application Platform: dem neuen Application Model. Hier wird zunächst ein Vergleich mit dem Aufbau klassischer RCP-Anwendungen gezogen und motiviert, warum die Einführung des Application Models mit e4 nötig war. Der Aufbau eines typischen Application Models wird dargestellt, ferner wird auf den Unterschied zwischen Platform- und Bundle-Notation eingegangen. In diesem Zusammenhang wird auch erklärt, wie man ein Application Modell um externe Ressourcen/Contributions anreichert. Im Anschluss werden alle Komponenten des Application Models, unterteilt nach sichtbaren UI-Elementen und unsichtbaren Elementen im Detail und anhand von Beispielen, dargestellt. Zuletzt werden mit Fragmenten, Model Processors und Addons auf die Erweiterungsmöglichkeiten des Application Models hingewiesen.

Im fünften Kapitel wird das Programmiermodell von Eclipse 4 basierend auf Annotationen und Dependency Injection im Detail vorgestellt. Neben dem Aufbau des Eclipse-Context, der für die Auflösung zu injizierender Objekte zuständig ist, werden zusätzliche Annotationen vorgestellt, mit denen sich dieser sogenannte „Inversion of Control"-Mechanismus genauer steuern lässt. Weiterhin beschreibt das Kapitel, wie Dependency Injection programmatisch durchgeführt werden kann. Außerdem wird erklärt, wie sich der Context manuell erweitern lässt, damit man auch eigene Objekte einbringen kann.

Das sechste Kapitel bietet einen Überblick der wichtigsten Eclipse 4 Services, sowie eine Beschreibung des Event Brokers. Das Kapitel liefert damit Bausteine, um beispielsweise Einstellungen einer Anwendung zu verwalten, die Kommunikation zwischen verschiedenen UI-Komponenten umzusetzen oder einer Anwendung zu internationalisieren. Außerdem wird beschrieben, wie eigene Services auf Basis von OSGi definiert werden können.

Im siebten Kapitel geht es um CSS und wie CSS mit der Eclipse 4 Application Platform kombiniert werden kann. Es zeigt, wie man eigene Anwendungen mit CSS gestaltet, wie man eigene Themes einbringt und zur Laufzeit zwischen Themes wechselt. Das Kapitel versucht weiter, die Grenzen von CSS in e4-Anwendungen darzustellen.

Im achten und letzten Kapitel geht es um das Thema Build und Deployment. Dazu wird Maven Tycho vorgestellt, in Zukunft die Grundlage der sogenannten „Common Build Infrastructure", die gerade bei der Eclipse Foundation im Aufbau ist. Maven Tycho wird detailliert erklärt und im Anschluss ein Beispielprojekt mit Maven Tycho gebaut. Dabei wird nicht nur gezeigt, wie man einzelne Bundles mit Tycho bauen kann, sondern auch wie man Tests integriert und komplette Product Builds für verschiedene Betriebssysteme erzeugt.

Im Schlusswort geben wir einen Ausblick über die Zukunft von Eclipse 4. Dabei werden auch mögliche Migrationspfade von Eclipse 3.x erläutert.

Wichtiger Hinweis zu den Listings

Viele der Listings in diesem Buch wurden umformatiert, um die Lesbarkeit zu verbessern. Insbesondere XML-Listings haben häufig deutlich längere Zeilen, als auf eine Buchseite passen. Oft ist bei XML jedoch darauf zu achten, dass öffnende und schließende Element-Tags sowie die dazwischen befindlichen Elementinhalte in der gleichen Zeile stehen sollten.

Wurde ein XML-Element über mehreren Zeilen formatiert, z. B.

```
<elementMitLangemNamen>
   ElementInhalt
</elementMitLangemNamen>
```

... so sollte dies in der Regel stattdessen wie folgt verwendet werden:

```
<elementMitLangemNamen>ElementInhalt</elementMitLangemNamen>
```

Feedback

Wir sind sehr daran interessiert zu erfahren, wie Ihnen unser Buch gefällt. Was finden Sie gelungen, in welchen Bereichen hätten Sie gerne Verbesserungsvorschläge? Fehlen Ihnen Inhalte, die Sie vergeblich in diesem Buch gesucht haben? Oder haben Sie vielleicht sogar einen Fehler gefunden? Bitte schreiben Sie uns, wir freuen uns auf Ihr Feedback. Nur wenn Sie uns sagen, was Ihnen gut oder weniger gut gefällt, können wir beim nächsten Buch alles noch viel besser machen. In Abhängigkeit von der Menge der Leser, die uns Ihr Feedback schicken, werden wir jedoch unter Umständen nicht alle E-Mails beantworten können. Wir bitten um Verständnis.

Der Verlag hat eine E-Mail-Adresse eingerichtet, unter der Sie uns erreichen können:

- eclipse-feedback@entwickler-press.de

Alternativ können Sie die Autoren auch direkt kontaktieren:

- Marc Teufel: *teufel.marc@gmail.com*
- Dr. Jonas Helming: *jhelming@eclipsesource.com*

Danksagung

An der Entstehung eines Buches sind viele Personen beteiligt, nicht nur die Autoren. Ohne die Mithilfe von vielen Personen kann ein Buch wie dieses nicht entstehen. An dieser Stelle möchten wir daher unseren Dank an folgende Personen aussprechen:

Marc

Bei der Eclipse 4 Application Platform handelt es sich um ein neues Framework, dieses war dementsprechend nur sehr wenig dokumentiert. Ferner war, als dieses Buch geschrieben wurde, die neue Eclipse-Plattform noch in Entwicklung und hat sich oft verändert. Das Schreiben gestaltete sich deshalb außerordentlich zeitaufwendig, weil man sich oft viel Hintergrundinformation erst durch aufwendige Recherche in den Quelltexten erarbeiten musste. Eine solche Aufgabe lässt sich besser im Team bewältigen, aus diesem Grund bin ich froh, mit Jonas einen kompetenten Autor an Bord geholt zu haben. Es war, insbesondere in den letzten Wochen harte Arbeit, aber es hat sehr viel Spaß gemacht. Vielen Dank für die freundschaftliche Zusammenarbeit.

Dann muss ich unbedingt meinen Lektor Sebastien Burkart erwähnen. Sebastian hat dieses Buchprojekt auf den Weg gebracht, mir immer den Rücken freigehalten und Geduld bewiesen, wenn ich wieder mal den Zeitplan ändern musste. Vielen Dank dafür!

Auch dem Entwicklerteam der neuen Eclipse 4 Application Platform, dem ich zahlreiche Bugs gemeldet und immer wieder Fragen gestellt habe, möchte ich meinen Dank aussprechen. Auf beides reagierten das Team, insbesondere Tom Schindl und Eric Moffat, stets freundlich und mit prompter Hilfe.

In diesem Zusammenhang habe ich die große Bitte an alle Anwender, eventuellen Bugs oder fehlender Dokumentation nicht mit Unmut zu begegnen. Vielmehr ist jeder aufgerufen mitzumachen, Bugs zu melden, über Eclipse zu sprechen, darüber zu schreiben oder es einfach nur zu benutzen. Es gibt so viele Wege sich zu beteiligen und dazu beizutragen, dass die die neue Rich Client Platform genauso erfolgreich wird wie die alte.

Ein ganz besonders und von Herzen kommender Dank geht an dieser Stelle an meine Frau Daniela. Sie hat mir den notwendigen Freiraum gelassen, als ich an diesem Buch gearbeitet habe (und das waren meist die Abendstunden, Wochenenden und einige Nächte). Durch ihre Unterstützung hat sie ganz wesentlich zum Gelingen dieses Buches beigetragen.

Timo und Tom, ihr seid mein Antrieb!

Jonas

Als aktives Mitglied der Eclipse Community ist es mir ein persönliches Anliegen, dass die neue Eclipse Plattform ein Erfolg wird. Dazu ist neben der rein technischen Entwicklung auch immer ein vitales Feedback von Usern wichtig. Eine neue Plattform muss durch dieses Feedback reifen und sich weiterentwickeln können. Auch ich möchte daher jeden Entwickler aufrufen, sich auf einem der zahlreichen Wege beizutragen. Gerade für Neulinge in der Community ist es oft überraschend, wie schnell Probleme gelöst werden können, wie schnell Bugs gefixed werden und wie leicht man auch selbst ein paar Zeilen Code zu Eclipse beitragen kann.

Damit sich Entwickler in der neuen Plattform zurechtfinden, versuche ich neben einigen anderen Autoren schon seit einiger Zeit in Zeitschriftenartikeln, Schulungen und meinem Blog, die neuen Konzepte vorzustellen und Entwickler davon zu begeistern. Das Buchprojekt deckt sich perfekt mit dieser Motivation. Auch ich möchte mich bei Marc für die spontane und gute Zusammenarbeit bedanken, während der wir uns sehr gut ergänzen konnten.

Persönlich danken möchte ich meinem Kollegen Dr. Maximilian Kögel für den Freiraum, meinen Eltern Dr. Christine Helming und Dr. Gerhard Helming für ihre andauernde Unterstützung, sowie meiner Freundin Katharina, die viele Abende und Wochenenden geduldig allein verbringen musste.

Ellingen und München im August 2012

Marc Teufel

Dr. Jonas Helming

Geleitwort

Eclipse wird als IDE tagtäglich von Hunderttausenden Entwicklern verwendet, um Software für die verschiedensten Zwecke zu schaffen. Ganz nebenbei hat sich aber die Eclipse Platform unter dem Namen Eclipse RCP auch in einem ganz anderen Bereich verbreitet: dem Bereich der Anwendersoftware. Diesem Trend versucht das neue Major Release 4 der Eclipse Platform Rechnung zu tragen.

War Eclipse RCP in der 3.x Linie nur ein Nebenprodukt der IDE, haben wir versucht, mit der Revision 4 der Plattform den Spieß umzudrehen und die IDE als eine extrem große RCP-Anwendung zu betrachten. Ziel war es, dieser Plattform alle Features mitzugeben, sodass kleine, mittlere und große RCP-Anwendungen einfach zu erstellen sind.

Um dem Entwickler eine modernes Framework in die Hand zu geben, haben wir uns darüber hinaus von modernen Ansätzen der Software-Entwicklung inspirieren lassen und daher basiert die Eclipse 4 Application Platform auf Inversion of Control (Dependency Injection), Service Pattern, einem Publish- and Subscribe-Event-System sowie einem zentralen Application Model.

Sollten Sie ein alter Eclipse-RCP-Veteran sein, werden Ihnen einige Konzepte bekannt vorkommen, andere werden Ihnen neu erscheinen: Sie werden aber feststellen, dass diese neue Plattform ungeahnte Möglichkeiten bietet. Dinge, die früher unmöglich waren, sind auf einmal einfach oder zumindest möglich. Als Eclipse-„Rookie“ finden Sie eine moderne Anwendungsplattform, die kaum Wünsche offen lässt.

Das vorliegende Buch versucht, Sie in alle Teilbereiche der Eclipse 4 Platform einzuführen und durch anschauliche Beispiele näher zu bringen.

Innsbruck, im September 2012

Tom Schindl
Eclipse 4 Project Teammitglied
BestSolution.at

1 Einführung

Wer sich professionell mit Eclipse beschäftigt, dürfte recht schnell bemerken, dass es sich bei Eclipse um weit mehr als nur eine Entwicklungsumgebung für Java handelt. Mit Eclipse liegt in erster Linie ein Framework für die Anwendungsentwicklung vor, eine vitale Open Source Community, und sie beinhaltet darüber hinaus eine Reihe nützlicher Technologien. Dieses erste Kapitel gibt eine kurze Einführung in die Vielfalt von Eclipse, der Rich Client Platform (RCP) im Speziellen, sowie seiner Weiterentwicklung zu Eclipse 4. Dabei wird insbesondere darauf eingegangen, warum man mit Eclipse 4 eine Art Neuanfang gewagt hat, und aus welchen grundlegenden Komponenten die neue Plattform besteht.

1.1 Was ist Eclipse?

Eclipse hat seit seinem ersten Erscheinen vor mehr als zehn Jahren einen erstaunlichen Reife- und Entwicklungsprozess erlebt. Ursprünglich als der Nachfolger der Software „Visual Age for Java" von IBM und zu Beginn auch nur als Entwicklungsumgebung konzipiert und gedacht, kam spätestens ab Version 2.x der große Durchbruch. Eclipse überzeugte die Mehrheit der Java-Entwickler und fand so seinen Platz auf Millionen Rechnern weltweit.

Der wohl mit Abstand bekannteste Teil von Eclipse ist das Integrated Development Environment (IDE) für Java – die Java Development Tools (JDT). Mit aktuell knapp 65% Marktanteil ist Eclipse der Platzhirsch unter den IDEs. Benutzer schätzen den ausgefeilten Editor, den inkrementellen Compiler, die Auto-Completion (CTRL+SPACE), den Quick-Assist (CTRL+1) und die umfangreiche Refactoring-Unterstützung. Durch die hohe Verbreitung und die offene Architektur der JDT gibt es außerdem kaum eine relevante Technologie, die nicht in Eclipse eingebunden ist. So stehen für CVS, SVN, Git und viele andere Versionskontrollsysteme Integrationen bereit. Gleiches gilt für die Unterstützung von Frameworks wie Spring, Hibernate oder dem Google Web Toolkit (GWT). Seit Kurzem stellt Google mit dem Window Builder endlich auch einen UI-Editor zur Verfügung, der kaum Wünsche offen lässt. Und sollte doch etwas fehlen oder sollte es einmal nicht Java sein, Eclipse ist nicht nur eine Java-IDE, sondern ein IDE-Framework.

1.1.1 Eclipse ist ein IDE-Framework

Eines der Kernkonzepte von Eclipse ist seine modulare Architektur. Sie erlaubt das Hinzufügen und Entfernen von Features. Diese Features werden als Komponenten in Eclipse „Plugins" oder „Bundles" genannt – bereitgestellt. Entfernt man die Java Development Tools (JDT)-Komponenten, bleibt eine mächtige IDE zurück, die allerdings ziemlich unbrauchbar ist. Das volle Potenzial wird dann ausgeschöpft, wenn eine Unterstützung für andere Sprachen als Komponente hinzugefügt wird. Ein Beispiel sind die C/C++ Developer Tools (CDT), die sich ein Kopf-an-Kopf-Rennen mit Visual Studio um die beliebteste IDE für C liefert. Weitere Unterstützung gibt es für PHP (PDT), Fortran, sowie mit dem Dynamic Languages Toolkit Project (DLTK) für Sprachen wie Ruby, Javascript oder Python. Die Eclipse Foundation bietet hierfür zahlreiche vorkonfigurierte IDE-Pakete fertig zum Download an. Durch das Plugin-Konzept kann die eigene IDE aber auch den individuellen Wünschen angepasst werden und beispielsweise Java und C gleichzeitig unterstützen.

1.1.2 Eclipse ist eine Tools Platform

Eclipse wurde ursprünglich von IBM entwickelt. Dass der Name „Eclipse", zu Deutsch Sonnenfinsternis, eine Spitze in Richtung Sun sein sollte, gehört wohl ins Reich der Mythen. Hauptkonkurrent im relevanten Bereich ist eindeutig Microsoft. Was vielleicht weniger bekannt ist: Das Ziel von Eclipse war nicht primär eine neue Java-IDE zu schaffen. Vielmehr sollte mit Eclipse ein zum Ende des letzten Jahrtausends immer mehr auftretendes Problem gelöst werden: In den Neunziger Jahren, mit dem Aufkommen von Technologien wie Java und dem Internet, wurde eine Reihe mächtiger Tools entwickelt. Allein IBM hatte mit Tools wie VisualAge for Java, dem WebSphere Studio oder WebFacing eine stetig wachsende Produktpalette. Aus heutiger Eclipse-Sicht kaum mehr vorstellbar: Vieler dieser Tools waren weitestgehend eigenständig entwickelt. Aus dem Blickwinkel des Benutzers gab es daher kein einheitliches Bedienkonzept und keine Möglichkeit, die Artefakte eines gesamten Projekts uniform und integriert zu verwalten. Eclipse sollte verschiedene Tools zu einem konsistenten Ganzen integrieren, egal ob es sich um Code, Property-Dateien oder XML handelt. Aus Sicht des Tool Herstellers war das Problem vielleicht noch drastischer. Ohne eine gemeinsame Basis der Tools mussten Features und Bug Fixes in mehreren Produkten und für mehrere Plattformen parallel gepflegt werden. Ein Beispiel für ein Feature, das fast die gesamte Produktpalette betrifft, ist die Integration eines neuen Versionsverwaltungssystems, wie dem im Jahr 2000 erschienenen Subversion. Und schließlich kostet die parallele Installation und Ausführung verschiedener Produkte auch Speicher. Für komplexe Entwicklungswerkzeuge damals, aber auch heute noch ein wichtiger Faktor. So begann IBM im November 1998 mit der Entwicklung der Eclipse-Plattform. Dass die Java Development Tools (JDT) von Anfang an einer der wichtigsten Teile von Eclipse waren und heute noch sind, überrascht nicht. Zum einen war Java zur Geburtsstunde von Eclipse die wohl am stärksten wachsende Programmiersprache. Mit dem WebSphere Studio Application Developer, der Visual Age for Java ablöste, brachte IBM sein erstes kommerzielles Tool auf Basis von Eclipse auf den Markt. Zum anderen bietet JDT Support für die Entwicklung von Eclipse selbst, das eben auch in Java entwickelt wird. Heute, zehn Jahre später, existieren auf Basis von Eclipse Hunderte, wenn nicht Tausende von Tools verschiedenster Hersteller. Neben typischen Entwickler-Tools, wie den Data Tools für die Datenbank-Administration oder den Web Tools für Web-Entwickler, gibt es auch zahlreiche Angebote außerhalb der reinen Software-Entwicklung. Mit den Business Intelligence and Reporting Tools (BIRT) erstellen Business-Analysten textuelle und grafische Auswertungen. Ein besonders stark wachsender Teil von Eclipse findet sich im Bereich Modellierung. Bedingt durch den stabilen und pragmatischen Standard des Eclipse Modeling Frameworks (EMF). Der Eclipse Marketplace bringt seit Eclipse Helios Ordnung in diese Vielfalt und erlaubt über sogenannte „Marketplaces" ähnlich wie Apples AppStore, nach Lösungen zu suchen und diese komfortabel mit einem Klick in die eigene Eclipse-Installation zu integrieren. Der Yoxos Marketplace erlaubt das Testen ausgewählter Lösungen sogar direkt aus dem Browser.

Ein Grund für diesen enormen Erfolg dürfte, neben der hervorragenden Java-IDE, sicherlich auch die Tatsache gewesen sein, dass man die Plattform durch Plugins nahezu beliebig erweitern kann. Selbstverständlich stellen auch andere Entwicklungsumgebungen (etwa Visual Studio von Microsoft) ähnliche Möglichkeiten zur Verfügung. Die technische Umsetzung des Plugin-Mechanismus rund um Extensions und Extension Points in Eclipse überzeugte allerdings so viele Entwickler, dass zahlreiche von ihnen recht schnell auf die Idee kamen, diese Technik auch als Grundlage für die eigene Anwendungsentwicklung einsetzen zu wollen.

1.1.3 Eclipse ist eine Anwendungsplattform

Die Eclipse Community reagierte auf diesen Trend und stellte schließlich ab Version 3.0 mit einem radikalen Umbau ihrer Software und der Einführung von OSGi-Technologie die Weichen für die Rich Client Platform (RCP). Zu diesem Zeitpunkt wurde aus Eclipse, der IDE, also eine Plattform für die Entwicklung von Rich Client-Anwendungen. Die bis heute immer weiter verbesserte Java-Entwicklungsumgebung an sich hat man in diesem Zug ebenso konsequent in einen Satz Plugins ausgelagert, die bereits weiter oben erwähnten „Java Development Tools" (JDT). Damit ist die Java-IDE ebenfalls „nur" eine Rich Client-Anwendung, die auf Basis der RCP läuft. Seit Erscheinen der Rich Client Platform konnte sich die Technologie schnell etablieren und wird heute in unzähligen Projekten weltweit erfolgreich eingesetzt [1].

Ein sehr frühes, aber immer noch prominentes Beispiel einer Adaption von Eclipse RCP ist die NASA. Im Jet Propulsion Lab (JPL) wird RCP bereits seit 2005 eingesetzt, beispielsweise für Maesto, ein Tool mit dem Mars Rover gesteuert werden können. Schnell kamen weitere Frameworks hinzu, die das Entwickeln mit RCP zusätzlich unterstützen. Riena beispielsweise ist ein Framework für Client-Server-basierte Geschäftsanwendungen. Riena Widgets, sogenannte Ridgets, erweitern SWT um typische Business-Anforderungen wie beispielsweise die Live-Validierung der Eingabe. Zusätzlich unterstützt Riena den Workflow einer UI sowie die Client/Server-Kommunikation. An dieser Stelle verlassen wir über eine fließende Grenze den Bereich Rich Client. In Wirklichkeit ist Eclipse technologisch gesehen so flexibel, dass es für ziemlich jeden Zweck eingesetzt werden kann. Daher haben auch viele, die gar nichts mit Softwareentwicklung zu tun haben bereits die Eclipse-Technologie verwendet, ohne es zu wissen. So steckt Eclipse beispielsweise in den automatischen Kartenlesern von SkiData, die in vielen Skigebieten, aber auch bei Konzerten und Sportveranstaltungen, eingesetzt werden. Welcher Teil von Eclipse ist das aber, denn ein solcher Automat sieht nicht gerade nach SWT aus? Den Kern von Eclipse bildet eine Komponente namens Equinox, die Basis für alle Plugins. Equinox erlaubt den verschiedenen Komponenten von Eclipse, zusammenzuarbeiten. Es verwaltet Abhängigkeiten zwischen Plugins und je nach Bedarf lädt, startet und beendet es dynamisch verwendete Funktionalität und erlaubt sogar zur Laufzeit benötigte Komponenten nachzuinstallieren. Neben Komponenten verwaltet Equinox auch komplexe Interaktionen zwischen Services. Kurz, Equinox ist ein umfangreiches und mächtiges Framework, ohne das Eclipse nicht funktionieren würde. Mit umfangreich wird dabei aber auf keinen Fall impliziert, dass es als Software viel Platz in Anspruch nimmt, so kann Equinox problemlos auch auf embbeded Devices verwendet werden. Equinox selbst ist eine Implementierung der OSGi-R4-Spezifikation, genauer gesagt sogar die Referenzimplementierung von OSGi R4.2. Über die Bedeutung des Akronyms OSGi wird gerne diskutiert. Ursprünglich stand OSGi für „Open Services Gateway initiative", mittlerweile ist es eher ein Eigenname. OSGi wurde ursprünglich entworfen, um Features auf Geräten dynamisch zu laden und auch wieder entfernen zu können, beispielsweise einen bestimmten Verschlüsselungsalgorithmus auf einer Set Top Box. Die Kernidee ist, dass Funktionalität temporär ist. Sie kann entfernt und durch andere Funktionalität ersetzt werden. Equinox und OSGi bieten das oft benötigte Komponentenmodell für Java, JAR-Archive selbst sind keine Komponenten, sondern reine Ansammlungen von ausführbarem Java-Code. Das Komponentenmodell steht außerdem konsistent unabhängig von der Java-Version zur Verfügung, es kann auf Java SE, EE und ME verwendet werden. Das gleiche Komponentenmodell kann folglich auf dem Desktop, im Web und auf mobilen oder eingebetteten Systemen zum Einsatz kommen.

Equinox wurde das erste Mal mit Eclipse 3.0 (2004) veröffentlicht, davor setzte Eclipse noch auf ein eigenes Komponentenmodell. Die Geschichte der Entstehung von RCP wiederholt sich um die Zeit des Eclipse Release 3.1 (2005), als Entwickler begannen ganz andere Anwendungen als Eclipse selbst auf Equinox laufen zu lassen, insbesondere im Umfeld der Server-Applikationen. Aber das ist nur der Anfang von Eclipse als Runtime Technologie. Das Eclipse Communication Framework (ECF) [2] ist ein weiteres Framework für verteilte Server und Anwendungen. Es bietet APIs und Framework Support, um basierend auf existierenden Protokollen Kommunikation und Messaging in die eigene Anwendung einzubauen. EclipseLink [3], der EclipsePersistenz-Service (entstanden aus Oracle TopLink) ist die einzige OSGi-fähige Implementierung von JPA. Die Eclipse Rich

Client Platform hat sogar einen kleinen Bruder im embedded-Bereich, embedded RCP [4], sowie für das Web die Rich Ajax Platform (RAP) [5]. Mit RAP können Anwendungen entwickelt werden, die mit nur sehr geringen Anpassungen parallel im Web und auf dem Desktop laufen, sogenanntes Single-Sourcing. Zum Ausführen von Web-Anwendungen hat übrigens der weithin bekannte Jetty-Server als einzige ernstzunehmende Konkurrenz für Tomcat im Bereich Servlet-Engines bei Eclipse ein neues zu Hause gefunden.

1.1.4 Eclipse ist eine Open Source Community

Einer der wesentlichen Alleinstellungsmerkmale von Eclipse im Vergleich zu Plattformen wie Visual Studio war von Beginn die konsequente Umsetzung einer Open Source Strategie. Um die starke Verknüpfung von Eclipse mit Open Source, die Eclipse Public License (EPL) [6] und die Aufgaben der Eclipse Foundation zu verstehen, sollte man den Blick nochmals auf den Beginn von Eclipse richten. Das Ziel von IBM war Ende der Neunziger Jahre, eine gemeinsame Tools-Platform zu entwickeln, auf der aktuelle und zukünftige Produkte basieren sollten. Als Erfolgsgaranten der Plattform identifizierte IBM von Anfang an die Erweiterbarkeit. Es sollte zum einen für den Benutzer möglich sein, neue Funktionalität hinzuzufügen, und zum anderen sollten Erweiterungen auch von Drittanbietern ausgeliefert werden können. Die geforderte Erweiterbarkeit schlägt sich technisch in der Modularität von Eclipse und zahlreichen Konzepten wie beispielsweise den Extension Points in Eclipse nieder. Doch die technische Möglichkeit allein hätte nicht den heutigen Erfolg der Eclipse Plattform ermöglicht. Zu Beginn wollten insbesondere Drittanbieter nicht in die neue und unbewährte Plattform investieren. Bliebe die Plattform unter der alleinigen Kontrolle von IBM, gingen Drittanbieter von Erweiterungen eine starke Abhängigkeit zu IBM und damit ein Risiko ein. Das Risiko wäre bei Eclipse umso höher gewesen, denn die Plattform wurde ja quasi neu aus dem Boden gestampft. IBM sah die Lösung des Problems in der Offenlegung des Quellcodes. Im November 2001 gründete IBM zusammen mit acht weiteren Firmen das Eclipse-Konsortium und schuf das Portal eclipse.org. Unter diesen Gründungsmitgliedern befanden sich neben Rational Software und TogetherSoft auch Konkurrenten wie WebGain und Borland.

Das Konsortium verfolgte neue Prinzipien, nach denen noch heute das Eclipse-Ökosystem funktioniert. Die Plattform ist Open Source und wird von der Community kontrolliert. Die Mitglieder des Konsortiums kümmern sich um das Marketing und können auf Basis der freien Plattform kommerzielle Produkte anbieten. Die Grundidee dahinter ist, dass die Plattform Funktionen bietet, die verschiedene Hersteller in ihren Produkten benötigen, welche ihnen aber für sich keinen Wettbewerbsvorteil bieten. Der meist kleinere Teil der Produkte, der das tatsächliche Geschäftsmodell einer Firma ausmacht, basiert auf der Plattform und wird unter einer kommerziellen Lizenz vertrieben. Die Liste der Firmen, die zu Eclipse beigetragen haben, war damals sehr kurz. IBM steuerte mit Abstand den größten Teil bei.

1.1.5 Die Eclipse Public License und die Eclipse Foundation

In den ersten zwei Jahren kamen die ersten offenen Releases von Eclipse heraus. Insbesondere die Eclipse-IDE wurde von der Entwicklergemeinde positiv aufgenommen. Allerdings war das Feedback der Industrie auf den Aufbau des Ökosystems gemischt, da Eclipse im Wesentlichen von IBM kontrolliert war. Diese Tatsache hielt große Hersteller zurück, verstärkt in Eclipse zu investieren. Eclipse musste also unabhängiger werden. Dies war die Geburtsstunde der Eclipse Foundation, einer Non-Profit-Organisation. Das Kernziel der Eclipse Foundation ist der Aufbau einer herstellerneutralen, offenen und transparenten Community rund um Eclipse. Die Foundation definiert dazu die Aufgabe ihrer durch die Mitglieder finanzierten Mitarbeiter in vier Kerndienste:

- IT-Infrastruktur
- Entwicklung des Ökosystems
- Entwicklungsprozess
- Intelectual Properties (IP) Management

Durch eine unabhängige Infrastruktur, beispielsweise Webseiten, SCMs und Build-Server, wird im Wesentlichen Offenheit und Transparenz erreicht. Kein einzelner Hersteller kann beispielsweise einfach Code aus dem offenen Teil von Eclipse entfernen. Auch die hier anfallenden Kosten werden über Mitgliedsbeiträge finanziert. Die Eclipse Foundation sorgt dafür, neue Mitglieder zu werben, Eclipse als Technologie bekannt zu machen und damit das Ökosystem zu entwickeln. Die Eclipse Community trifft sich mindestens zweimal im Jahr auf der EclipseCon und der EclipseCon Europe [7]. Zusätzlich organisieren Mitglieder der Community mit Unterstützung der Eclipse Foundation lokale Democamps, bei denen die neuesten Technologien vorgestellt werden. Auch in vielen anderen Veranstaltungen, wie beispielsweise der JAX [8] hat Eclipse durch entsprechende Tracks mittlerweile einen festen Platz.

Der Entwicklungsprozess legt die Regeln der Zusammenarbeit und die Interessensgruppen fest. So wird beispielsweise zwischen Committern und Contributern unterschieden. Committer dürfen den Code eines Projektes direkt verändern, Änderungen von Contributern müssen von Committern begutachtet werden. Unter Adoptern versteht man bei Eclipse Firmen oder Individuen, die auf Eclipse-Technologie aufbauen, während User tatsächliche Benutzer eines der Endprodukte bezeichnen. Aktuell verzeichnet die Eclipse Foundation circa 1000 Committer und etwa zehnmal so viele Contributer. Die Anzahl der Adopter und User ist durch die offene Verteilung der Eclipse-Komponenten schwer abzuschätzen, man kann aber zumindest bei den Usern von einer hohen siebenstelligen Zahl ausgehen.

Ein weiteres Kernelement bei Eclipse ist der Releasetrain, in dem es einmal pro Jahr ein gemeinsames Release vieler Kernkomponenten von Eclipse gibt. Nur durch diesen weiter oben beschriebenen „Eclipse Way" ist die heutige Qualität und Kompatibilität der einzelnen Eclipse-Projekte bei gleichzeitig hohem Innovationstempo möglich.

Eine weitere Kernaufgabe der Eclipse Foundation ist das Intelectual Properties (IP) Management. Hierzu wurde 2004 die maßgeschneiderte Eclipse Public License (EPL) eingeführt, unter der heute alle Eclipse-Komponenten stehen. Die EPL erlaubt im Gegensatz zu anderen Open-Source-Lizenzen explizit die kommerzielle Verwendung der Komponenten. Das bedeutet, ein Hersteller darf eine Eclipse-Komponente in ein Produkt einbauen und dieses kommerziell vertreiben. Als zweiten großen Teil des IP-Management stellt die Eclipse Foundation über Review-Prozesse sicher, dass Eclipse -Projekte zur EPL kompatiblen Code erzeugen und nicht beispielsweise Drittkomponenten einsetzen, die eine kommerzielle Nutzung verbieten würden. Dies bietet für Hersteller von Produkten auf Basis von Eclipse einen in der Open-Source-Welt seltenen rechtlichen Schutz. Gerade diese Sicherheit ermöglicht Investitionen ins Ökosystem, viele Hersteller stellen beispielsweise bezahlte Committer für bestimmte Projekte. Andere Firmen bieten umgekehrt Support, Training und Wartung für Eclipse-Projekte an. Das Modell des Eclipse-Ökosystems dient mittlerweile häufig als Vorbild, wie sich Offenheit und Transparenz mit kommerziellen Interessen vereinen lassen.

Bei all dieser Vielfalt konzentriert sich dieses Buch jedoch auf die Eclipse 4 Application Platform als Grundlage für die eigene Anwendungsentwicklung.

1.2 Weichenstellung für die Zukunft

Die Zeit bleibt auch bei Eclipse nicht stehen. Bisher war man sehr erfolgreich auf dem Desktop, mit RAP konnten Desktop-Anwendungen sogar ins Web gebracht werden, doch der Trend hin zu rein webbasierten Anwendungen ist ungebrochen. Neben Veränderungen in den Gewohnheiten der Entwickler, die neue Benutzerkonzepte erfordern, wird es immer wichtiger, dass Eclipse Entwickler-Teams unterstützt, die weltweit verteilt in einem Projekt zusammenarbeiten. Auch auf technischer Seite hat man reichlich Erfahrung gesammelt, beispielweise dass Singletons, die in Eclipse großzügig verwendet wurden, die Testbarkeit und Wiederverwendungsmöglichkeiten von Komponenten erheblich einschränken. Auf der anderen Seite haben sich neue Technologien wie etwa Dependency Injection durchgesetzt, die auf der Eclipse-Plattform bisher nur durch Hinzunahme zusätzlicher Bibliotheken einsetzbar waren. Es war also höchste Zeit, die Plattform zu überdenken und neue, zukunftssichere Ideen und Konzepte zu entwickeln, mit denen die Eclipse-Plattform auch in Zukunft erfolgreich bestehen kann. Dies war die Geburtsstunde des „e4"-Projekts. Im Rahmen dieses Projekts arbeiten die Entwickler an neuen Ideen, die in die nächsten Generationen von Eclipse einfließen sollen. Einige dieser Entwicklungen sind so tiefgreifend und radikal, dass sie mit den Konzepten der bestehenden Eclipse-Plattform brechen. Dies ist auch der Grund, warum es in der nächsten Zeit zwei Versionen der Plattform geben wird: Im Rahmen des 3.x-Zweiges wird die bestehende Plattform weiterentwickelt und mit neuen Features ausgestattet. In der 4.x-Linie schließlich wird die nächste Generation von Eclipse entwickelt. Notwendig ist dieses zweigleisige Veröffentlichen insbesondere, weil es sehr viele Anwendungen gibt, die auf Basis der Rich

Client Platform entwickelt wurden und nicht von heute auf morgen in den 4.x-Zweig überführt werden können. Unter 4.x wird zwar eine Kompatibilitätsschicht angeboten, doch auch diese stellt einige Anforderungen, sodass ein einfaches Umstellen einer komplexeren Anwendung von 3.x auf 4.x oft nicht ohne Änderungen möglich ist.

1.2.1 Von e4 zu Eclipse 4.2

Das e4-Projekt kann somit als die Grundlage angesehen werden, ein Rahmenwerk, das derzeit von der Eclipse Community entwickelt wird, auf dem die nächste Generation der Eclipse Plattform aufbauen wird. Ziel ist ein, natürlich auf OSGi (Eclipse Equinox) aufbauendes vollständig komponentenbasiertes Framework für Entwickler zu schaffen, welches im Gegensatz zur 3.x-Linie, ein sehr viel einfacheres Programmiermodell anbietet. Das Entwickeln von Plugins oder ganzen Anwendungen auf Basis dieser neuen Rich Client Platform, oft auch als „Eclipse 4 Application Platform" bezeichnet, soll rapide vereinfacht und modernisiert werden. Dabei ist zu erwähnen, dass sich einzelne Technologien, die im Rahmen von e4 entstehen, auch im 3.x-Zweig verwenden lassen. So ist es beispielweise möglich, das unter e4 entwickelte CSS-Styling auch in RCP-Anwendungen einzubauen, die noch auf Basis der Rich Client Platform 3.x laufen. Der Unterschied zwischen e4 und Eclipse 4.2 ist, dass e4 aktuell der Ort ist, wo neue Technologien entwickelt werden (Brutkasten, Incubator). Eclipse 4.2 ist hingegen, auf Basis von e4, die nächste große Major-Version von Eclipse, die auch viele Teile aus Eclipse 3.x enthält. Anwendungen können nun auf Basis des Software Development Kit (Eclipse 4.2 SDK) auf der Eclipse-4.2-Plattform entwickelt werden.

Bezeichnung	Beschreibung
e4	Incubator Projekt bei Eclipse, an dem neue Technologien für zukünftige Versionen der Eclipse Plattform entwickelt werden.
Rich Client Platform 4.x Eclipse 4 Application Platform e4	Zukünftige Version der Rich Client Platform, aufbauend auf Komponenten, die im Rahmen des e4-Projekts entwickelt werden.
e4 0.1x	Releasebezeichnung. Enthält nur die Kernkomponenten, die die Eclipse 4 Application Platform bilden. Kann in eine Eclipse 3.x-Version eingespielt werden.
Eclipse 4.2 SDK	Vollständige Entwicklungsumgebung für Java und Plugins auf Basis von e4 und Grundlage für die nächsten Simultan-Releases.

Tabelle 1.1: Übersicht über die verschiedenen Bezeichnungen im Umfeld von e4

1.2.2 Einfacher und moderner programmieren

„Think of e4 as RCP 2.0, simplified“, diese Antwort gab Chris Aniszcyk, seines Zeichens Projekt Lead des Plugin Development Environment Toolings (PDE) in der Eclipse-IDE, auf die Frage, was e4 denn überhaupt sei.

Im Umkehrschluss bedeutet das aber auch, dass in der Vergangenheit jeder Entwickler, der in die klassische RCP-Entwicklung einsteigen wollte, eine steile Lernkurve zu absolvieren hatte. Es galt ein sehr umfangreiches, facettenreiches und komplexes Stück Software-Framework zu verstehen und in seiner ganzen Tiefe, mit all seinen unterschiedlichen APIs, zu erlernen. Dieser Einstieg soll nun einfacher werden. Als weiteres Problem bei der klassischen Rich Client Platform identifizierte man außerdem, dass man mit dem Framework zwar benutzerfreundliche und zweckmäßige Anwendungen programmieren konnte, diese aber sehr stark vom Framework abhängig waren. Eine View beispielsweise lässt sich erzeugen, indem man die Klasse ViewPart erweiterte, welche von WorkbenchPart abgeleitet war, die wiederum von EventManager erbte und so weiter.

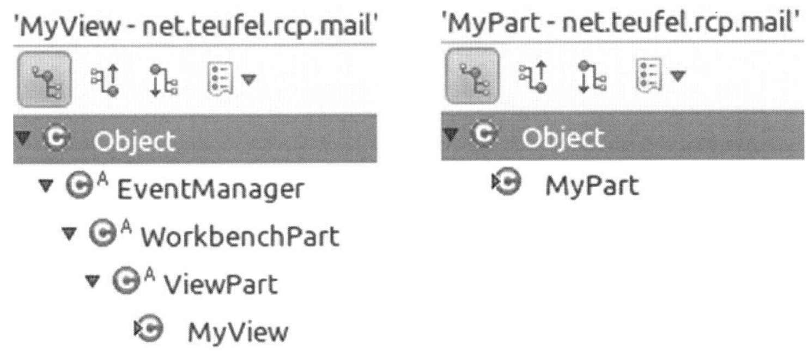

Abbildung 1.1: Vererbungshierarchie einer View in RCP 3.x und e4 im Vergleich

Wie die Abbildung 1.1 zeigt, ist ein View in e4 nichts weiter als eine einfache Java-Klasse (Plain Old Java Object, POJO), ohne weitere Vererbungshierarchie. In der modernen Anwendungsentwicklung spielen nicht nur Techniken wie OSGi und Dependency Injection (DI) eine große Rolle, viel Wert wird insbesondere auch auf die Einfachheit gelegt. Softwarekomponenten in Form von POJOs sind hier das Mittel der Wahl und sollen möglichst einfach, klein, unabhängig und wiederverwendbar sein. Im Idealfall soll ein Anwendungs-Framework wie die Eclipse 4 Application Platform diese POJOs (Views, Services und so weiter) lose gekoppelt zu einem lauffähigen Ganzen zusammenfügen. Genau diese Anforderung setzt e4 vorbildlich um, in dem intern konsequent auf Dependency Injection gesetzt wird.

Mit e4 hält ein einfacheres und moderneres Programmiermodell Einzug. Einfacher, weil die vielfältigen APIs aus RCP 3.x deutlich reduziert und vereinheitlicht wurden. Die Plattform stellt ihre APIs in Form von Services zur Verfügung, eigene Anwendungslogik wird ebenso in Form von Services (POJO Services, OSGI Declarative Services) umgesetzt. Singletons werden weitgehend vermieden, um Abhängigkeiten zur Plattform möglichst gering zu halten. Mit modernerem Programmiermodell ist neben OSGi vor allem auch der durchgängige Einsatz von Dependency Injection gemeint, welche das Entkoppeln einzelner Softwarekomponenten erleichtert. Damit wird nicht nur die Wiederverwendbarkeit von Anwendungslogik gefördert, auch der Code lässt sich deutlich einfacher austauschen, lesen und testen.

1.3 Warum soll ich e4 erlernen?

Warum also e4 erlernen? Die Antwort liegt auf der Hand: Es handelt sich dabei um die Grundlage der nächsten Eclipse-Versionen. Darüber hinaus werden auf Basis von e4 die RCP-Anwendungen von morgen geschrieben.

Die Rich Client Platform 3.x war sicherlich kein schlechtes Framework aber doch gibt es hier und da Stellen, über die man diskutieren kann und die einen Wechsel auf die neue Technik rechtfertigen. Ein Beispiel sind die über das gesamte API verteilten Singletons. Eclipse 3.x macht hiervon regen Gebrauch, und das obwohl sie während der Entwicklung von Eclipse selbst eigentlich nur aus der Not heraus entstanden sind. Der intensive Gebrauch von Singletons geht so weit, dass viele Services, die von der Eclipse-Plattform angeboten werden, als eben solche erreichbar sind. Singletons verhalten sich ähnlich wie globale Variablen und verstreuen Abhängigkeiten zum Framework im eigenen Code, der sich mit alternativen Entwicklungsmethoden deutlich minimieren ließe. Singletons in der Art und Weise, wie sie vom Eclipse API angeboten werden, sind also suboptimal, weil sie Abhängigkeiten zum Framework an Stellen im eigenen Code schaffen, die man eigentlich nicht will.

Ein Beispiel soll dies näher verdeutlichen: Wenn man in einer auf Eclipse 3.x basierenden RCP-Anwendung in einem Service den PreferenceStore zum Auslesen eines Booleans verwenden möchte, dann würde man das wie folgt programmieren:

```
IPreferenceStore store = IDEWorkbenchPlugin.getDefault().
getPreferenceStore();

boolean autoPrint = store.getBoolean(AUTO_PRINT);
```

Von IDEWorkbenchPlugin holt man sich den PreferenceStore (wobei es sich beim IDEWorkbenchPlugin um das berüchtigte Singleton handelt) und liest anschließend die entsprechende Eigenschaft in die Variable. Soll das Objekt nun getestet werden, muss in der Testumgebung auch das Singleton entsprechend bereitgestellt werden. Will man gar den PreferenceStore austauschen, muss womöglich sehr viel Code in der eigenen Anwendung modifiziert werden.

Auf der Eclipse 4 Application Platform sieht ein äquivalenter Aufruf wie folgt aus.

```
@Inject @Preference(AUTO_PRINT) boolean autoPrint;
```

Es ist kein Instanziieren des IPreferenceStore-Objekts erforderlich, es wird kein Singleton verwendet, insgesamt ist der Code kompakter und einfacher zu lesen, und in einem Test Case kann der Wert direkt gesetzt werden. Natürlich muss das Framework die verwendeten Annotationen unterstützen. Die Annotation @Inject aktiviert hier den Dependency Injection-Mechanismus. Die zweite Annotation @Preference sorgt schließlich dafür, dass der Wert der Eigenschaft „AUTO_PRINT" in die Variable injiziert wird.

Ein weiteres Argument, dass für den Umstieg auf e4 sprechen kann, ist seine deklarative Natur. War im 3.x-Zweig das Application Model noch ein Mix aus Code und XML (plugin.xml), hat man sich bei e4 ganz bewusst dazu entschlossen, dieses rein deklarativ nach EMF zu überführen. Hierdurch wird das Verändern spezifischer Bereiche und Eigenschaften in der Anwendung zur Laufzeit nicht nur dynamischer und einfacher, auch die API reduziert sich, weil für das Zugreifen und Modifizieren einzelner Bereiche im Application Model ein überschaubarer Satz an Funktionen benötigt wird und nicht wie vorher ein ganzes Bündel an teilweise undurchsichtigen Klassen.

1.4 Aus welchen Komponenten besteht das Eclipse 4.2 SDK?

Auf unterster Ebene baut das SDK selbstverständlich auf der Java Virtual Machine (JVM) auf, diese ist nicht im Lieferumfang des SDK enthalten. Die SDK-Version 4.1 benötigt grundsätzlich Java 6. Eine Unterstützung für das kürzlich erschienene Java 7 ist in Version 4.1 noch nicht enthalten. Für die aktuellen Eclipse-Versionen 3.8 und 4.2 ist die Java 7-Integration jedoch schon vorhanden.

1.4.1 Eclipse 4 Application Platform

Direkt auf der JVM, quasi als unterste Schicht, finden sich die einzelnen Bestandteile der Eclipse 4 Application Platform. Equinox, EMF und SWT bilden dabei dessen Basiskomponenten. Bei Equinox handelt es sich um die von der Eclipse Foundation geführte Implementierung der OSGi-Spezifikation und stellt somit nicht nur die Grundlage von e4, sondern von der Eclipse Platform selbst dar. Bei EMF handelt es sich um das sogenannte „Eclipse Modeling Framework". Dieses wird innerhalb von e4 verwendet, um das Application Model im Speicher abzubilden. Werden durch von e4 bereitgestellte Services Bestandteile dieses Modells verändert (zum Beispiel die Größe eines Fensters), erfolgt diese Änderung zunächst im Modell, und spezielle Renderer bringen die Änderungen vom Modell ausgehend an die Oberfläche. Damit diese Renderer die Oberflächen aufbauen können, müssen Controls oder Widgets aus Komponentenbibliotheken wie Swing oder SWT verwendet werden.

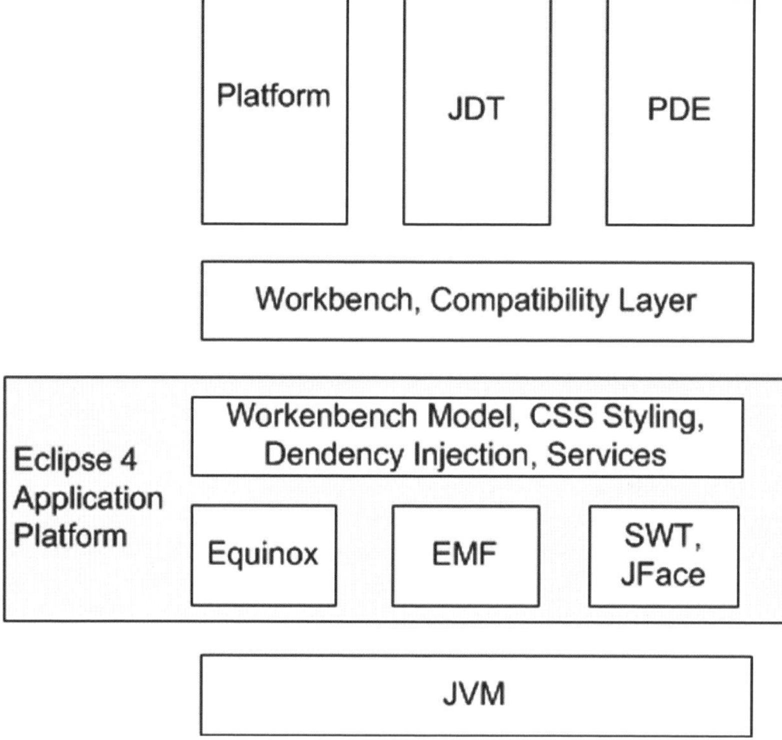

Abbildung 1.2: Das Eclipse 4.2 SDK besteht aus unterschiedlichen Komponenten

In Eclipse 4.2 kommen selbstverständlich SWT und das darauf aufbauende JFace zum Einsatz. SWT als reine Komponentenbibliothek bietet dem Entwickler Widgets wie Textboxen, Comboboxen, Tables und so weiter an. JFace als Aufsatz auf SWT stellt eine zusätzliche Abstraktionsschicht dar und erleichtert dem Entwickler das Erstellen von Oberflächen deutlich, in dem es Viewer und Wizards bereitstellt, die ihrerseits wiederum Widgets aus SWT verwenden.

Auf Basis dieser Kernkomponenten implementiert die Eclipse 4 Application Platform nun ihr Application Modell, den Dependency Injection-Mechanismus, die Service-Schicht und das CSS-Styling. Die einzelnen Komponenten der Eclipse 4 Application Platform werden in den nachfolgenden Abschnitten genauer beschrieben.

1.4.2 Compatibility Layer

Auf der Eclipse 4 Application Platform aufsetzend folgt dann die Workbench mit seinem sogenannten Compatibility Layer. Dieser Bestandteil wird in Zukunft eine gewichtige Rolle spielen. Durch das geänderte Programmiermodell in e4 und den damit verbundenden Eingriffen in das Eclipse API wären viele Plugins, die noch auf 3.x beruhen, nicht mehr lauffähig. Und dem e4-Projekt wäre vermutlich wenig Erfolg beschieden, würde man von allen Plugin-Entwickler erwarten, ihre Plugins so umzuschreiben, dass sie nativ auf der neuen Plattform laufen. Aus diesem Grund hat das e4-Team eine Kompatibilitätsschicht entwickelt, welche API-Aufrufe aus 3.x in die neue Welt übersetzt. Beim Compatibility Layer handelt es sich im Prinzip um einen Adapter, eine Neuimplementierung der Workbench (org.eclipse.ui.workbench), die Aufrufe an e4-Bundles weiterleitet. Um ältere Plugins auf der Kompatibilitätsschicht laufen zu lassen, müssen sie jedoch API-clean sein. API-clean bedeutet, dass das Plugin keine Interfaces aus der Eclipse-Plattform implementieren darf, die mit @noimplement markiert sind. Weiterhin sollten keine Felder und Methoden referenziert werden, die mit @noreference gekennzeichnet sind und schließlich sollten keine Klassen aus der Eclipse Plattform verwendet werden, die mit @noextend markiert sind. Der HTML-Editor aus der Web Tools Platform beispielsweise war so ein Problemfall, dieser war nicht mit dem Compatibility Layer lauffähig, weil er lange Zeit ein Interface implementierte, das mit @noimplement markiert war.

1.4.3 Platform, JDT, PDE

Um mit dem Eclipse 4.2 SDK sinnvoll Java- und Plugin-Entwicklung durchführen zu können, braucht es natürlich auch die entsprechenden Plugins, die die jeweiligen Entwicklungsumgebungen bereitstellen. Im Falle der der Java-IDE sind das die „Java Development Tools" (JDT), und für die Plugin-Entwicklung steht das sogenannte „Plugin Development Environment" (PDE) bereit. Beide sind Bestandteil des SDK und gleichzeitig der beste Beweis, dass der Compatibilty Layer auch tatsächlich funktioniert. Sowohl JDT also auch PDE werden derzeit nämlich noch auf Basis von 3.x entwickelt.

1.5 Aus welchen Komponenten besteht die Eclipse 4 Application Platform?

Bei der Rich Client Platform 4.2 handelt es sich nicht um ein Framework „aus einem Guss". Vielmehr handelt es sich um eine Art Baukasten, aus dem man die Bausteine verwendet, die man gerade benötigt. So ist es beispielsweise denkbar, eine Anwendung zu entwickeln, die zwar grundlegende Komponenten wie Core Services und Dependency Injection verwendet, jedoch auf CSS-Styling verzichtet oder gar eine alternative Rendering Engine implementiert, mit der es möglich ist, die Oberfläche nicht auf Basis von SWT sondern mit Swing darzustellen. Die wichtigsten Bausteine von e4 sind: Dependency Injection, IEclipseContext, Core Services, das Application Model, die Rendering Engine und Declarative Styling. Neben diesen Komponenten gibt es noch eine Reihe zusätzlicher Bausteine, die noch nicht im offiziellen e4-Release enthalten sind, trotzdem aber optional hinzugenommen werden können. Hierzu zählen beispielsweise XWT, mit dem SWT-Oberflächen deklarativ in XML beschrieben werden können. Auch die Open Social Gadgets-Integration gehört dazu. Diese Komponente ermöglicht ein Einbetten von Open

Social-Webkomponenten in e4-basierende Anwendungen und bietet darüber hinaus eine Schnittstelle an, um mit diesen auf Java Script-basierenden Gadgets zu kommunizieren. Nachfolgend sollen nun die wichtigsten Bausteine kurz beschrieben werden, im weiteren Verlaufe des Buches wird detailliert auf die einzelnen Komponenten eingegangen.

1.5.1 Dependency Injection

Dependency Injection (DI) oder Inversion of Control (IoC) ist ein Entwurfsmuster zum Minimieren von Abhängigkeiten. Bei DI ist nicht die Anwendung für das Initialisieren und Bereitstellen von Objekten samt Abhängigkeiten zuständig, sondern Fabrikmethoden des zugrundeliegenden IoC-Containers. Die ersten Container, die den IoC-Mechanismus beherrschten, waren Pico und das Spring Framework. Später griff man diese revolutionären Ideen sogar in der Java Enterprise Edition (JEE) auf und auch Google präsentierte mit Guice eine eigene Lösung für DI. Im JSR 330 (Dependency Injection for Java) wurden schließlich allgemeingültige Annotations definiert, die nun auch von nahezu allen IoC-Containern unterstützt werden. Konnte man unter RCP 3.x noch frei entscheiden, ob man unter Verwendung externer Bibliotheken wie beispielsweise Spring (in Verbindung mit Spring Dynamic Modules) den Dependency Injection-Mechanismus nachrüsten will, so wird einem diese Entscheidung bei e4 bereits vom Framework abgenommen. DI ist hier Pflicht und fest im Framework verankert. Um genau zu sein, bietet das Framework außer DI keinen anderen, einfacheren Weg, um an Services oder sonstige Informationen aus dem Framework zu kommen (auf Singletons verzichtet man im Eclipse 4.2 SDK ja ganz bewusst). Dreh- und Angelpunkt im ganzen DI-Mechanismus ist hierbei die Annotation @Inject. Diese kann man in Konstruktoren, auf Methoden und natürlich auch auf Felder setzen. Aber auch wenn e4 durch und durch von DI geprägt ist, basiert es auf keinem externen DI-Container. Die in JSR 330 definierten Annotationen @Inject und @Named implementiert das Framework selbst.

1.5.2 IEclipseContext

Der IEclipseContext (EclipseContext) sitzt zwischen der eigenen Anwendung und dem Framework und steuert das Registrieren und Finden von Services, das Zwischenspeichern von Selections und so weiter. Diesen hierarchisch organisierten Kontext kann man sich auch als Map vom Typ Map<String, Object> vorstellen. In Eclipse 4 gibt es nicht nur einen IEclipseContext, es handelt sich vielmehr um eine hierarchische Gliederung vieler Kontexte. Beim Starten einer e4-Anwendung werden mittels Reflection alle Objekte der Anwendung durchsucht und im IEclipseContext abgelegt. Möchte man nun einen Service mithilfe von Dependency Injection verwenden, durchsucht das e4-Framework zunächst den lokalen Kontext. Findet es auf dieser Ebene das entsprechende Objekt nicht, geht es auf der nächsten Hierarchie-Ebene weiter, bis man irgendwann im anwendungsweiten Kontext angekommen ist. Hier sind auch über OSGi bereitgestellte Services (OSGi Declarative Services) angesiedelt.

1.5.3 Core Services

Eclipse 4.2 stellt unterschiedliche Standard-Services bereit, auf die sich über Dependency Injection zugreifen lässt. Die Anzahl der Standard Services soll dabei bewusst gering gehalten werden. Der Name „20 Things", wie die Services auch alternativ genannt werden, drückt in diesem Zusammenhang ebenso aus, dass man die API möglichst klein halten möchte um das Framework nicht unnötig aufzublähen. Alles soll überschaubar und möglichst einfach bleiben. Angeboten werden Services für das Logging, Eventhandling und natürlich zum Zugriff auf Anwendungsinterna (Application Model) wie etwa den registrierten Parts, Perspektiven, Commands, Handler und vieles mehr.

1.5.4 Application Model

Das Application Model bezeichnet ein Konzept innerhalb von e4, mit dem ausgedrückt wird, dass sich die komplette Anwendung auch als abstraktes Modell im Speicher befindet. Sämtliche Bestandteile der Anwendung finden sich in diesem Modell wieder, entsprechende Renderer (siehe nachfolgenden Abschnitt) erzeugen zur Laufzeit aus einem solchen Application Model heraus dann die Dialoge, Fenster und Masken. Mit speziellen vom Framework bereitgestellten Services, beispielsweise dem EModelService, lässt sich zur Laufzeit auf das interne Modell zugreifen und dieses bei Bedarf auch verändern. Veränderungen werden dabei sofort wirksam. Ändert man im Modell etwa die Größe eines Fensters, wirkt sich dies sofort auf das reale Fenster aus. Das Application Model als eines der Kernkonzepte von e4 setzt somit die Ideen vergangener Tage, nämlich eine Anwendung deklarativ mit XML zu beschreiben konsequent fort, geht dabei aber deutlich weiter und baut auf dem Eclipse Modelling Framework (EMF) auf.

1.5.5 Rendering Engine

Wie bereits erwähnt, existiert für jede e4-Anwendung ein Modell im Speicher. In diesem Modell sind alle Perspektiven, alle Fenster und so weiter definiert. Die Rendering Engine übernimmt zur Laufzeit das Rendern und Zeichnen der Oberfläche aus dem Application Model. Das Application Model bleibt dabei stets sehr abstrakt und hängt nicht von irgendeinem UI-Toolkit ab. Im Standard wird eine Rendering Engine für SWT mitgeliefert. Es gibt mittlerweile aber auch Bemühungen, entsprechende Rendering Engines für Swing oder Weboberflächen (zum Beispiel RAP) bereitzustellen. Das Konzept der Rendering Engine macht das e4-Framework damit von Anfang an unabhängig von irgendeiner Oberflächenbibliothek. Will man eine Anwendung mit allen Vorzügen der Eclipse 4 Application Platform entwickeln und muss sie auf Basis von Swing laufen, dann ist dies jetzt sehr viel leichter möglich als mit vorangegangenen Versionen der Rich Client Platform.

1.5.6 Declarative Styling

Während das Rendern des Application Models grundsätzlich durch die Rendering Engine durchgeführt wird, gibt es darüber hinaus noch eine optionale Styling Engine, die verwendet werden kann, um die Schriften, Farben und andere Teile des Widget-Renderings zu beeinflussen. Das Web hat bereits gezeigt, dass eine Trennung von Dokumentenstruktur (HTML) und Stil (CSS) eine leistungsfähige Methode ist, um ein einheitliches Erscheinungsbild über viele Seiten hinweg zu gewährleisten. Der Stil bleibt dabei immer der gleiche und wird an einer Stelle, der CSS-Konfiguration, vorgenommen. In e4 wurde dieses Konzept ebenfalls aufgenommen. Die Styling Engine hat keinen Bezug zum Application Model, sondern wird immer aktiv, wenn von der Rendering Engine ein Widget instanziiert wurde und führt das Styling auf Basis von CSS-Deklarationen durch.

Links & Literatur

[1] *http://www.eclipse.org/resources/?type=study&category=RCP*

[2] *http://eclipse.org/ecf/*

[3] *http://eclipse.org/eclipselink/*

[4] *http://eclipse.org/ercp/*

[5] *http://eclipse.org/rap/*

[6] *http://www.eclipse.org/legal/epl-v10.html*

[7] *http://eclipsecon.org/*

[8] *http://jax.de*

2 Erste Schritte

Nach dem Überblick im ersten Kapitel sollen im zweiten Kapitel nun die ersten Schritte mit dem Eclipse 4.2 SDK in der Praxis folgen. Zunächst wird ein lauffähiges Eclipse 4.2 SDK aufgesetzt. Im Anschluss geht es an die Entwicklung der ersten einfachen e4-Anwendung. Es kommen dabei zunächst keine zusätzlichen Assistenten und Tools zum Einsatz, die Anwendung wird komplett von Hand entwickelt. Diese Vorgehensweise ermöglicht einen Einblick in das Hauptwerkzeug, nämlich die Eclipse-IDE, sowie in den grundlegenden Aufbau von Anwendungen auf Basis der neuen Plattform. Das hier begonnene Beispiel wird darüber hinaus im Verlauf dieses Buchs immer wieder aufgegriffen und erweitert, um die verschiedenen Aspekte der Eclipse 4 Application Platform zu demonstrieren.

2.1 Eclipse 4.2 SDK einrichten

Das Eclipse 4.2 SDK ist für die Betriebssysteme Windows, Linux und Mac OS X in 32- und 64-Bit-Versionen verfügbar.

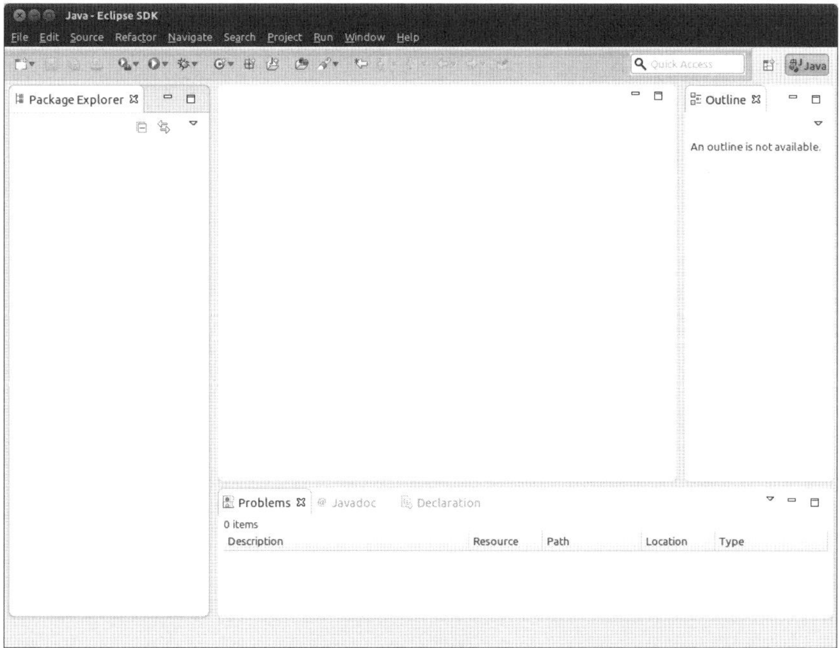

Abbildung 2.1: Eclipse 4.2 SDK

Java sollte hierbei mindestens in der Version 1.5 installiert sein. Das Eclipse 4.2 SDK arbeitet selbstverständlich auch mit Java 7 reibungslos zusammen.

Als Entwicklungsumgebung empfiehlt sich die „Eclipse Distribution für RCP und RAP Entwickler", die von eclipse.org heruntergeladen werden kann [1]. Nach dem Herunterladen und Entpacken des ZIP-Archivs wird Eclipse gestartet. Die erste große Veränderung in Eclipse 4.2, die nach dem Starten direkt auffällt, ist das neue Design der Workbench (siehe Abbildung 2.1). Dieses neue Design passt sich thematisch an das jeweilige Betriebssystem an (unter Linux und Mac OS X in einem grauen und unter Windows in einem blauen Design) und verwendet natürlich das neue CSS-Styling-Feature. Will man das Aussehen der Workbench anpassen, ist dies nun sehr leicht durch Verändern der entsprechenden CSS-Dateien möglich [2].

2.2 Anwendungsgerüst erstellen

Im Folgenden soll es nun an die Entwicklung der ersten e4-Anwendung gehen. Dabei wird zunächst ganz bewusst nur das Eclipse 4.2 SDK verwendet. Durch möglichst wenige zusätzliche Werkzeuge und Tools soll ein direkter Einstieg und Zugang zur Technologie ermöglicht und in die Interna einer Eclipse-4-Anwendung eingeführt werden. Im nachfolgenden Kapitel werden dann die zusätzlichen Werkzeuge beschrieben, die das Erstellen einer Anwendung erleichtern. Im ersten Schritt wird eine einfache Hello-World-Anwendung auf Basis der Eclipse 4 Application Platform entstehen, die Datum und Uhrzeit anzeigt.

2.2.1 Plugin-Projekt einrichten

Wie auch in der Rich Client Platform 3.x besteht eine Anwendung in Eclipse 4 im Wesentlichen aus Plugins. Die Entwicklung startet daher mit dem Erstellen eines Plugin-Projekts und dem Menüpunkt File | New | Project. Im darauffolgenden Dialog öffnet man dazu im Bereich Plugin-Development den Projekttyp Plugin-Projekt aus und definiert im nächsten Dialogfenster zunächst den Namen des Plugins. Dieser soll im Beispiel „net.teufel.e4.helloworld.ui" lauten.

Bei der Benennung von Plugins hat es sich bewährt, einzelne Plugins ähnlich dem Package-Schema von Java zu benennen. Auch wenn eine Rich-Client-Anwendung prinzipiell nur aus einem Plugin (oder Bundle) bestehen könnte, würde dies in der Praxis dem Vorteil einer möglichen Modularisierung widersprechen. Häufig ist eine Aufteilung in sogenannte Core- und UI-Plugins sinnvoll. Ein Core-Plugin enthält die Geschäftslogik und die zugrunde liegenden Domänenobjekte eines bestimmten Features. Ein Core-Bundle hat dabei keinerlei Bezug (also Abhängigkeiten) zur Oberfläche. Theoretisch könnte man ein Core-Plugin aus einer Rich-Client-Anwendung herauslösen und ohne große Änderungen in einer reinen Server-Anwendung zum Einsatz bringen. UI-Plugins dagegen enthalten die Oberfläche, also Views, Perspektiven, Handler und so weiter. Diese Plugins besitzen damit in aller Regel große Abhängigkeiten zum jeweils verwendeten Framework, im Falle von e4 zur Eclipse 4 Application Platform. Neben der Aufteilung in UI- und Code-Plugins sollte die Anwendung durch Plugins in verschiedene Funktionsbereiche aufgeteilt werden. Dies erleichtert die Übersicht und erlaubt es, die Anwendung in verschiedenen Konfigurationen und mit unterschiedlichem Funktionsset auszuliefern. Da es sich bei Modularisierung um ein reines OSGi-Konzept handelt, das sowohl für Eclipse 3.x als auch für Eclipse 4 verwendet wird, soll es in diesem Buch nicht tiefer behandelt werden. Für eine ausführlichere Beschreibung wird an dieser Stelle auf die Referenzliteratur [3] verwiesen.

Im Hello-World-Beispiel sagt der Plugin-Name „net.teufel.e4.helloworld.ui" aus, dass es sich um eine Hello-World-Anwendung auf Basis von e4 handelt und dass sich in diesem Bundle die Oberfläche der Anwendung findet.

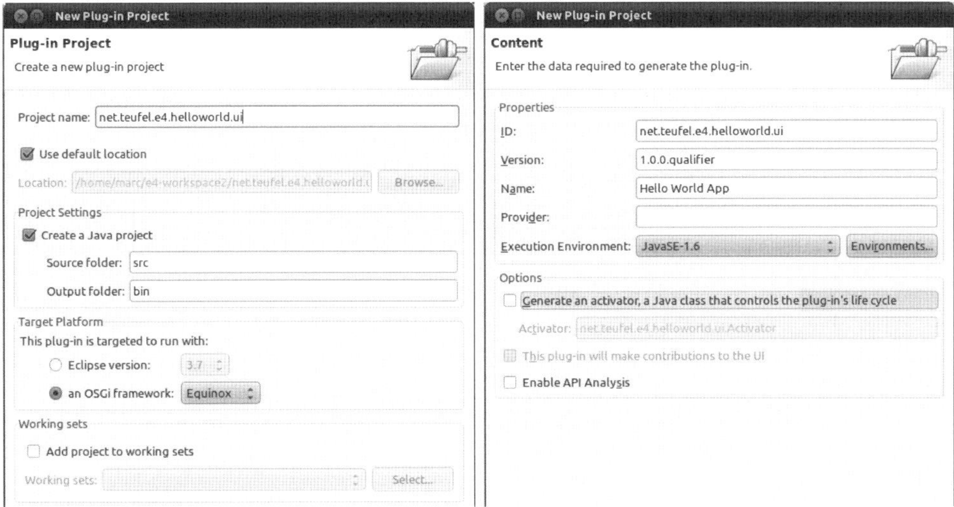

Abbildung 2.2: Plugin-Projekt erstellen

Im Dialog zum Anlegen des Bundles (Abbildung 2.2) ist neben dem Projektnamen noch das Target festzulegen, auf welcher die Anwendung später laufen soll. Da dieses Anwendungsbeispiel eine reine e4-basierende Applikation darstellt, ist es nicht erforderlich, hier eine Eclipse-Version zu selektieren. Stattdessen ist Equinox als OSGi-Ablaufumgebung auszuwählen. Mit Klick auf den Next-Button gelangt man in den zweiten und letzten Dialog. Hier hat man die Möglichkeit, dem Plugin einen zusätzlichen, sprechenden Namen zu geben, etwa „Hello World App". Ferner können hier noch weitere Einstellungen getätigt werden, etwa das Erzeugen einer Activator-Klasse. Eclipse-Plugins sind immer auch OSGi Bundles. Fügt man Activator-Klassen ein, werden diese beim Starten und Stoppen des Bundles von der OSGi-Laufzeitumgebung (Equinox) benachrichtigt und können darauf reagieren. Das ist beispielsweise dann interessant, wenn Initialisierungsaufgaben beim Starten eines Bundles anstehen. Um dieses erste Anwendungsbeispiel möglichst einfach zu halten, entfällt das Erstellen einer Activator-Klasse an dieser Stelle. Das entsprechende Häckchen ist daher zu deaktivieren.

2.2.2 Application Model erzeugen

Nachdem das Plugin-Projekt nun initial erstellt ist, wechselt Eclipse automatisch in die Plugin Development-Perspektive. Jetzt kann es an die Entwicklung der Anwendung gehen. Den Anfang macht das Application Model, in welchem, wie bereits in Kapitel 1 dargestellt, die komplette Anwendung in abstrakter Form abgebildet wird.

In der Regel wird ein e4-Application Model mithilfe von EMF (Eclipse Modeling Framework) verwaltet. Beim Einlesen und Speichern des Modells nutzt EMF dabei das Standardformat XMI. Bei XMI (XML Metadata Interchange) handelt es sich um ein Austauschformat von Metadaten für Entwicklungswerkzeuge, welches prinzipiell unabhängig von Eclipse ist. Mittels diesem, auf XML aufbauenden, sehr leicht zu verstehendem Format kann ein Application Modell eigentlich auch ohne Verwendung von zusätzlichen Tools erzeugt, durchsucht und gespeichert werden.

Das Anlegen des Application Models erfolgt durch Erzeugen einer neuen Datei mit dem Namen „HelloWorld.e4xmi". Diese Datei öffnet man im Eclipse-eigenen Texteditor durch Doppelklick auf den Dateinamen im Projekt-Explorer.

Den Rahmen eines Application Models bildet ein <application>-Tag, in dem eine Reihe von XML-Namespaces eingebunden wird. Innerhalb von <application> finden dann die einzelnen Elemente der Anwendung selbst ihren Platz:

```
<?xml version="1.0" encoding="UTF-8"?>
<application:Application
xmi:version="2.0"
xmlns:xmi="http://www.omg.org/XMI"
xmlns:xsi="http://www.w3.org/2001/XMLSchema-instance"
xmlns:basic="http://www.eclipse.org/ui/2010/UIModel/application/ui/
basic"
xmlns:application="http://www.eclipse.org/ui/2010/UIModel/
application" >

  <children xsi:type="basic:TrimmedWindow" label="Hello World"
        width="640" height="480"/>

</application:Application>
```

Mit diesem Applikationsmodell wird ein Hauptfenster definiert. Diesem wird der Fenstertitel „Hello World" sowie eine Größe von 640 x 480 Pixel zugewiesen. Auch wenn es sich hierbei noch um ein recht kurzes, unscheinbares Stück XML handelt, wurde damit bereits ein vollständiges und gültiges Modell definiert. Im nächsten Schritt wird dieses Modell nun bei der Eclipse 4 Application Platform registriert, damit beim Starten der Anwendung das soeben definierte Fenster auch am Bildschirm erscheint.

2.2.3 Das Modell mit der Plattform zusammenbringen

Damit die Eclipse 4 Application Platform weiß, welches Modell sie verarbeiten und rendern soll, wird eine sogenannte Produktkonfiguration benötigt. Die Produktkonfiguration erzeugt man in zwei Schritten: Zunächst wird das Produkt über den Extension Point org.eclipse.core.runtime.products registriert. Über ein spezielles Property innerhalb dieses Extension Points wird dann das anzuziehende Application Model registriert. Im zweiten Schritt wird eine .product-Datei erzeugt, mit welcher dem Eclipse SDK selbst mitgeteilt wird, was gestartet werden soll beziehungsweise beim Export in eine Standalone-Anwendung, welche abhängigen Bundles in den Produkt-Export mit einbezogen werden müssen.

Produktkonfiguration anlegen

Die Verwendung von Extension Points erfolgt auch unter e4 über die Datei plugins.xml, diese ist zu Beginn allerdings noch nicht angelegt. Auch der Extension Point zur Definition eines Produkts ist in der Standardeinstellung noch nicht verfügbar. Diesen hat man erst zur Verfügung, wenn man das Bundle org.eclipse.equinox.app als sogenanntes „required“ Plugin zum Bundle Manifest hinzufügt. Dieses Bundle ist deshalb erforderlich, weil zu Beginn (siehe Abbildung 2.2) festgelegt wurde, dass eine Anwendung auf Basis von Equinox als OSGi-Umgebung entstehen soll. Im Reiter „Dependencies“ des Manifest-Editors, der durch Doppelklick auf die Datei MANIFEST.MF (auf der Root Ebene des erstellten Plugins) zu starten ist, kann das benötigte Bundle hinzugefügt werden.

Die Datei plugin.xml, die noch nicht vorhanden ist, wird automatisch angelegt, wenn man im Editor der Datei MANIFEST.MF auf dem Tab „Overview“ rechts auf den Link „Extensions“ klickt. Auf dem darauf erscheinenden Reiter „Extension“ kann man nun Extension Points hinzufügen. Hat man, wie weiter oben beschrieben, das Bundle org. eclipse.equinox.app eingebunden, steht der Extension Point „org.eclipse.core.runtime. products“ zur Verfügung und eine eigene Product-Konfiguration kann wie in Abbildung 2.3 dargestellt angelegt werden.

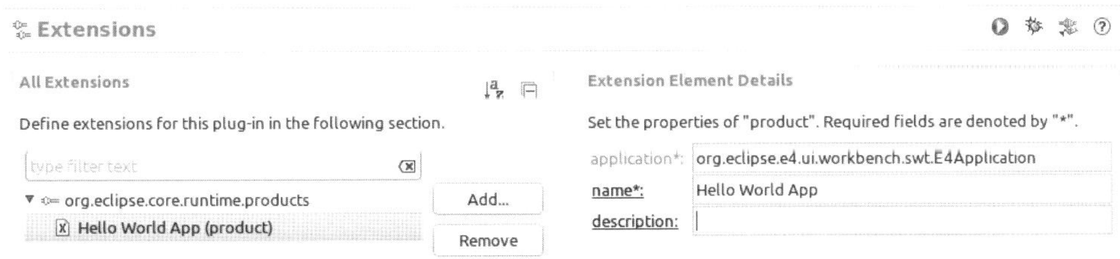

Abbildung 2.3: Produkt definieren

Die Struktur der Beispielsanwendung im Projekt-Explorer sollte wie in Abbildung 2.4 aussehen:

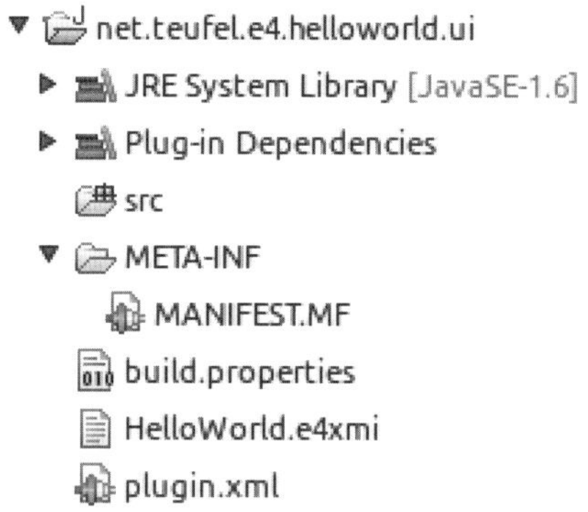

net.teufel.e4.helloworld.ui
JRE System Library [JavaSE-1.6]
Plug-in Dependencies
src
META-INF
MANIFEST.MF
build.properties
HelloWorld.e4xmi
plugin.xml

Abbildung 2.4: Die Projektstruktur nach Erstellung von Application Modell und plugin.xml

Ein Wechsel in den Reiter „plugin.xml" zeigt die bisherige Konfiguration des Extension Points in Form von Code. Wichtig ist an dieser Stelle, dass nicht nur der Extension Point selbst adressiert wird, sondern im gleichen Tag auch eine ID (im Beispiel lautet diese „product") definiert ist. Das folgende Listing zeigt den aktuellen Stand Datei plugin.xml:

```
<?xml version="1.0" encoding="UTF-8"?>
<?eclipse version="4.2"?>
<plugin>
  <extension
      id="product"
      point="org.eclipse.core.runtime.products">
    <product
      application="org.eclipse.e4.ui.workbench.swt.E4Application"
      name="Hello World App">
    </product>
  </extension>
</plugin>
```

In der Eigenschaft „application" ist eine spezielle Klasse aus der Eclipse 4 Application Platform angegeben. In RCP 3.x war es üblich, die hier angegebene Klasse selbst zu implementieren. Mit der Einführung des globalen Application Models sind individuelle Application-Klassen jedoch überflüssig geworden – die komplette Konfiguration ist im Modell abgebildet. In RCP 3.x wurden Anwendungskonfiguration zum Teil in Form von Code in den Application-Klassen (Stichwort Advisor APIs) oder über verschiedene Extension Points in der Datei plugin.xml definiert. Da alle diese Bestandteile nun aber einheitlich ins Application Model einfließen, ist die vom Framework bereitgestellte Klasse E4Application völlig ausreichend und erforderlich. Diese Klasse ist dafür verantwortlich, das Application Model aus der Datei „HelloWorld.e4xmi" einzulesen und die Anwendung letztlich auf den Bildschirm zu rendern. Damit die E4Application-Klasse jedoch weiß, welches Application Model einzulesen ist, muss ihr mithilfe von zwei zusätzlichen Eigenschaften mitgeteilt werden, welches Modell gelesen werden soll. Außerdem muss für die Anwendung ein Name vergeben werden. Die entsprechenden Einstellungen fügt man wie folgt direkt in die Datei plugin.xml ein:

```
<?xml version="1.0" encoding="UTF-8"?>
<?eclipse version="4.2"?>
<plugin>
  <extension
      id="product"
      point="org.eclipse.core.runtime.products">
    <product
      application="org.eclipse.e4.ui.workbench.swt.E4Application"
      name="Hello World App">
      <property
         name="appName"
         value="Hello World App">
      </property>


      <property
         name="applicationXMI"
         value="net.teufel.e4.helloworld.ui/HelloWorld.e4xmi">
      </property>
    </product>
  </extension>
</plugin>
```

Beim Angeben des Application Models wird über die Eigenschaft „applicationXMI" das Bundle, in dem sich die Datei befindet, vorangestellt.

.product-Datei anlegen

Nachdem die initiale Produktkonfiguration erstellt ist, weiß Equinox, wie es die Anwendung zu starten hat. Damit man aus der Eclipse-IDE heraus die Anwendung starten oder exportieren kann, muss Eclipse noch mitgeteilt werden, welche zusätzlichen Bundles benötigt werden. Hierzu ist eine sogenannte Product-Datei anzulegen. Angelegt wird diese Datei über File | New | Other ... | Plugin-Development | Product Configuration (Abbildung 2.5). Nachdem man einen Dateinamen für die Product-Datei (zum Beispiel HelloWorld.product) festgelegt hat, kann man sich entweder für eine komplett leere Product-Datei zum selbst Konfigurieren entscheiden oder man lässt sich die Product-Datei auf Basis der bereits von Eclipse gefundenen Produktkonfigurationen erzeugen. Diese findet Eclipse übrigens automatisch durch Überprüfung aller am Extension Point org.eclipse.core.runtime.products angemeldeten Produkte.

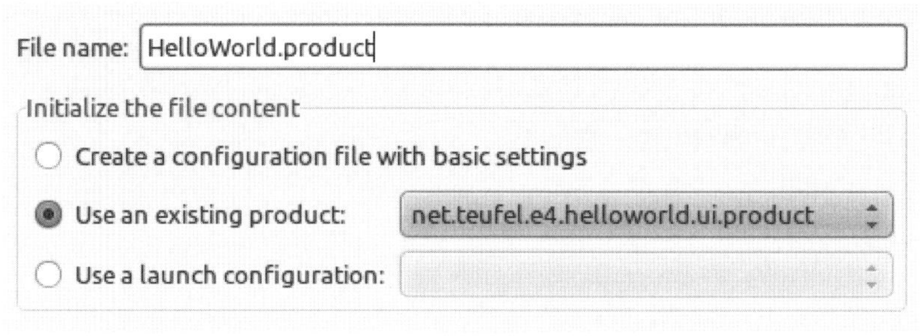

Abbildung 2.5: Product Datei aus bestehender Produktkonfiguration erzeugen

Nach dem Erstellen der Product-Datei findet man sich im Product Configuration Editor wieder. Dieser wird immer dann gestartet, wenn man einen Doppelklick auf die soeben erstellte Product Datei HelloWorld.product ausführt. Auf der Übersichtsseite (Reiter „Overview") kann das Produkt als eigenständige Anwendung exportiert (Bereich „Exporting") oder gestartet werden (Bereich „Testing"). Beides wird im aktuellen Zustand der Konfiguration noch fehlschlagen. Bevor die Anwendung exportiert oder gestartet werden kann, müssen der Produktkonfiguration allerdings noch einige Bundles hinzugefügt werden, welche die Eclipse 4 Application Platform zur Laufzeit benötigt. Dazu wird in den Reiter „Dependencies" gewechselt, über den Bundles hinzugefügt werden können, die für einen reibungslosen Betrieb der Anwendung erforderlich sind. Mit Klick auf den Knopf „Add…" können weitere Bundles hinzugefügt werden. Damit die Beispielanwendung lauffähig ist, müssen nun mindestens folgende Bundles hinzugefügt werden:

- org.eclipse.equinox.ds
- org.eclipse.equinox.event
- org.eclipse.e4.ui.workbench.renderers.swt

Da auch diese Bundles wiederum Abhängigkeiten zu anderen Bundles haben können, müssen auch diese Abhängigkeiten aufgelöst werden. Die Eclipse IDE kann dies automatisch erledigen, wenn man den Knopf „Add Required Plug-ins" drückt und die Konfiguration anschließend speichert.

2.2.4 Die Anwendung starten

Zum Starten der Anwendung gibt es mehrere Wege. Der Gang über die Product-Datei im Product Configuration Editor ist sicherlich die einfachste Möglichkeit. Hier gibt es im Bereich „Testing" auf der ersten Seite den Link „Launch an Eclipse application". Betätigt man diesen Link, wird nicht nur die Anwendung als solches gestartet, es wird darüber hinaus auch eine sogenannte Launch Configuration erstellt, über die die Anwendung im Anschluss direkt gestartet werden kann. Abbildung 2.6 zeigt die erste Fassung der Hello World-Anwendung, ein schlichtes leeres Fenster, bei dem bisher noch nichts programmiert werden musste.

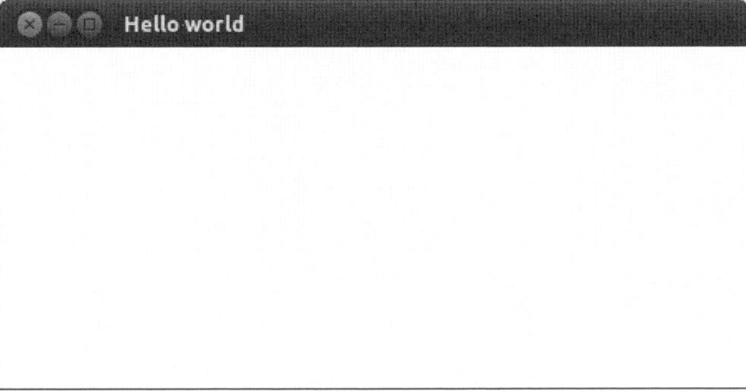

Abbildung 2.6: Die erste Fassung der Hello-World-Anwendung

2.3 Die Anwendung fertigstellen

Die Hello-World-Anwendung, die momentan aus einem leeren Fenster besteht, soll nun um eine Oberfläche mit zwei Buttons zum Anzeigen des aktuellen Datums und der aktuellen Uhrzeit erweitert werden. Diese Oberfläche hätte man in RCP 3.x, mithilfe einer sogenannten „View" implementiert. Auf der Eclipse 4 Application Platform gibt es keine Views mehr. An dessen Stelle treten nun „Parts". Parts ersetzen Views jedoch nicht nur, sondern sind gleichzeitig auch der Ersatz für Editoren. Außerdem erben Parts in Eclipse 4 nicht von festgelegten Framework-Klassen, sondern sind einfache POJO-Objekte.

2.3.1 Früher Views, heute Parts

Um einen Part zu programmieren, legt man zunächst eine einfache Java-Klasse, ein „Plain Old Java Object" (POJO) an, etwa MyFirstPart. Im Gegensatz zu Eclipse 3.x muss diese Klasse kein vordefiniertes Interface implementieren. Außerdem wird dieser Klasse über ihren Konstruktor ein Composite übergeben. Später zur Laufzeit wird es dann die Aufgabe des e4-Frameworks sein, dieses Composite mittels Dependency Injection in den Konstruktor zu reichen. Die Part-Implementierung setzt dann seine Controls auf dieses Composite. Eine Part-Implementierung zur Anzeige von Datum und Uhrzeit könnte wie folgt aussehen:

```
package net.teufel.e4.helloworld.ui;

public class MyFirstPart {

  private Text text;

  @Inject
  public MyFirstPart(Composite parent){

    Composite composite = new Composite(parent, SWT.NONE);
    composite.setLayout(new RowLayout(SWT.HORIZONTAL));
    text = new Text(composite, SWT.BORDER);
    Button datumButton = new Button(composite, SWT.NONE);
    datumButton.setText("Datum");
    datumButton.addSelectionListener(new SelectionAdapter() {
      @Override
      public void widgetSelected(SelectionEvent e) {
        text.setText(
          new SimpleDateFormat ("dd.MM.yyyy").format(new Date()));
      }
    });

    Button zeitButton = new Button(composite, SWT.PUSH);
    zeitButton.setText("Zeit");
    zeitButton.addSelectionListener(new SelectionAdapter() {
      @Override
      public void widgetSelected(SelectionEvent e) {
        text.setText(
         new SimpleDateFormat("HH:mm:ss").format(new Date()));
      }
    });
  }
}
```

Wie man im Beispiel erkennen kann, wird hier zum Aufbau der Oberfläche SWT verwendet. Die Annotation @Inject veranlasst die Eclipse 4 Application Platform, das Composite zu injizieren, auf dem der Part später seine Widgets platzieren wird. Im Gegensatz zu Views, wie man sie aus Eclipse 3.x kennt, fällt nun die createPartControl-Methode weg. In dieser stand früher bekanntlich der Code, der das UI zusammensetzte. An dessen Stelle kann nun irgendeine beliebige Methode treten oder wie in diesem Beispiel, der Konstruktor selbst. Im Zusammenhang mit Parts gibt es noch eine Reihe weiterer wichtiger Annotationen, die in späteren Kapiteln detailliert beschrieben werden. Wird der Part gemäß oben abgedrucktem Listing implementiert, erhält man zunächst eine Reihe Laufzeitfehler beim Kompilieren. Dies liegt daran, weil wichtige Bundles, die für die Programmierung von UIs erforderlich sind, noch fehlen. Um diese Laufzeitfehler zu korrigieren, sind über den Manifest Editor (wieder Doppelklick auf Datei MANIFEST.MF) im Reiter „Dependencies“ folgende, zusätzliche Bundles hinzufügen:

- org.eclipse.swt
- javax.inject

Das Bundle javax.inject stellt alle Annotations zur Verfügung, die im Rahmen von JSR 330 (Dependency Injection for Java) definiert sind. Hierzu gehört auch die im Listing verwendete Annotation @Inject.

2.3.2 Views testen und wiederverwenden

Die soeben implementierte View ist zunächst völlig unabhängig von Eclipse und enthält lediglich Abhängigkeiten zu SWT. Sie ist außerdem völlig unabhängig vom Application Model und damit vom Aufbau der Workbench der Anwendung. Auf den ersten Blick mag es verwundern, warum e4 so eine konsequente Trennung von Application Model und der Implementierung einzelner UI-Komponenten umsetzt, macht doch das eine ohne das andere zunächst wenig Sinn. In Eclipse 3.x, aber auch in anderen Frameworks, werden UI-Komponenten über die Implementierung vorgegebener Interfaces realisiert. Dieser Ansatz gibt dem Entwickler zwar genau vor, was er implementieren muss, schränkt aber umgekehrt die Wiederverwendungsmöglichkeiten der Umsetzung ein. Klassisches Beispiel für dieses Problem war in Eclipse 3.x der Unterschied zwischen Editoren und Views, die beide unterschiedliche Interfaces für die Implementierung der UI vorgaben. Soll nun die in einer View implementierte UI in einem Editor verwendetet werden, waren Umbauarbeiten notwendig. In Eclipse 4 müssen Views kein vordefiniertes Interface implementieren, sondern können selbst bestimmen, welche Parameter sie benötigen. Im einfachsten Fall benötigt eine View in SWT nur ein Parent Composite, auf dem sie platziert werden kann. Die Annotation @Inject wird später in e4 benötigt, um dem Framework mitzuteilen, dass die in der Signatur der Methode angegebenen Parameter automatisch injiziert werden sollen. Eine solche View wird im nächsten Schritt über das Application Model als Part in der Workbench der Anwendung angezeigt werden. Um die einfache Wiederverwendbarkeit und auch die Testbarkeit einer solchen View zu demonstrieren, soll die View jedoch zunächst ganz ohne Workbench aufgerufen werden. Das folgende Codebeispiel zeigt die dazu notwendigen Aufrufe. Es handelt sich um ein reines Java-Pogramm, das ein Display und eine Shell erzeugt. Auf dieser Shell wird die eigene View platziert und die SWT-Event-Schleife gestartet. Dieser Code wird normalerweise bei der RCP-Programmierung verborgen und innerhalb der Workbench ausgeführt. Eine View auf diese Weise aufzurufen ist beispielsweise sinnvoll, wenn diese bereits getestet werden soll, bevor sie in die eigentliche Anwendung eingebaut wird. Beachtenswert ist hierbei in jedem Fall, dass es sich um ein reines Java-Programm handelt. Lediglich Abhängigkeiten auf die verwendeten SWT-Komponenten werden benötigt. Die gerade implementierte View kann also in Zukunft ohne Probleme in jedem Dialog, Wizard und auch außerhalb der Eclipse Workbench wiederverwendet werden. Das folgende Beispiel zeigt, wie man die View beziehungsweise den Part völlig unabhängig von der Eclipse 4 Application Platform durch Hinzufügen einer Main-Methode testen kann. Wird der Part innerhalb der Eclipse-Umgebung aufgerufen, kann die Main-Methode selbstverständlich wieder entfallen.

```
public static void main(String[] args) {

   Display display = new Display();
   Shell shell = new Shell(display);
   shell.setLayout(new FillLayout());
   new MyFirstPart(shell);

   shell.open();

   while ( !shell.isDisposed() ) {

      if( ! display.readAndDispatch() ) {
         display.sleep();
      }
   }
}
```

2.3.3 Part ins Application Model aufnehmen

Nach dem ersten Test der View, soll das soeben erstellte POJO nun ein entsprechendes Gegenstück im Application Model erhalten, damit die programmierte Oberfläche als Part im Fenster angezeigt wird. Um den Part in der Anwendung zur Anzeige zu bringen, muss dieser ins Model aufgenommen werden. Hierzu wird ein weiteres <children>-Element, welches den Part repräsentiert, benötigt und in das bereits vorhandene Fenster-Element in der Datei HelloWorld.e4xmi eingefügt:

```
<children xsi:type="basic:TrimmedWindow" label="Hello world"
   width="640" height="480" >

    <children xsi:type="basic:Part"
      elementId="MyFirstPart"
      contributionURI="bundleclass://net.teufel.e4.helloworld.ui/
                        net.teufel.e4.helloworld.ui.MyFirstPart" />
</children>
```

Die Verbindung vom abstrakten Modell hin zur konkreten Implementierung erfolgt über das Attribut „contributionURI". Hier ist nicht nur der voll qualifizierende Klassenname der Part-Implementierung anzugeben, sondern auch das Plugin (Bundle-SymbolicName aus MANIFEST.MF) in dem sich der Part befindet. Die im Listing oben vorgestellte Art, einen Part in das Application Modell einzubinden, ist sicherlich die einfachste Form und nur für kleinere Anwendungen sinnvoll. Bei größeren Anwendungen, in denen möglicherweise mehrere Parts gleichzeitig dargestellt werden, gibt es im Application Modell die Möglichkeit, Parts in Perspektiven zu organisieren und zu verwalten. Mehr Details hierzu finden sich in Kapitel 4.

Nachdem man den Part im Application Modell registriert hat, müssen noch die zusätzlich benötigten Bundles (org.eclipse.swt usw.) als Abhängigkeiten in der Produktkonfiguration eingefügt werden. Um die fehlenden Einträge in der Product-Datei zu ergänzen, werden diese im Reiter „Dependencies" des Product Configuration Editors erneut über den Knopf „Add Required Plug-ins" hinzugefügt. Die Anwendung kann jetzt gestartet werden, um das Ergebnis zu kontrollieren.

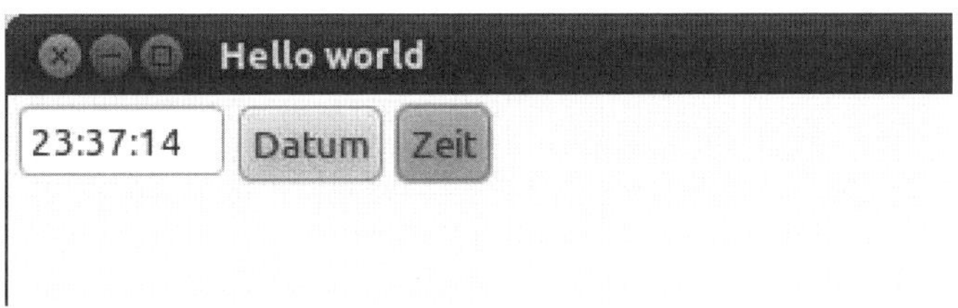

Abbildung 2.7: Die Anwendung zeigt Datum und Uhrzeit an

2.4 Die Anwendung um einen Handler erweitern

Die Beispielanwendung ist nun fast vollständig. Um das Beispiel abzuschließen, soll die Anwendung nun noch um eine Toolbar erweitert werden. Die Toolbar soll einen Eintrag zum Beenden des Programms enthalten. Um die Anwendung mit einer Toolbar auszustatten, ist erneut eine deklarative Erweiterung des Application Models erforderlich.

2.4.1 Toolbar und Handler deklarativ hinzufügen

In vielen Anwendungsfällen soll auf die Aktion des Nutzers reagiert werden, beispielsweise beim Anklicken eines Knopfes in einer Toolbar, eines Menüpunkts oder durch das Drücken eines Hotkeys. Bereits in Eclipse 3.x wurden zu solchen Zwecken sogenannte „Handler" verwendet, die den auf einer Benutzeraktion folgenden, auszuführenden Code enthielten. Handler sind Klassen, die wiederrum auf Framework-Klassen basierten, zum Beispiel indem sie von der Oberklasse AbstractHandler erbten. Ähnlich wie bei Views und Editoren schränkten diese Abhängigkeiten sowohl beim Testen als auch die Wiederverwendbarkeit ein. In der Eclipse 4 Application Platform treten an die Stelle der vordefinierten Handler-Klassen ebenso einfache POJOs. Beim Implementieren eines solchen Handler-POJOs gibt es keine Vorschrift, wie die Methode zu benennen ist, die den auszuführenden Code enthält. Wichtig ist nur, dass diese Methode mit der vom Framework bereitgestellten Annotation @Execute markiert ist. Einen Handler kann man entweder direkt an ein ToolItem hängen, dann verwendet man sogenannte DirectToolItems oder man geht den flexibleren Weg über Commands.

Abbildung 2.8: Handler werden meist über Commands an Toolbar- oder Menü-Aktionen gebunden

Wie Abbildung 2.8 zeigt, ist ein Toolbar-Item oder ein Menü-Item nicht direkt einem Handler zugewiesen, sondern kann stattdessen den Weg über ein Command-Objekt gehen. Dieses ist mit dem Handler verbunden. Der Vorteil dabei ist, dass man ein Command, einmal im Application Model definiert, mehrfach verwenden kann. Ein Befehl zum Drucken eines Dokuments beispielsweise kann man so über eine Toolbar, ein Popup-Menü oder das Hauptmenü bereitstellen. Da nur der Command an diese Elemente gebunden ist, kann beispielsweise die Handler-Implementierung (die das Drucken an sich durchführt) leicht ausgetauscht werden. Der Handler wäre dann nur im Command auszutauschen, und die Änderung gilt sofort für alle Elemente (Toolbar, Popup- als auch Hauptmenü), in denen das Command verwendet wird. Weiterhin können Commands an bestimmte Tastenkombinationen gebunden werden. Die Tastenkombinationen werden im Application Model dazu zunächst in der sogenannten Binding Table erfasst und schließlich mit dem Command und nicht mit dem Handlers verknüpft.

Für die Beispielanwendung soll nun im nächsten Schritt ein Handler implementiert werden, der die laufende Anwendung beendet. Hierzu wird eine neue Klasse (POJO) ExitHandler im Package net.teufel.e4.helloworld.ui.handler angelegt. Um dem Tool-Item später ein Icon zuweisen zu können, erstellt man außerdem im Projekt einen neuen Unterordner „icons" und legt das zu verwendende Icon darin ab. Im Beispiel wird das Icon „door_out.png" verwendet. Dieses Icon ist Bestandteil des kostenlos im Internet erhältlichen Icon-Sets FamFamFam [4]. Abbildung 2.9 zeigt die neue Projektstruktur.

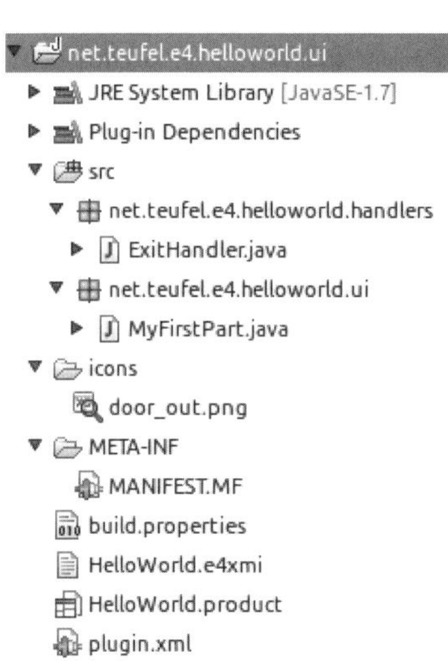

Abbildung 2.9: Projektstruktur der Anwendung

Das nachfolgende Listing zeigt, dass die Methode, die den eigentlichen Handler-Code enthält, frei wählbar ist:

```
package net.teufel.e4.helloworld.handlers;


import org.eclipse.e4.core.di.annotations.Execute;
import org.eclipse.ui.IWorkbench;

public class ExitHandler {


   @Execute
   public void execute(IWorkench workbench) {
      workbench.close();
   }
}
```

Die Eclipse 4 Application Platform weiß erst durch die Annotation @Execute, welche Methode im Rahmen des Handlers auszuführen ist. Damit diese Annotation zur Verfügung steht und insgesamt der Handler- und Command-Mechanismus zur Laufzeit funktioniert, sind dem Projekt weitere abhängige Bundles hinzuzufügen. Über den Manifest Editor müssen daher folgende Bundles (sogenannte „required" Plugins) hinzugefügt werden:

- org.eclipse.e4.core.di
- org.eclipse.core.resources
- org.eclipse.core.runtime
- org.eclipse.e4.ui.services
- org.eclipse.e4.ui.workbench
- org.eclipse.e4.core.services
- org.eclipse.e4.core.contexts
- org.eclipse.e4.ui.workbench.swt
- org.eclipse.e4.core.commands

Jetzt, nachdem der Handler existiert, muss noch das Application Model erweitert werden. Es ist nicht unbedingt erforderlich, das folgende Listing abzutippen, es wird nur der Vollständigkeit halber und zum besseren Verständnis abgedruckt. In der Praxis wird der Entwickler die meisten Einträge im Application Model nicht tippen, sondern den Eclipse Application Wizard beziehungsweise den Application Model Editor zur Erzeugung des XML-Codes benutzen. Diese Tools werden in Kapitel 3 ausführlich beschrieben.

```
<?xml version="1.0" encoding="ASCII"?>
<application:Application
xmi:version="2.0"
xmlns:xmi="http://www.omg.org/XMI"
xmlns:xsi="http://www.w3.org/2001/XMLSchema-instance"
xmlns:basic="http://www.eclipse.org/ui/2010/UIModel/application/ui/
basic"     xmlns:application="http://www.eclipse.org/ui/2010/UIModel/
                                                        application"
xmlns:menu="http://www.eclipse.org/ui/2010/UIModel/application/ui/
                                                        menu" >

 <addons elementId="org.eclipse.e4.core.commands.service"
   contributionURI="bundleclass://org.eclipse.e4.core.commands/
   org.eclipse.e4.core.commands.CommandServiceAddon"/>

 <addons elementId="org.eclipse.e4.ui.contexts.service"
   contributionURI="bundleclass://org.eclipse.e4.ui.services/
   org.eclipse.e4.ui.services.ContextServiceAddon"/>

 <addons elementId="org.eclipse.e4.ui.bindings.service"
   contributionURI="bundleclass://org.eclipse.e4.ui.bindings/
   org.eclipse.e4.ui.bindings.BindingServiceAddon"/>

 <addons elementId="org.eclipse.e4.ui.workbench.commands.model"
   contributionURI="bundleclass://org.eclipse.e4.ui.workbench/
   org.eclipse.e4.ui.internal.workbench.addons.
                                        CommandProcessingAddon"/>

 <addons elementId="org.eclipse.e4.ui.workbench.contexts.model"
   contributionURI="bundleclass://org.eclipse.e4.ui.workbench/
   org.eclipse.e4.ui.internal.workbench.addons.
                                        ContextProcessingAddon"/>

 <addons elementId="org.eclipse.e4.ui.workbench.bindings.model"
   contributionURI="bundleclass://org.eclipse.e4.ui.workbench.swt/
   org.eclipse.e4.ui.workbench.swt.util.BindingProcessingAddon"/>

 <handlers elementId="net.teufel.e4.helloworld.handlers.exitHandler"
   contributionURI="bundleclass://net.teufel.e4.helloworld.ui/
   net.teufel.e4.helloworld.handlers.ExitHandler"
   command="_1"/>

 <commands xmi:id="_1" elementId="net.teufel.e4.helloworld.
                                                  exitCommand"
   commandName="ExitCommand"/>
```

Die fett gedruckte Zeile importiert einen weiteren Namespace in das Modell. Dieser ist notwendig, damit der XML-Parser beim Einlesen des Application Models die Elemente zur Definition des Menüs auflösen kann. Die Addons fügen einige Standard-Funktionalitäten der Eclipse 4 Application Platform zur Anwendung hinzu, beispielsweise die Umsetzung des Command Frameworks sowie die Bereitstellung der Key-Binding-Funktionalität.

Mit dem <handlers>-Tag wird der Handler definiert. Auch hier verweist das Attribut „contributionURI" auf die Java-Implementierung des Handlers. Das Attribut „elementID" sollte erneut mit einem im Modell eindeutigen, sprechenden Namen belegt werden. Analysiert man später im eigenen Programm zur Laufzeit die einzelnen Bestandteile des Application Modells, so kann man bestimmte Elemente sehr einfach über die ElementID identifizieren und finden.

Das Command-Objekt wird ähnlich dem Handler definiert. Die Verknüpfung zwischen Handler und Command erfolgt allerdings nicht über die ElementID des Commands, stattdessen wird an das Command-Attribut des Handlers der Wert des Attributs XMI:ID aus dem Command gebunden. Das Application Modell basiert intern auf EMF und verwendet XMI:IDs, um die einzelnen Modellelemente eindeutig zu identifizieren und in Relation zueinander zu bringen. Wird zur Entwicklung von e4-Anwendungen der Application Model Editor verwendet (siehe Kapitel 3), werden diese XMI:IDs automatisch generiert und eingefügt. Arbeitet man manuell, so empfiehlt es sich, UUIDs zu generieren und diese zu verwenden. Entsprechende UUID-Generatoren finden sich im Web [5], natürlich existiert auch ein Eclipse-Plugin [6]. Verwendet man das Eclipse-Plugin, wird eine UUID erzeugt sobald man die Tastenkombination CTRL+ALT+U drückt. Die UUID kann dann einfach aus der Zwischenablage an die gewünschte Stelle im Quelltext eingefügt werden. Da UUIDs in der Regel sehr lange ausfallen, wird im oben abgedruckten Listing eine deutlich vereinfachte Form von XMI:IDs verwendet.

Nachdem Command und Handler definiert sind, kann im nächsten Schritt die Toolbar eingefügt werden. Um Toolbars ins Modell aufzunehmen, kommt der Tag <trimBars> zur Anwendung. Dieser kann innerhalb des Fensters gesetzt werden, da vorher ein Fenster vom Typ TrimmedWindow definiert wurde. TrimmedWindows dürfen TrimBars, also Toolbars, aufnehmen. Innerhalb von <trimBars> können nun beliebig viele <children>-Elemente platziert werden, um eine (oder mehrere Toolbars) darin abzubilden. Das nachfolgende Listing zeigt die Definition der Toolbar. Sowohl für die Deklaration der Toolbar selbst als auch für den in dieser Toolbar enthaltenen ToolbarItems wird jeweils ein <children>-Element verwendet wird. Diese unterscheiden sich lediglich in ihrem Typ:

```
<children xsi:type="basic:TrimmedWindow" label="Hello world"
    width="640" height="480" >

  <children xsi:type="basic:Part" elementId="MyFirstPart"
    contributionURI="bundleclass://net.teufel.e4.helloworld.ui/
    net.teufel.e4.helloworld.ui.MyFirstPart" />
```

```
    <trimBars>
      <children xsi:type="menu:ToolBar">
        <children xsi:type="menu:HandledToolItem"
          elementId="net.teufel.e4.hellworld.toolitems.exitToolItem"
          label="Beenden"
          iconURI="platform:/plugin/net.teufel.e4.helloworld.ui/
                                                icons/door_out.png"
          command="_1"/>
      </children>
    </trimBars>
  </children>
```

Der Typ "menu:Toolbar" definiert eine neue Toolbar und kann beliebig viele Kindelemente vom Typ "menu:HandledToolItem" aufnehmen, wobei dieser Typ für einen Knopf in der Toolbar steht und somit auch die notwendigen Attribute zur Konfiguration des Knopfes (Icon, Label ...) bereitstellt. Innerhalb des TrimBars-Bereichs können beliebig viele Toolbars und auch HandledToolItems definiert werden.

Die Verknüpfung Toolbar-Knopf zu Command erfolgt über das Command-Attribut und damit über die zuvor angesprochene interne XMI:ID. Wird die Anwendung neu gestartet, sollte wie in Abbildung 2.10 dargestellt, eine voll funktionsfähige Toolbar erscheinen.

Abbildung 2.10: Die Anwendung mit Toolbar

Treten beim Starten der Anwendung Laufzeitfehler auf, fehlen in den aller meisten Fällen abhängige Plugins. Hier empfiehlt sich ein Doppelklick auf die Product-Datei (HelloWorld.product), um dann im Reiter „Dependencies" mithilfe des Knopfes „Add Required Plug-ins" das Einbinden eventuell fehlender Plugins anzustoßen. Im Anschluss sollte die Anwendung direkt aus dem Product Configuration Editor heraus gestartet werden können. Weiterhin sollte bei Veränderungen des Application Models der Workspace der Anwendung gelöscht werden. Dieser enthält ansonsten die letzte Version des Application Models einer Anwendung, und Änderungen werden nicht übernommen. Die Option zum Löschen des Workspaces und damit der letzten Version des Application Models kann über Launch Configurations auf dem ersten Tab gesetzt werden wie Abbildung 2.11 zeigt.

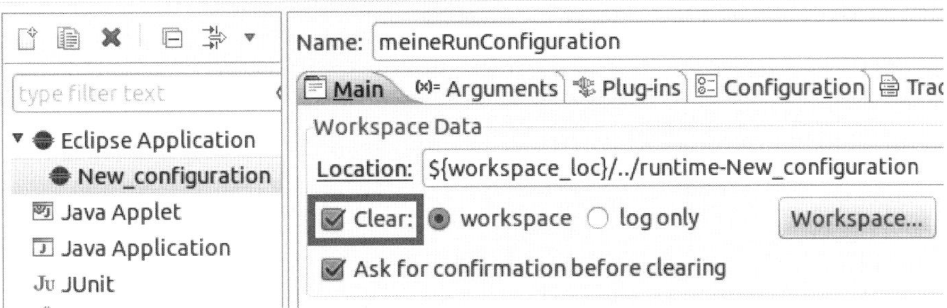

Abbildung 2.11: Den Workspace vor dem Starten der Anwendung löschen

Links & Literatur

[1] *http://www.eclipse.org/downloads/packages/eclipse-rcp-and-rap-developers/junor*

[2] *http://tomsondev.bestsolution.at/2010/08/05/eclipse-4-0-so-you-can-theme-me-part-1/*

[3] *http://eclipsercp.org/*

[4] *http://www.famfamfam.com/*

[5] *http://www.famkruithof.net/uuid/uuidgen*

[6] *http://svn.codespot.com/a/eclipselabs.org/uuid-gen/updatesite/*

3 Entwicklungsumgebung

Im vorangegangenen Kapitel wurden bereits die ersten Schritte auf der Eclipse 4 Application Platform absolviert. Eine e4-Anwendung lässt sich zwar problemlos und ausschließlich auf Basis des Eclipse 4.2 SDK entwickeln, doch dazu muss der Entwickler viele Schritte von Hand erledigen: Projektstruktur anlegen, Application Model manuell in XML schreiben, Oberflächen direkt im Code entwickeln und so weiter. Die Entwickler der neuen Rich Client Platform stellen aber glücklicherweise nicht nur die Plattform und die IDE bereit, sondern liefern darüber hinaus zusätzliche, optional einsetzbare Werkzeuge mit, die das Leben des e4-Entwicklers deutlich vereinfachen. Mit den e4-Tools bekommt man Wizards und Editoren an die Hand, mit denen sich e4-Anwendungen bequemer entwickeln lassen, und mit dem Window Builder steht ein professioneller GUI-Designer zur Verfügung, mit dem sich Oberflächen für SWT und JFace erzeugen lassen. Beide Werkzeuge ergänzen das Eclipse 4.2 SDK optimal und sollten keinesfalls im Werkzeugkasten des e4-Entwicklers fehlen.

3.1 e4-Tools

Die e4-Tools, auch als „e4-Tooling" bezeichnet, sind nicht im Standard Eclipse 4.2 SDK enthalten, sondern optional zu installieren. Mit den e4-Tools bekommt man eine Reihe von Wizards geliefert, um Anwendungsgerüste, Modelle und Klassen zu generieren. Zusätzlich haben die e4-Tools einen speziellen Editor an Bord, der das Editieren der dem Application Model zugrunde liegenden XMI-Dateien vereinfacht. Der Live Editor schließlich unterstützt beim Analysieren und Verändern des Modells einer Anwendung zur Laufzeit.

3.1.1 e4-Tools installieren

Da nicht im Eclipse 4.2 SDK enthalten, muss man sich die Tools separat unter *http://download.eclipse.org/e4/downloads/* herunterladen oder über das dort angegebene P2-Repository installieren. Die zuletzt genannte Möglichkeit, also über P2-Repositories, ist vermutlich auch die einfachste Variante, um sowohl e4-Tools als auch andere Werkzeuge wie etwa den Window Builder in ein Eclipse 4.2 SDK zu installieren. Auf der oben genannten Seite finden sich das jeweils aktuelle Release von e4 sowie der aktuelle Milestone-Build zum Download. Dabei handelt es sich in der Regel nicht um das komplette SDK, sondern lediglich um die Komponenten der Eclipse 4 Application Platform. Das aktuelle Release (Latest Release) entspricht dem Stand, der jeweils im Juni im Rahmen des großen Simultanrelease veröffentlicht wird.

Zum Zeitpunkt, als dieses Kapitel geschrieben wurde, war das Eclipse 4.2 SDK das aktuelle Release (Juno), das e4-Release entsprechend in Version 0.12. Wer immer auf Stand bleiben und mit den jeweils aktuellsten Versionen arbeiten möchte, kann sich an den Milestone-Builds orientieren. Diese enthalten den letzten Stand der Entwicklung, können aber auch Änderungen in puncto Bedienung bestimmter Features oder Refactorings an bestehenden APIs mit sich bringen. Daher sollte man Milestone-Builds niemals in produktive Umgebungen bringen, sondern diese nur zu Evaluierungs- und Testzwecken verwenden. Um ein Release oder einen Milestone-Build zu installieren, klickt man zunächst auf den Link zum Download des gewünschten e4-Releases (zum Beispiel „0.12"). Auf der darauffolgenden Seite scrollt man ganz nach unten und kopiert den Link, der sich hinter dem Text „online p2 repo link" verbirgt in die Zwischenablage. Danach startet man das Eclipse 4.2 SDK und öffnet unter Help | Install new Software... den Dialog zum Installieren neuer Features. Schon vorkonfiguriert finden sich in der Dropdown-Liste bereits die P2-Repositories zum Juno- (4.2) beziehungsweise Indigo-(4.1)Simultan-Release, auf denen viele interessante Plugins aus dem Eclipse-Ökosystem zum Download bereitstehen. Unter anderem finden sich hier wichtige Werkzeuge wie der Window Builder, SCM Clients für CVS, Subversion, Git und vieles mehr. Um das e4-Repository einzubinden, klickt man auf den Add-Knopf und kann dann, wie in Abbildung 3.1 dargestellt, den Link aus der Zwischenablage verwenden und das Repository hinzufügen.

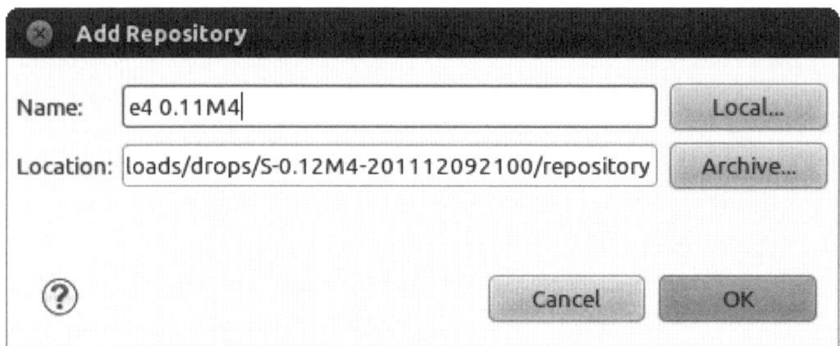

Abbildung 3.1: P2-Repository für e4-Komponenten einrichten

Nachdem das neue Repository eingerichtet ist, steht dieses sofort in der Dropdown-Liste der verfügbaren Software-Repositories zur Verfügung. Zur Installation der Tools aus diesem Repository wählt man im Bereich „E4 Tools" nun mindestens folgende Komponenten:

- Eclipse e4 Tools
- Eclipse e4 Tools Source
- E4-CSS-Editor
- E4 CSS Spy

Die entsprechenden Features werden automatisch heruntergeladen und stehen nach einem Neustart des Eclipse 4.2 SDK zur Verfügung.

3.1.2 Überblick

Um zu prüfen, ob die Installation erfolgreich war, kann man über den Menüpunkt File | New | Other... die Liste der Wizards zum Erzeugen von Elementen öffnen. Findet sich dort eine neue Sektion mit der Bezeichnung „e4" (Abbildung 3.2), war die Installation erfolgreich.

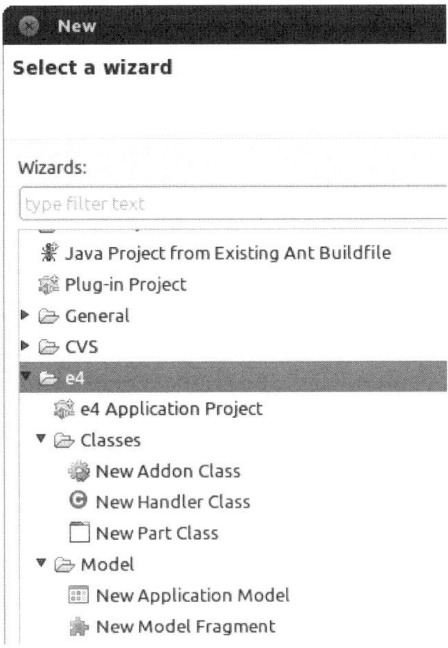

Abbildung 3.2: Überprüfen, ob die Installation der e4-Tools erfolgreich war

Die mit den e4-Tools ausgelieferten Wizards (siehe Abbildung 3.2) unterstützen beim Anlegen einzelner Bestandteile einer e4-Anwendung wie Application-Model-Dateien, Fragmente sowie spezifischer Klassen wie Handler und Parts. Außerdem steht mit dem Wizard „e4 Application Project" darüber hinaus ein Assistent zur Verfügung, mit dem sich ein voll lauffähiges Grundgerüst einer e4-Anwendung generieren lässt. Tabelle 3.1 fasst die Kernkomponenten der e4-Tools zusammen, im Anschluss wird auf die einzelnen Bestandteile näher eingegangen.

Komponente	Beschreibung
e4 Application Project Wizard	Mit diesem Wizard kann man ein neues e4-Projekt aufsetzen. Beim Anlegen des Projekts erzeugt der Assistent gleichzeitig eine vollständig funktionierende Beispiel-Anwendung mit Handler und Menü, auf der die eigene Entwicklung aufbauen kann. Die von diesem Wizard erzeugte Projektstruktur darf als Referenz angesehen werden. Sie zeigt an, wie eine e4-Anwendung strukturiert sein sollte.
Classes (diverse Wizards)	In diesem Bereich bieten die e4-Tools Wizards und Dialoge an, die das Erstellen von Addons, Parts und Handler erleichtern.
Model (diverse Wizards)	Hier stellen die Tools Hilfsmittel zum Erstellen von Application Model Dateien zur Verfügung. Ferner wird auch ein Dialog zum Anlegen von Fragmenten angeboten. Bei Fragmenten handelt es sich um kleinere Einheiten mit Elementen für das Application Model, die sich zur Laufzeit in die das globale Application Model einfügen und dieses erweitern.
Application Model Editor	Erleichtert den Umgang mit dem Application Model einer Anwendung durch einen grafischer Editor zum Untersuchen und Bearbeiten des Application Models. Der Application Model Editor kann zum Editieren des globalen Application Models als auch für Fragmente verwendet werden.
Live Editor	Der Live Editor verbindet sich zu einer gestarteten e4-Anwendung und erlaubt damit zur Laufzeit das zugrunde liegende Application Model zu untersuchen und bei Bedarf auch zu verändern. Änderungen wirken sich sofort auf die laufende Anwendung aus.
CSS Tooling	Anwendungen auf Basis von e4 können mit CSS gestaltet werden. Mit dem CSS-Editor, CSS Spy und dem CSS Scratchpad liefern die e4-Tools Werkzeuge, die das Editieren der zugrunde liegenden CSS-Dateien deutlich vereinfachen.

Tabelle 3.1: Übersicht über die Komponenten der e4-Tools

3.2 Wizards

Nachfolgend werden alle Wizards beschrieben, die im Rahmen der e4-Tools installiert werden. Dabei handelt sich um eine Reihe von Wizards, die beim Einrichten kompletter Beispielprojekte helfen, aber auch eingesetzt werden können, um einzelne Java-Klassen oder Application-Model-Elemente zu erstellen.

3.2.1 e4 Application Project Wizard

Der Aufruf dieses Wizards unter File | New | Project ... | e4 | e4 Application Project führt zu einer Dialogfolge ganz ähnlich dem Standard-Plugin-Wizard, der in Kapitel 2 verwendet wurde um das Hello-World-Projekt aufzusetzen. Dieser Wizard erstellt eigentlich auch nur ein Plugin-Projekt, fragt vom Benutzer aber zusätzliche e4-spezifische Informationen ab und erzeugt so letztlich ein voll funktionsfähiges Anwendungsgerüst. In diesem Rahmen werden die grundlegenden Application Model- und CSS-Dateien der Anwendung angelegt, deren Name man selbstverständlich frei wählen kann. Zusätzlich werden einige beispielhafte Handler-Klassen erzeugt sowie eine Product-Datei generiert, damit das Anwendungsgerüst direkt gestartet und getestet werden kann. Im Prinzip kapselt der e4 Application Project-Wizard damit die meisten Schritte, die in Kapitel 2 manuell erledigt wurden. Es empfiehlt sich, neue Projekte nach Möglichkeit mit diesem Wizard zu starten, weil so die wichtigsten Grundeinstellungen für ein Projekt auf Basis der Eclipse 4 Application Platform bereits erledigt sind und man außerdem ein Anwendungsgerüst erhält, dessen Struktur und Aufbau als Referenz angesehen werden darf.

Die ersten beiden Seiten des Wizard entsprechen ganz dem Standard-Plugin-Wizard, wie man ihn aus der herkömmlichen Plugin-Entwicklung (PDE) mit Eclipse kennt.

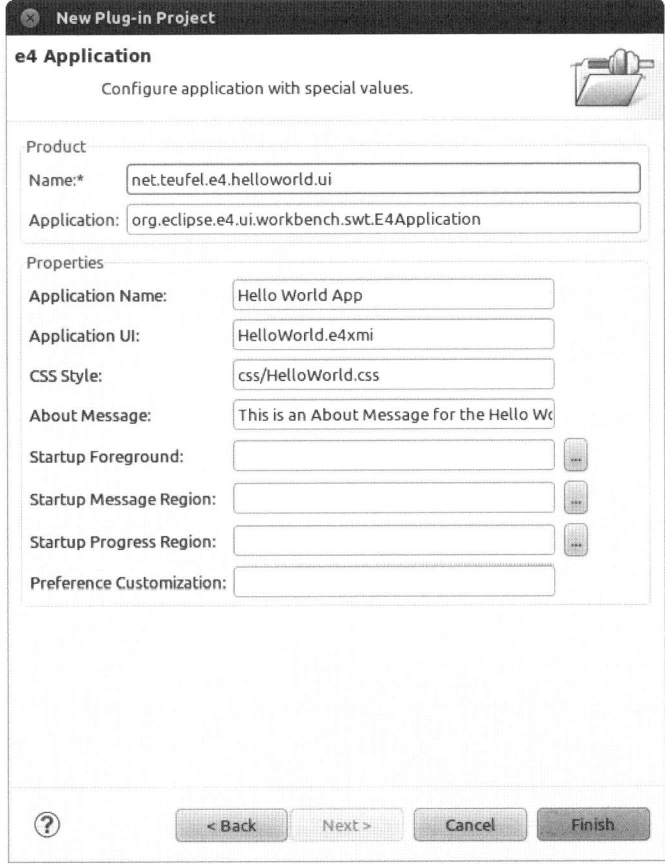

Abbildung 3.3: Die letzte Seite des Wizards fragt e4-spezifische Informationen ab

Erst auf der folgenden, letzten Wizard-Seite (Abbildung 3.3) weicht der Wizard vom Standard-Plugin Wizard ab. Hier fragt der Assistent Informationen speziell für das anzulegende e4-Projekt ab. Die ersten beiden Eingaben steuern die Benennung der Product-Configuration-Datei, außerdem wird hier für die Product Configuration und die Datei plugin.xml definiert, welche Klasse für den Start der Anwendung zuständig sein soll. Da es sich hier um eine e4-Anwendung handelt, wird die E4Application-Klasse aus der Eclipse 4 Application Platform verwendet. Die nachfolgenden Einstellungen (blaue Beschriftung) legen schließlich fest, wie die Dateien für das Application Model und die CSS-Konfiguration benannt werden, beziehungsweise in welchem Unterordner diese abzulegen sind. Mit den Einstellungen, die im Titel mit „Startup" beginnen (Startup Foreground, Startup Message Region und Startup Progress Region), lässt sich der Splash-Screen konfigurieren. Diese können mit der Eclipse 4 Application Platform beim Start der Anwendung weiterhin optional angezeigt werden. Außerdem kann hier gesteuert werden, an welcher Position die Start-Meldungen und der Fortschrittsbalken platziert wird, der sichtbar ist, solange die Anwendung hochfährt. Sind alle Einstellungen erledigt, sorgt ein Klick auf den Finish-Knopf schließlich dafür, dass das Anwendungsgerüst erstellt wird. Abbildung 3.4 zeigt die Projektstruktur direkt nach dem Erzeugen durch den Wizard. Der Aufbau gleicht dabei in weiten Teilen dem Hello- World-Beispiel aus Kapitel 2. Über die .product-Datei lässt sich das Projekt nun direkt starten: Hierzu ist diese Datei zunächst per Doppelklick im Product Configuration Editor zu öffnen. Danach lässt sie sich mit dem Link „Launch an Eclipse application" starten.

```
▼ net.teufel.e4.helloworld.ui
  ▶ JRE System Library [JavaSE-1.6]
  ▶ Plug-in Dependencies
  ▼ src
    ▼ net.teufel.e4.helloworld.ui.handlers
      ▶ AboutHandler.java
      ▶ OpenHandler.java
      ▶ QuitHandler.java
      ▶ SaveHandler.java
  ▼ css
      HelloWorld.css
  ▼ icons
      sample.gif
      save_edit.gif
  ▼ META-INF
      MANIFEST.MF
    build.properties
    HelloWorld.e4xmi
    net.teufel.e4.helloworld.ui.product
    plugin.xml
```

Abbildung 3.4: Die Struktur des vom Wizard erzeugten Anwendungsgerüsts

Nach dem Starten der Anwendung erscheint ein leeres Fenster mit einem Menü und einer Toolbar. Aus Menü oder Toolbar können unterschiedliche Handler aufgerufen werden, etwa zum Öffnen eines Dateiauswahl-Dialogs, zum Anzeigen von Programminformationen oder zum Beenden der Anwendung.

3.2.2 Classes

Die e4-Tools unterstützen den Entwickler nicht nur beim Anlegen des Projekts an sich, sie bringen darüber hinaus auch hilfreiche Assistenten zum Erstellen von Addon-, Part- oder Handler-Klassen, die im Rahmen von e4-Projekten häufiger implementiert werden müssen. Auch wenn diese Klassen im Kern lediglich einfache POJOs (Plain old Java Objects) sind, ist es doch hilfreich, diese mithilfe eines Wizards zu generieren. So lässt sich zum Beispiel bei einem Handler die Execute-Methode mit nur wenigen Mausklicks definieren und den zugehörigen Source Code mit der entsprechenden Annotation automatisch generieren.

New Addon Class

Dieser Wizard legt im Prinzip einfach eine neue Java-Klasse im vorher definierten Package an. Theoretisch kann man diese Aufgabe auch mit dem Standard-Wizard zum Anlegen neuer Klassen durchführen. Die einzige Besonderheit, die der Addon-Wizard an dieser Stelle bietet, ist das Bereitstellen eines Event Brokers (siehe Kapitel 6) mit entsprechenden Methoden in der resultierenden Klasse. Ob daher für die eigene Addon-Implementierung der Assistent verwendet werden muss, kommt auf den persönlichen Geschmack des Entwicklers an. Der Wizard trägt das erzeugte Addon auch nicht automatisch ins Application Modell ein, dieser Schritt muss trotzdem manuell erfolgen. Weitere Informationen zu Addons finden sich in Kapitel 4.

New Part Class

Wesentlich interessanter ist der Wizard zum Anlegen von Parts. Mit seiner Hilfe kann man recht bequem neue Part-Klassen erstellen und im gleichen Schritt diverse Lifecycle-Methoden definieren. Unter Lifecycle-Methoden sind in diesem Zusammenhang Methoden zu verstehen, die vom Framework automatisch beim Eintreten bestimmter Ereignisse aufgerufen werden. Will man beispielweise immer dann, wenn der Part den Fokus erhält, eine bestimmte Aktion durchführen, kann der in diesem Fall auszuführende Code in eine eigene Methode geschrieben und mit der Annotation @Focus versehen werden. Die Eclipse 4 Application Platform wird dann zur Laufzeit beim Eintreten eines Fokus-Ereignisses immer diese Methode aufrufen, weil sie mit der vorgenannten Annotation eindeutig markiert ist.

Abbildung 3.5: Wizard zum Anlegen neuer Parts

Der Name der Methode spielt dabei keine Rolle, entscheidend ist die Annotation. Ein weiterer wichtiger Augenblick im Lebenszyklus eines Parts ist auch der Moment, wenn der Part fertig erzeugt ist, beziehungsweise der Augenblick, bevor ein Part geschlossen wird. Mithilfe von Methoden, die mit @PostConstruct oder @PreDestroy annotiert sind, kann auch auf diese Events reagiert und gegebenenfalls eigene Aktionen durchgeführt werden. Dies können zusätzliche Initialisierungs- beziehungsweise Aufräumarbeiten sein. Der Wizard zum Anlegen neuer Parts hilft beim Erzeugen der wichtigsten Lifecycle-Methoden, diese werden in Kapitel 5 im Detail beschrieben.

Wie Abbildung 3.5 zeigt, werden die verschiedenen Lifecycle-Methoden je nach Bedarf erzeugt, wenn man sie über die entsprechenden Checkboxen rechts aktiviert. Der Name der Methode ist, wie bereits erwähnt, frei wählbar. Um den Part, der schon im vorangegangenen Kapitel 2 entwickelt wurde, mithilfe des Wizards nochmals neu zu erzeugen, würde man wie folgt vorgehen: Zunächst das Package auswählen, in dem die resultierende Klasse eingeordnet werden soll und dort den Namen der zu generierenden Klasse (MyFirstPart) eintragen. Wird jetzt noch das Erstellen einer PostConstruct-Methode (wie in Abbildung 3.5 dargestellt) ausgewählt, entsteht das folgende Grundgerüst:

```
package net.teufel.e4.helloworld.ui;


import javax.inject.Inject;
import javax.annotation.PostConstruct;


public class MyFirstPart {
  @Inject
  public MyFirstPart() {
    //TODO Your code here
  }

  @PostConstruct
  public void postConstruct() {
    //TODO Your code here
  }
}
```

Nun könnte man den kompletten Konstruktur, wie er bereits in Kapitel 2 schon implementiert wurde, übernehmen. Die PostConstruct-Methode kann verwendet werden, um das Datumsfeld nach Erzeugen des Parts mit dem aktuellen Tagesdatum zu belegen.

New Handler Class

Ähnlich hilfreich wie der Assistent zum Erstellen neuer Parts, stellt sich auch der Assistent zum Erstellen neuer Handler dar. In der Bedienung ergeben sich nahezu keine Unterschiede: Man wählt das Ziel-Package aus, in dem der Handler einsortiert werden soll, und definiert einen Namen für die resultierende Handler-Klasse. Außerdem muss man sich noch entscheiden, ob man eine Execute- oder CanExecute-Methode im Handler definieren will. Wie man bereits in der Beispielanwendung aus Kapitel 2 sehen konnte, spielt auch bei Handlern der Name der Execute-Methode keine Rolle. Auch hier gilt es, die vom Framework bereitgestellten Annotationen @Execute und @CanExecute zu verwenden. Der Unterschied dieser beiden Annotationen wird in den Kapiteln 4 und 5 näher beleuchtet.

3.2.3 Model

Die e4-Tools bringen nicht nur Assistenten zum Erzeugen von Klassengerüsten für Handler und Parts mit. Die Tools bieten darüber hinaus auch Unterstützung zum Erzeugen von kompletten Applikationsmodellen beziehungsweise einzelner Fragmente.

New Application Model

Dieser Wizard erzeugt ein neues Application Model. Hierzu ist zunächst das Projekt (Container) auszuwählen, in welches das neue Modell abgelegt werden soll. Anschließend definiert man einen Dateinamen. Hier empfiehlt es sich, die Standarddateiendung .e4xmi beizubehalten. Damit das in der Eclipse 4 Application Platform enthaltene Command- und Handler Framework beziehungsweise die Drag-and-Drop-Funktionalität in der eigenen Anwendung zur Verfügung steht, müssen im Application Model einige Addon-Klassen registriert sein. Auf Wunsch fügt der Wizard die entsprechenden Addons in das Modell ein, wenn die Checkbox *„Include default addons"* aktiviert wurde. Es empfiehlt sich, diese Checkbox immer zu aktivieren. Abbildung 3.6 zeigt den Dialog in Aktion.

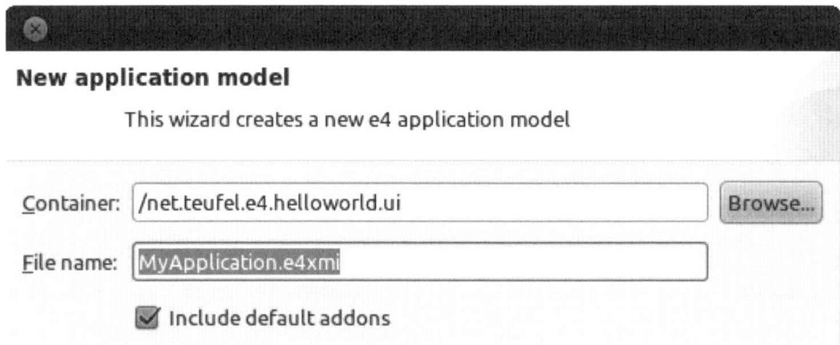

Abbildung 3.6: Auch zum Anlegen des Application Models existiert ein Assistent

New Model Fragment

Mit Modell-Fragmenten hat der Entwickler die Möglichkeit, das Application Model auf mehrere Dateien zu verteilen. Das ist zum Beispiel dann sinnvoll, wenn eine Programm-Erweiterung in Form eines zusätzlichen Plugins dem Application Modell dynamisch neue Parts hinzufügen möchte. Diese Parts können dann in einem Fragment im hinzugefügten Plugin definiert sein und werden zur Laufzeit dem globalen Application Model der Gesamtanwendung hinzugefügt. Fragmente helfen also beim Strukturieren und Modularisieren einer e4-Anwendung, da das Modell auf einzelne Dateien aufgeteilt werden kann. Besonders hilfreich sind Fragmente vor allem, um die eigene Anwendung in voneinander unabhängige Features aufzuteilen, die nur bei Bedarf nachinstalliert werden können. Der New Model Fragment-Wizard unterstützt beim Erzeugen von solchen Fragment-Dateien. Die Bedienung ist im Prinzip die gleiche wie beim Assistenten zum Anlegen eines komplett neuen Application-Modells mit dem Unterschied, dass eben ein entsprechendes Fragment-Grundgerüst erzeugt wird, welches sich in einer unterschiedlichen XML-Struktur wiederspiegelt. Eine Beschreibung über Aufbau und Zusammenspiel von Application Model und Fragmenten findet sich in Kapitel 4, in dem das Application Model im Detail behandelt wird.

3.3 Application Model Editor

Prinzipiell ist es möglich, die XML-Dateien, die das Application Model einer Anwendung darstellen, manuell zu editieren. In Kapitel 2, beim Entwickeln der ersten e4-Anwendung, wurden keine zusätzlichen Werkzeuge verwendet. Doch das Schreiben von XML-Nodes ist aufwendig, fehleranfällig und zeitraubend, da man sich XML-Tags merken oder mühsam nachschlagen muss, sowie keine automatische Fehlerkorrektur verfügbar ist. Daher ist es nicht verwunderlich, dass das Entwicklerteam der Eclipse 4 Application Platform relativ früh entsprechende Werkzeugunterstützung bereitstellte.

Der Application Model Editor ist sicherlich eines der zentralen Werkzeuge der e4-Tool-Suite. Der Editor, der selbst mit der e4-Technologie implementiert wurde, bietet die Möglichkeit nahezu alle Elemente, die in einem Application Model vorkommen können, mithilfe eines grafischen Editors zu pflegen. Dabei wird das Modell in einer hierarchischen Baumstruktur dargestellt und bietet speziell die Möglichkeit Addons, Binding Contexts, Binding Tables, Handler, Part Deskriptoren, Commands, Fenster, Menüs, Toolbars und alle weiteren Elemente für Fenster zu verwalten. Das Werkzeug (Abbildung 3.7) stellt dazu auf der linken Seite in einer Baumansicht die Hierachie aller vorhandenen Elemente im Application Model dar, während rechts die Eigenschaften und Details zum gerade ausgewählten Element im Baum erscheinen. Mit dem Application Model Editor lassen sich sowohl vollständige Application Modelle also auch Fragmente bearbeiten. Codevervollständigung und diverse Auswahldialoge unterstützen den Entwickler zusätzlich beim Bearbeiten des Application Models. Neben der grafischen Bearbeitung bietet der Application Model Editor darüber hinaus auch die Möglichkeit, in einen XML-Modus umzuschalten (Reiter XMI im unteren Bereich des Editors), wo man die eigentliche XML-Darstellung einsehen und auf Wunsch auch bearbeiten kann. Wenn die e4-Tools installiert sind, wird der Editor automatisch gestartet, sobald man eine Application-Model-Datei (Dateiendung .e4xmi) per Doppelklick öffnet. Alternativ startet man den Editor mit rechter Maustaste auf die jeweilige Datei und wählt im folgenden Kontextmenü Open with | e4 Workbenchmodel Editor. Jede Application Model- oder Fragment-Datei wird in einem eigenen Editor geöffnet und dargestellt. Für den Application Model Editor existieren in den Preferences unter dem Eintrag „Model Editor" einige Einstellungen. Diese sind in Tabelle 3.2 mit einer entsprechenden Beschreibung zusammengefasst.

Einstellung	Beschreibung
Not rendered Color	Ist bei einem Modell-Element das Attribut Rendered auf inaktiv (false) gesetzt, dann wird das entsprechende Element in dieser Farbe in der Baumstruktur des Application Model Editors dargestellt.
Not visible Color	Ist bei einem Modell-Element das Attribut Visible deaktiviert, wird dagegen die hier definierte Farbe bei der Anzeige im Baum verwendet.
Not visible and not rendered color	Damit man die Modell-Elemente, bei denen beide der vorgenannten Attribute deaktiviert sind, auch visuell von den anderen unterscheiden kann, kann man mit dieser Einstellung eine separate Farbe für alle Elemente definieren, bei denen beide Attribute auf false stehen.
Autogenerate Element-Id	Diese in der Standardkonfiguration deaktivierte Einstellung generiert beim Erzeugen neuer Elemente automatisch einen Wert für ElementId. Zur Benennung wird der Plugin-Name, Typ des Model-Elements und eine aufsteigende Nummer herangezogen. Fügt man beispielsweise im Projekt net.teufel.e4.helloworld ein weiteres TrimmedWindow ein, würde die automatisch generierte ElementId wie folgt lauten: net.teufel.e4.helloworld.TrimmedWindow.0
Show XMI:ID	Auch diese Einstellung ist zu Beginn (leider) deaktiviert. Wird sie aktiviert, wird im Detailbereich des Application Model Editors zusätzlich zur ElementId auch die XMI:ID des betreffenden Elements angezeigt. Es empfiehlt sich diese Einstellung, zur besseren Übersicht, zu aktivieren.

Tabelle 3.2: Einstellungen des Application Model Editors im Preference-Dialog von Eclipse

3.3.1 Die Darstellung im Application Model Editor

Im Folgenden soll nun das das Beispiel aus Kapitel 2 mithilfe der e4-Tools noch einmal umgesetzt werden. Aktuell liegen zwar das vom e4 Application Wizard erzeugte Standardprojekt und ein mit dem Part-Assistent erzeugter Part vor, das Starten der Anwendung bringt aber noch nicht das gewünschte Ergebnis. Der in Abschnitt 3.2.2 erstellte Part wird nicht angezeigt, da er dem Application Model noch nicht bekannt ist. Im Folgenden soll zunächst der Aufbau des Modells im aktuell vorliegenden Projekt kurz beschrieben, bevor mithilfe des Application Model Editors der neue Part so eingebracht wird, dass er in der laufenden Anwendung wieder angezeigt wird. In der Standardeinstellung erzeugt der e4 Application-Wizard die XML-Datei für das Application Model unter dem Namen Application.e4xmi. Wird diese Datei wie weiter oben über das entsprechende Kontextmenü oder per Doppelklick im Application Model Editor geöffnet, ergibt sich das in Abbildung 3.7 dargestellte Bild.

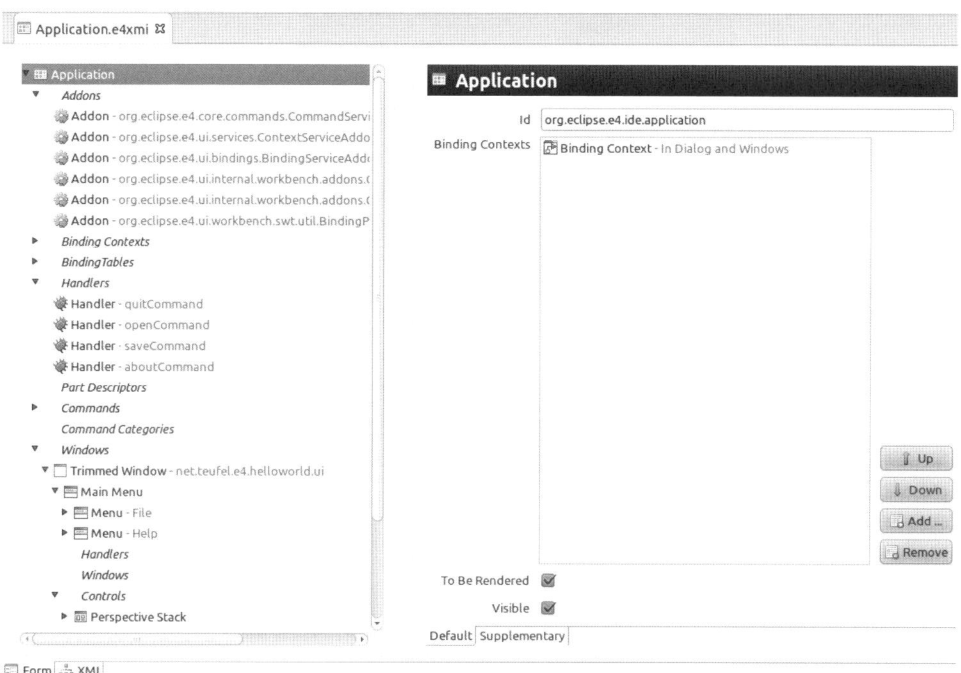

Abbildung 3.7: Application Model Editor

An oberster Stelle wird in der Baumansicht die Application angezeigt, welche dem Tag <application> in der XML-Notation entspricht. Klickt man auf den Application-Eintrag, werden auf der rechten Seite die zugehörigen Eigenschaften dargestellt. Die Bezeichnungen die im Application Model Editor angezeigt werden, entsprechen (leider) nicht zu 100 % der XML-Notation, sind aber weitgehend sprechend. Die Bezeichnung „Id" etwa entspricht der elementId in der XMI-Darstellung. Die Eigenschaft „Visible" bestimmt, ob das entsprechende Element zur Laufzeit sichtbar sein wird oder nicht, auf Application-Ebene ist diese selbstverständlich aktiviert, ansonsten würde die Anwendung zur Laufzeit nicht auf dem Bildschirm erscheinen. Wechselt man in die XMI-Darstellung (auf den Reiter XMI im unteren Bereich des Application Model Editors klicken), wird man das zugehörige Visible-Attribut jedoch nicht im Tag <application> finden. Der Grund hierfür ist, dass in der Standardeinstellung die Visible-Eigenschaft stets auf true steht und daher auch weggelassen werden kann. Würde man im Editor die Visible-Eigenschaft deaktivieren, wird dies explizit in der XMI-Darstellung sichtbar sein.

Das Application-Element ist das oberste Element, alle weiteren Bestandteile einer Anwendung beziehungsweise des Modells einer Anwendung platzieren sich darunter. Für eine sinnvolle Anwendung sind Einträge in den Bereichen Addons, Binding Context, BindingTables, Handlers, Commands und natürlich in der Gruppe Windows erforderlich. Alle anderen Bereiche sind weitgehend optional und vor allem dann interessant, wenn dynamisch zur Laufzeit Änderungen am Application-Modell vorgenommen werden. Einen Part kann man über die Gruppe „Windows“ direkt mit einem Bereich in einer Perspektive verbinden. Die Perspektiven finden sich im Bereich „Controls“ unterhalb vom „Windows“. Alternativ kann man auch einen sogenannten Part-Deskriptor anlegen und erst zur Laufzeit der Anwendung diesen verwenden, um einen Part daraus zu generieren und in einem bestimmten Bereich innerhalb einer Perspektive anzuzeigen. Part-Deskriptoren sind von allgemeiner, abstrakter Natur und finden sich in der Baumstruktur des Application Models daher direkt unterhalb von „Application“ auf gleicher Ebene wie „Windows“. Das Application Model von e4-Anwendungen ist hierarchisch aufgebaut. Viele Elemente fungieren dabei als sogenannte Container-Elemente und können weitere Elemente als Kinder aufnehmen. Klickt man beispielsweise auf den Eintrag Controls in dem Fenster „TrimmedWindow“ in der Gruppe „Windows“, erweitert sich der Baum, und auf der rechten Seite wird eine Liste mit weiteren Einträgen, den Kind-Elementen des Fensters, dargestellt. Das TrimmedWindow ist also ein Container-Element und kann beliebig viele Unter-Elemente wie Perspektiven, PartStack, aber auch Parts aufnehmen. Diese Elemente sind dann die entsprechenden Kind-Elemente, können ihrerseits allerdings auch wieder zu Container-Elemente werden, indem sie weitere Kinder aufnehmen. Über die Knöpfe „Up“, „Down“ und „Remove“ kann man in der Darstellung auf der rechten Seite eine Sortierung der Kind-Elemente vornehmen, Elemente hinzufügen oder löschen. Beim Hinzufügen von Kind-Elementen bietet der Editor in einem DropDown-Feld alle möglichen Elemente an, die im entsprechenden Kontext als Kind-Element eingefügt werden können. Eine ähnliche Darstellung bietet auch die Baumdarstellung auf der linken Seite. Mithilfe von Kontext-Menüs lassen sich hier neue Elemente einfügen und bestehende löschen. Dies ist ein elementares Bedienkonzept des Editors und zieht sich damit durch den kompletten Modell-Editor, überall dorthin, wo Container- und Kind-Elemente verfügbar sind.

3.3.2 Änderungen am Modell vornehmen

Um nun die Hello-World-Anwendung mittels Model Editor nachzubauen, löscht man zunächst alle Kind-Elemente im Bereich „Controls“ der Fenstergruppe „Window“. Hat man das Grundgerüst mit dem weiter vorne besprochenen Application Wizard erstellt, sollte sich hier eine Perspektive befinden. Perspektiven sind immer Kind-Elemente eines PerspectiveStacks. Da die Beispielanwendung keine Perspektive verwendet, sondern stattdessen den Part direkt anzeigt, kann dieser PerspectiveStack durch das Kontextmenü oder den Knopf „Remove“ bedenkenlos gelöscht werden. Im nächsten Schritt ist der Part einzufügen, hierzu öffnet man im Eintrag „Controls“ ein Kontext-Menü und hat über das Untermenü „Add Child“ (Abbildung 3.8) die Möglichkeit, eine neue Perspektive oder einen Part in unterschiedlicher Ausprägung hinzuzufügen. Für den Anfang reicht es, hier einfach „Part“ auszuwählen. Speziellere Modell-Elemente wie PerspektiveStack, PartStack oder InputPart werden später in Kapitel 4 genauer beschrieben. Der Part wird dann sofort ins Modell eingefügt und auf der linken Seite des Editors einsortiert. Die für den

Part verfügbaren Attribute finden sich rechts. Die wichtigste Einstellung für das Beispiel ist die „contributionURI", mithilfe des Find-Knopfes kann hierfür direkt die Part-Implementierung ausgewählt und hinzugefügt werden. Damit der Part zur Laufzeit auch am Bildschirm erscheint, ist darauf zu achten, dass die Attribute ToBeRendered und Visible aktiviert sind. Wurde der Part auf diese Weise hinzugefügt und mit einer gültigen Part-Implementierung verknüpft, sollte dieser beim nächsten Start der Anwendung anstelle der leeren Perspektive erscheinen.

Wurde die Anwendung allerdings im Vorfeld bereits gestartet, greift diese zunächst auf ein gespeichertes Application Model zurück, welches die gerade vorgenommenen Änderungen nicht reflektiert. Da im Application Model der Zustand einer Anwendung abgebildet wird, kann sich das Model zur Laufzeit verändern. Beispielsweise wird eine Veränderung der Fenstergröße in den Attributen des Elements Window hinterlegt. Um beim Neustart einer Anwendung den letzten Zustand der Anwendung wiederherstellen zu können, speichert eine e4-Anwendung ihr Modell im eigenen Workspace ab. Nimmt der Entwickler nun Änderungen am Application Model vor, muss er dafür sorgen, dass diese gespeicherte Version durch das geänderte Application Model überschrieben wird. Die einfachste Möglichkeit dazu ist beim Starten der Anwendung aus der Entwicklungsumgebung, den Workspace der Anwendung zu löschen. Dieses Verhalten kann in der verwendeten Run Configuration über die Option „Clear Workspace" gesteuert werden.

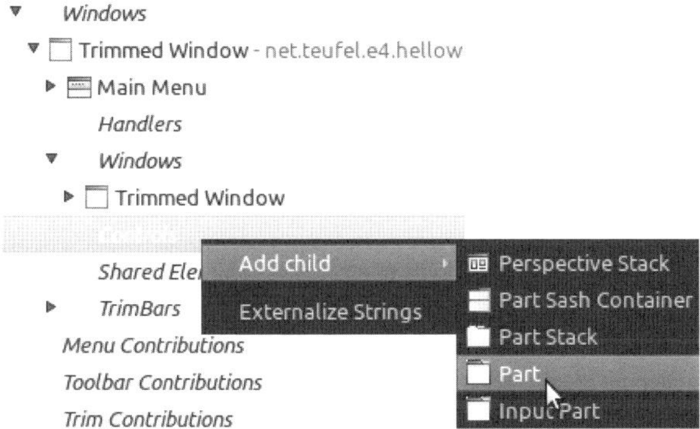

Abbildung 3.8: Einen Part im Application Model Editor definieren

Das Menü und die Toolbar sind ebenfalls Kind-Elemente, in diesem Fall vom Anwendungsfenster (TrimmedWindow). Die einzelnen Menüs finden sich in der Kategorie „Main Menü" und die Toolbar in der Gruppe „TrimBars" im Fenster. Es lassen sich bei Bedarf für jedes Anwendungsfenster unterschiedliche Menüs und Toolbars generieren.

3.4 Live Editor

Ein weiteres, sehr interessantes Werkzeug der e4 Tools ist der Live Editor. Das Tool kann sich zu einer laufenden e4-Anwendung verbinden und dessen Application Model inspizieren. Das Application Model kann nicht nur eingesehen, sondern auch verändert werden, da dies zur Laufzeit der Anwendung erfolgt, wirken sich Änderungen, die im Live Editor durchgeführt werden, dementsprechend sofort aus. Der Live Editor stellt das Modell in einem separaten Fenster als Instanz des Application Model Editors dar. Verwendet werden kann der Live Editor in allen Anwendungen, die auf der Eclipse 4 Application Platform basieren. Der Editor eignet sich somit gut zur Analyse und zum Debugging der eigenen Programmentwicklung. Da das Eclipse 4.2 SDK selbst auf e4-Technologie basiert, kann man den Live Editor auch verwenden, um tief ins Innere der Eclipse IDE selbst zu blicken. Gestartet wird das Werkzeug entweder über die Tastenkombination Alt + Shift + F9 oder über die neue Eclipse-Suche, wo man beispielsweise den Suchbegriff „Live" verwenden kann, um den Editor zu finden und zu starten.

3.4.1 Das Eclipse SDK mit dem Live Editor betrachten

Sind die e4-Tools installiert, lässt sich der Live Editor direkt aus der Eclipse-IDE heraus starten. So kann man direkt in das Application Model der Eclipse IDE selbst blicken. Um zu prüfen, wie sich Änderungen im Modell auch tatsächlich auf die laufende Anwendung auswirken, kann man beispielsweise in der Gruppe „Windows" das Eclipse-Anwendungsfenster (ein Modell-Element vom Typ TrimmedWindow) auswählen und dort das Attribut „Label" verändern. Diese Änderung wird nun direkt im Fenstertitel der Eclipse- IDE reflektiert. Das Application Model von Eclipse ist erstaunlicherweise recht knapp gehalten. Das fällt insbesondere auf, wenn man das Modell nach Handlern (Actions) und Parts (Views) durchsucht, die in der umfangreichen Java-Entwicklungsumgebung zahlreich vorhanden sein müssten. So finden sich auf oberster, allgemeiner Handler-Ebene (Gruppe „Handler" direkt unter „Application") neben dem Handler der den Live Model Editor selbst öffnet und einem weiteren, der das CSS Spy-Tool aktiviert, gerade mal ein paar wenige zusätzliche Handler. Auch finden sich keine konkreten Parts im Modell, die meisten Views sind lediglich in abstrakteren PartDescriptoren gekapselt. Dieses Application Model der IDE selbst ist nicht manuell erzeugt worden, sondern durch den bereits in den ersten beiden Kapiteln beschriebenen Compatibility Layer. Es handelt sich dabei lediglich um eine Übersetzung von den aus Eclipse 3.x bekannten Extension Points und Workbench API-Aufrufen und ist daher nur sehr bedingt als Referenzbeispiel für die eigene e4-Anwendung zu gebrauchen.

3.4.2 Den Live Editor in eigenen Programmen verwenden

Der Live Editor bietet sich insbesondere zum Debugging eigener Programme an, denn neben der Fähigkeit, in ein laufendes Application Model zu schauen, enthält das Werkzeug weitere Analysemöglichkeiten, die im folgenden Abschnitt näher beschrieben werden. Um den Live Editor zusammen mit dem eigenen Programm zu starten, sind zunächst folgende Plugins in der jeweiligen Run Configuration einzufügen:

- org.eclipse.e4.tools.emf.liveeditor
- org.eclipse.e4.tools.emf.ui.script.js

Die Abhängigkeiten der beiden Plugins werden über den Knopf „Add Required Plug-ins" hinzugefügt. Die Vollständigkeit der Run Configuration, also das Auflösen aller vorhandenen Abhängigkeiten, kann über den Button „Validate Plugins" überprüft werden.

Auch in der eigenen Anwendung kann der Live Editor nun über die Tastenkombination Alt + Shift + F9 gestartet werden. Sollte das Starten des Editors nicht funktionieren, ist gegebenenfalls zu prüfen, ob im Application Model ein BindingContext und eine BindingTable definiert ist. Mithilfe dieser beiden Modell-Elemente können Tastatur-Shortcuts definiert und mit Commands, also Aktionen im Programm, verbunden werden. Der Live Editor fügt mittels eines Model Processors (siehe Kapitel 4) die Tastenkombination zum Starten des Editors dynamisch in eine bestehende BindingTable ein. Ist keine BindingTable vorhanden, kann der Shortcut nicht eingefügt werden, und das Starten über die Tastenkombination wird folglich nicht funktionieren.

Der Live Editor bietet prinzipiell die gleiche Funktionalität wie sein Equivalent aus der IDE, das bedeutet, es können alle Elemente des Application Models betrachtet sowie live verändert werden. Verändert man beispielsweise die Attribute „height" und „width" des TrimmedWindow, verändert sich die Größe der laufenden Anwendung. Diese Änderungen sind jedoch nur im Workspace der laufenden Anwendung gespeichert und werden nicht in die Datei Application.e4xmi, also ins Application Model, zurückgeführt. Der Entwickler muss eventuell zu übernehmende Änderungen manuell überführen, beispielsweise durch Kopieren der XML-Repräsentation aus dem Reiter „XML".

Der Live Editor bietet außerdem erweiterte Möglichkeiten zur Analyse des laufenden Programms, in dem neben dem Application Model auch auf die Inhalte von X und von Widgets zugegriffen werden kann. Hierzu bietet der Live Editor drei Möglichkeiten: Contribution Instance, Widget Tree oder Scripting.

Contribution Instance

Unter einer Contribution versteht man im Zusammenhang mit Modell-Elementen die Klasse, welche der Entwickler durch eine eigene Implementierung selbst mit Leben erfüllt. Bei Handlern ist die Contribution beispielsweise die Java-Klasse mit dem eigentlich auszuführenden Code, bei Parts ist es die Part-Implementierung. Der Live Editor fügt bei allen Elementen, die eine solche Contribution besitzen, neben den bereits aus dem Application Model Editor bekannten Reitern „Default" und „Supplementary" noch den zusätzlichen Reiter „Contrib. Instance" hinzu. Wählt man diesen neuen Reiter aus, zeigt der Live Editor die entsprechende Contribution an. In der Baumansicht werden alle Klassenvariablen der Objektinstanz der jeweiligen Contribution angezeigt.

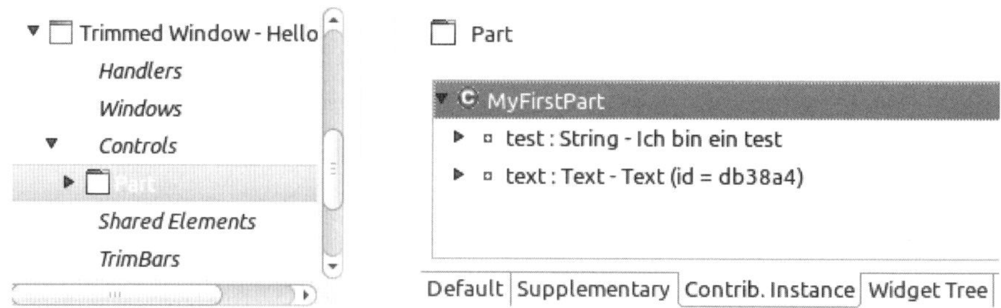

Abbildung 3.9: Der Live Editor kann auch Informationen aus der Part-Implementierung anzeigen

In Abbildung 3.9 sieht man den neuen Reiter am Beispiel des Parts aus der Beispielanwendung. Die Contribution ist diesem Fall die Klasse MyFirstPart (die Part-Implementierung), in dieser gibt es zwei Klassenvariablen: ein Textfeld und einen String, der mit einem Text vorbelegt ist. Die Ansicht eignet sich in erster Linie zur Analyse, eine Änderung der Werte zur Laufzeit ist nicht möglich.

Widget Tree

Um eine Benutzeroberfläche mit Leben zu erfüllen, ist es die Aufgabe des Entwicklers, entsprechende Part-Implementierungen (also Contributions) zu erstellen. In diesen wird mithilfe von SWT und JFace-Elementen wie Shells, Composites, Textboxes oder Combos die Benutzerschnittstelle aufgebaut. Der Live Model Editor ist in der Lage, diese grafischen Anteile im Programm zu erkennen und anzuzeigen. Enthält das Modell Elemente, die Bestandteile eines UI enthalten, wird der zusätzliche Reiter „Widget Tree" angezeigt. In diesem wird, analog zum Reiter „Contrib. Instance" ebenfalls eine Baumstruktur dargestellt, in diesem Fall aber eine hierarchische Übersicht über alle Widgets im jeweiligen Element. Abbildung 3.10 zeigt für den Part die entsprechende Baumansicht. In der Klasse MyFirstPart wird das Parent-Composite via Dependency Injection eingefügt und dann ein weiteres Composite auf dieses platziert. Auf diesem Composite schließlich liegen Textfeld und die beiden Buttons der Beispielanwendung.

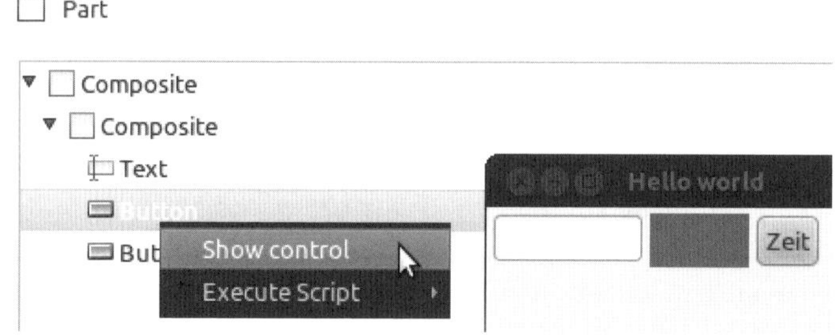

Abbildung 3.10: UI-Anteile werden hierarchisch angezeigt, sind mit Show Control identifizierbar

In der Baumansicht (siehe Abbildung 3.10) wird nur angezeigt, welcher Widget-Typ auf der entsprechenden Ebene vorhanden ist, nicht jedoch detaillierte Informationen wie etwa der Name des dahinterliegenden Members in der Klasse MyFirstPart. Enthält eine Komponente viele gleiche Widgets (in der Abbildung sind es zwei Button-Widgets), kann man recht schnell den Überblick verlieren, zu welchem Widget in der laufenden Anwendung der Eintrag im Baum nun tatsächlich gehört. Um diese Zuordnung eindeutig festzustellen, also welcher Eintrag im Live Editor mit welchem Widget korrespondiert, gibt es im Drop-Down-Menü den Befehl „Show Control". Dieser zeigt mit Hilfe eines roten Rechtecks visuell an, welches Widget gerade im Live Editor ausgewählt wurde. Auch im Widget Tree lassen sich sofort wirkende Änderungen nicht direkt vornehmen, es sei denn, man verwendet die im Live Editor eingebaute Fähigkeit des Scriptings auf Basis von Java Script. Die Funktion „Show Control" ist auch im Hauptbaum des Live Editors verfügbar. So lässt sich beispielsweise das Haupt-Composite eines Parts einfärben. Mit dieser Funktion lässt sich außerdem der Aufbau einer Workbench aus Parts kontrollieren, auch wenn diese Parts (noch) keine sichtbaren Elemente enthalten.

Scripting

Die Scripting-Komponente des Live-Editors ist im Bundle org.eclipse.e4.tools.emf.ui.script.js implementiert. Durch Hinzunehmen dieses Bundles zur Run Configuration, wie bereits weiter vorne dargestellt, werden sämtliche Drop-Down-Menüs im Live-Editor, die skriptbare Elemente enthalten, um den Eintrag „Execute Script" erweitert. Die Scripting-Umgebung wurde so gestaltet, dass prinzipiell beliebige Skriptsprachen (Java Script, Groovy …) eingebunden werden könnten, wobei die aktuelle Version der e4-Tools lediglich eine Umsetzung für Java Script mitbringt. Wird nun ein Eintrag im Live Editor markiert, kann auf dem zugrunde liegenden JavaObjekt ein Script ausgeführt werden. Hierzu wird innerhalb der Skripting-Umgebung (Abbildung 3.11) das Objekt mainObject zur Verfügung gestellt, welches das vorher markierte Element repräsentiert. Über mainObject kann man nun auf sämtliche Eigenschaften des darunterliegenden Java-Objekts sowohl lesend als auch schreibend zugreifen. Im Gegensatz zu den Reitern „Contribution Instance" und „Widget Tree" lassen sich damit Veränderungen am laufenden Programm durchführen, welche sofort wirksam werden. Über das Objekt log stellt die Scripting-Komponente einen Logger bereit, dessen Inhalt beim Ausführen eines Scripts in einem separaten Dialogfenster angezeigt wird. Markiert man etwa im Live Editor das Trimmed Window-Element, gibt den in Abbildung 3.11 dargestellten Java Script-Code ein und führt das Skript mittels des Execute-Knopfes aus, werden die Änderungen im laufenden Programm sofort wirksam und die Log-Ausgabe erfolgt, wie erwartet, im separaten Fenster.

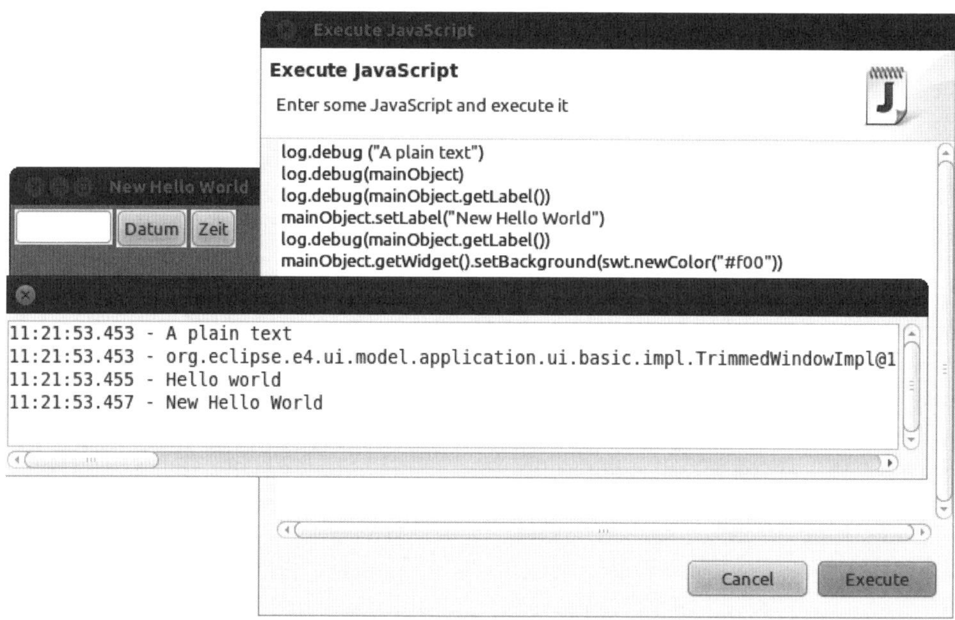

Abbildung 3.11: Veränderungen in der laufenden Anwendung vornehmen mithilfe von Scripting

Das Objekt mainObject spiegelt in diesem Kontext die TrimmedWindow-Instanz wider und gibt somit den Zugriff auf alle seine Members frei. In der Abbildung wird getLabel() aufgerufen, um den Fenstertitel in die Log-Ausgabe zu bringen, anschließend wird der Fenstertitel verändert. Im weiteren Verlauf kommt das spezielle Java-Script-Objekt swt zum Einsatz, um die Hintergrundfarbe des Fensters auf Rot zu stellen. Durch unterschiedliche Java Script-Objekte, welche die Scripting-Umgebung zur Verfügung stellt, lässt sich also eine laufende Anwendung analysieren, Services testen und an vielen Stellen verändern. In Tabelle 3.3 sind alle verfügbaren Java Script-Objekte mit einer kurzen Beschreibung zusammengefasst.

Objekt	wichtigste Methoden	Beschreibung
mainObject	Alle Members des ausgewählten Elements im Live Editor	Das wichtigste Objekt in der Scripting-Umgebung, spiegelt das aktuell aktive Element im Live Editor wider und lässt Abfragen und Veränderungen auf diesem zu.
log	debug(Object) error(Object)	Stellt einen Logger und ein Logausgabe-Fenster bereit.
swt	newColor(Color) newText(Composite, int new Label(Composite, int) ...	Mithilfe dieses Objekts lassen sich Veränderungen an den SWT-Anteilen der laufenden Anwendung vornehmen. Zum Beispiel das Umstellen von Farben, Hinzufügen weiterer Text- oder Comboboxen usw.
eclipseContext	get(String name)	Dieses Objekt gibt den Zugriff auf den EclipseContext der laufenden Anwendung frei, siehe Kapitel 5.
service	getStyleEngine() getPartService() getModelService()	Hilfsobjekt, welches die entsprechenden Services zurückgibt. Ruft die Services intern aus dem EclipseContext ab, siehe Kapitel 6.
di	newInstance(String, String, String) execute(Object)	Objekt zum Zugriff auf alle Java-Objekte über die im Programm mit Dependency Injection zugegriffen werden kann, siehe Kapitel 5.

Tabelle 3.3: Die wichtigsten Java Script-Objekte der Scripting-Umgebung im Überblick

Zur Veranschaulichung der Java Script-Objekte service, eclipseContext und di folgen nun ein paar Code-Beispiele, die deren Anwendung zeigen. Tiefergehende Details zu Dependency Injection, Services und dem Eclipse Context finden sich im Kapiteln 5 und 6. Das Objekt „service“ bietet mit den in Tabelle 3.3 aufgelisteten Methoden die Möglichkeit, an einen entsprechenden Service zu gelangen mit dem Ziel, diesen dann entsprechend zu nutzen. Das folgende Beispiel fragt mithilfe des service-Objekts zunächst den von Eclipse bereitgestellten Model Service ab:

```
log.debug(
  service.getModelService().find("net.teufel.e4.helloworld.Part.0",
   mainObject).getContributionURI())
```

Das Model Services hilft, das der Anwendung zugrunde liegende Application Model zu durchsuchen. Im obigen Listing wird über die vom Model Service bereitgestellte find()-Methode das Element mit der entsprechenden ElementId gesucht und anschließend dessen ContributionURI ausgegeben. Hinter der ContributionURI verbirgt sich die Implementierungsklasse des gesuchten Parts. In der Log-Ausgabe wird demnach der Name der Klasse, die den gefundenen Part implementiert, ausgegeben. Das Java Script-Objekt service ist im Prinzip nur ein Wrapper. Intern verwendet service den EclipseContext, um sich die entsprechenden Services zu besorgen.

Das Java Script-Objekt eclipseContext selbst steht auch in der Scripting-Umgebung zur Verfügung. Man kann somit auf alle Bestandteile der laufenden Anwendung zugreifen, die im Eclipse Context gespeichert sind. Damit erhält man auch eine gewisse Unabhängigkeit zu mainObject, denn über den Eclipse Context kann man auf jedes beliebige Modell Element direkt zugreifen, mainObject dagegen stellt nur das gerade aktive Element zur Verfügung. Das folgende Java Script-Listing greift über den Eclipse Context auf das globale Application Model-Element „Application" zu, ohne mainObject zu nutzen (dieses muss nicht im Live Editor markiert sein) und liest alle registrierten Handler in eine Variable. Im Anschluss wird durch die Liste der gefundenen Handler iteriert und die dem Handler jeweils zugeordnete Implementierungsklasse ausgegeben:

```
var handlers =
  eclipseContext.get
 ("org.eclipse.e4.ui.model.application.MApplication").getHandlers()
for ( i = 0 ; i <= handlers.size()-1 ; i = i + 1) {
  log.debug(handlers.get(i).getContributionURI())
}
```

Das Java Script-Objekt di eignet sich gut, um auf Java-Klassen zuzugreifen, die im laufenden Programm über Dependency Injection verarbeitet werden. Das Beispielprojekt zu diesem Kapitel enthält einen einfachen TestService, der als OSGI Service registriert wurde (mehr zu Services in Kapitel 6), auf dem man in der Scripting-Umgebung nun mittels „di" direkt zugreifen kann:

```
var myTestService = di.newInstance
("net.teufel.e4.helloworld",
 "net.teufel.e4.helloworld.services.TestService")
log.debug(myTestService.execute())
```

Das Beispiel holt sich den entsprechenden Service aus dem Bundle net.teufel.helloworld, instanziiert diesen (falls notwendig) und weist den Service der Variable zu. Im Anschluss wird eine Methode auf dem Service aufgerufen und das Ergebnis im Log-Fenster ausgegeben.

3.5 CSS-Tooling

Eine der wesentlichen neuen Funktionen der Eclipse 4 Application Platform ist die Möglichkeit, Oberflächenelemente mit CSS (Cascading Style Sheets) zu gestalten. Bei CSS handelt es sich um eine deklarative Sprache, mit der die Gestaltung und das Aussehen von strukturierten Dokumenten beeinflusst werden kann. CSS kommt vor allem im Webumfeld zusammen mit HTML und XML zum Einsatz. Der große Vorteil von CSS ist die Trennung von gestalterischen Aspekten auf der einen Seite und dem Inhalt eines Dokuments auf der anderen Seite. Damit kann das Design einer Webseite mit CSS bei Bedarf problemlos ausgetauscht werden, ohne den Inhalt bearbeiten zu müssen.

In Eclipse 4.x wird CSS ebenso eingesetzt und ermöglicht die Steuerung nahezu aller Attribute von Widgets, die in irgendeiner Form mit der Benutzeroberfläche zu tun haben. Anstelle von Code, der das Design der Anwendung bisher steuerte, tritt nun also CSS und minimiert nicht nur den zu schreibenden Code, sondern erleichtert darüber hinaus auch das sogenannte „Theming" von Anwendungen. Das beste Beispiel hierfür ist die Eclipse-IDE selbst: Unter Windows erscheint diese in einem bläulichen Design, es gibt ein Theme, das sich nahtlos in die Mac OS X-Umgebung einfügt, und auch unter Linux/Gnome macht Eclipse eine gute Figur. Für jedes Betriebssystem existiert hierzu eine eigene CSS-Konfiguration. In den e4-Tools finden sich drei Werkzeuge, welche das Handling mit CSS erleichtern und nachfolgend beschrieben werden.

3.5.1 CSS-Editor

Auch wenn es möglich ist, CSS-Dateien für e4-Awenungen mithilfe eines Texteditors zu schreiben, steht der Entwickler zunächst vor einem Problem. Einmal abgesehen davon, dass das Schreiben von purem CSS im Texteditor keine wirklich angenehme Angelegenheit ist, ist es vor allem die Tatsache, dass es fast unmöglich ist, sich alle Schlüsselworte und Attribute zu merken, mit denen die unterschiedlichen Widgets gestaltet werden können. Der CSS-Editor bietet Syntax-Highlighting und Code-Vervollständigung für die Erstellung von CSS-Dateien. Gestartet wird der Editor, wenn man im Projekt-Explorer mit der rechten Maustaste auf eine CSS-Datei klickt und im sich öffnenden Popup-Fenster Open with ... | CSS-Editor auswählt. Der CSS-Editor bietet eine recht gute Codevervollständigung. Außerdem ist er in der Lage, mittels Syntax-Highlighting die verschiedenen Anteile einer CSS-Datei gut unterscheidbar darzustellen und trägt so zum besseren Gesamtüberblick sowie zum Verständnis des CSS-Codes bei. Die Entwickler haben dem CSS-Editor ferner eine eigene Seite in den Preferences gewidmet, in dem sich die Farben für das Syntax-Highlighting einstellen lassen.

3.5.2 CSS Spy

Während der CSS-Editor für das unmittelbare Editieren von CSS-Code in der Eclipse-IDE gedacht ist, ähnelt der CSS Spy dem Live Editor. Er verbindet sich zu einer laufenden Anwendung und kann deren CSS-Anteile durchsuchen, anzeigen und verändern. Gestartet wird der CSS Spy über die Tastenkombination ALT + SHIFT + F4 oder über das Quick Access-Feature von Eclipse, wenn man als Suchbegriff „CSS Spy“ eingibt. Der CSS Spy kann auch, ähnlich wie der Live-Editor, sowohl in der eigenen Anwendung als auch in der Eclipse-IDE selbst verwendet werden.

Nach dem Starten von CSS Spy öffnet sich ein Fenster, welches im oberen Bereich eine hierarchische Darstellung aller Widgets, beziehungsweise Oberflächenelemente, im aktuellen Anwendungsfenster darstellt. Im Baum wird der Widget-Typ, die zugehörige CSS -Class und eine CSS-Id angezeigt, falls vorhanden. Wählt man ein Element aus, werden darunter die einzelnen CSS-Eigenschaften angezeigt. Diese können direkt im Eigenschaftenfenster verändert werden und wirken sich sofort auf die laufende Anwendung aus, sind allerdings nicht persistent. Das ausgewählte Oberflächenelement wird nicht nur im CSS Spy angezeigt, auch in der laufenden Anwendung wird der betreffende Teil mit einem roten Rahmen visuell hervorgehoben.

Einzelne Oberflächenelemente lassen sich in e4 durch sogenannte CSS-Selektoren grobgranular und feingranular gestalten. Grobgranular bedeutet, dass alle Oberflächenelemente gleichen Typs in einer Formatvorlage zusammengefasst werden. Damit diese Gruppierung erfolgen kann, werden die Oberflächenelemente zu Klassen (CSS Class) zusammengefasst. Wird in der CSS-Datei eine Stilvorgabe für die Klasse/den Selektor „Button“ eingetragen, so wirkt diese Stilvorgabe bei allen Knöpfen in der laufenden Anwendung. Feingranulares Gestalten dagegen bedeutet, dass man bei Bedarf jedes einzelne Oberflächenelement mit einer eigenen Stilvorlage versehen kann. Hierzu wird die Stilvorlage im CSS-Code nicht mit dem Klassennamen eingeleitet, sondern mit einem eigenen Bezeichner, diesen nennt man auch CSS-Id. Diese werden mit einem Hashzeichen (#) eingeleitet.

```
Button {
   background-color:#aaaaaa;
}
#MyTag {
   background-color:#ffffff;
}
.MPart {
   background-color: gradient radial #575757 #101010 60%
}
```

Das Listing formatiert zunächst alle Knöpfe der laufenden Anwendung einheitlich mit einem dunkelgrauen Hintergrund. Jedes Widget, dem die CSS-Id „MyTag“ zugeordnet ist, erhält jedoch einen weißen Hintergrund. Damit die CSS-Id auf ein spezielles Widget angewendet werden kann, ist folgender Code nötig:

```
datumButton.setData("org.eclipse.e4.ui.css.id","MyTag");
```

Beim letzten Block im obigen CSS-Listing folgt schließlich nochmal eine grobgranulare Zuweisung von CSS-Properties auf Ebene einer CSS-Class. Alle UI-Elemente, die im Rahmen des Applikationsmodells definiert werden, sind über einen ihrer Modell-Klassen-Namen (in diesem Fall eingeleitet mit einem Punkt) adressierbar. Damit lassen sich etwa alle Parts (.MPart) oder alle Fenster (.MWindow) einheitlich gestalten. Mehr Details zu CSS im Allgemeinen und CSS-Selektoren im Besonderen finden sich in Kapitel 7.

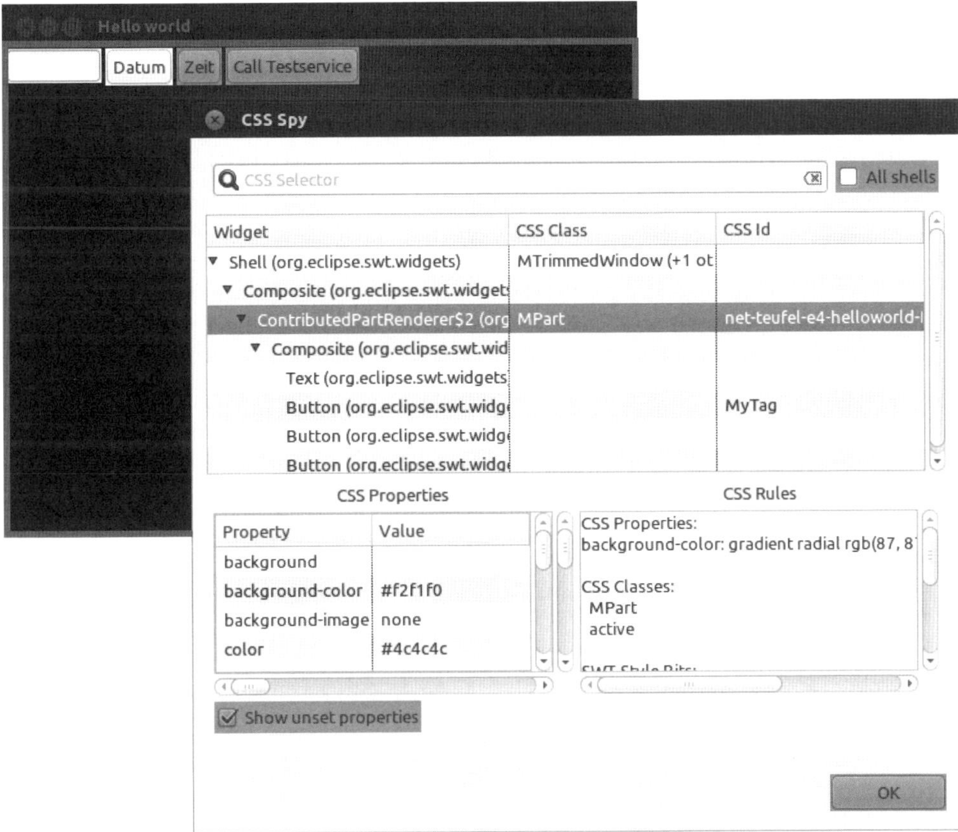

Abbildung 3.12: CSS Spy

Die Abbildung zeigt den CSS Spy, eingeklinkt in der laufenden Anwendung im Hintergrund. Der markierte Part ist in der Anwendung rot umrahmt. Außerdem sieht man, wie sich das Listing mit den CSS-Zuweisungen in der Anwendung und im CSS Spy auswirkt. In den Spalten CSS Class und CSS-Id kann man erkennen, dass der CSS Spy auch den Bezeichner „MyTag" für den Knopf mit dem weißen Hintergrund erkannt und entsprechend einsortiert hat.

Der CSS Spy ermöglicht es, bestehende Anwendungen nach ihren CSS-Anteilen zu untersuchen. Dies hilft sowohl beim Debuggen einer Anwendung als auch während der Entwicklung von Styles und Themes, da sich das Ausprobieren diverser CSS-Konfiguration leicht realisieren lässt. Der CSS Selector, als Suchfeld im oberen Bereich des CSS Spys, vereinfacht das Suchen und Filtern von Elementen.

3.5.3 CSS Scratchpad

Mit einem der letzten Milestone-Builds von Eclipse 4.2 hat es das CSS Scratchpad als weiteres nützliches Tool noch in die e4-Tool Suite geschafft und komplettiert somit das Tooling. Der CSS-Editor unterstützt den Entwickler beim Schreiben von CSS-Dateien, und mit dem CSS Spy kann man sich in laufende Anwendungen einklinken und dessen CSS-Anteile analysieren. Mit dem CSS Scratchpad schließlich liegt ein Tool vor, das sich ebenfalls in eine laufende Anwendung einklinkt und einen Dialog bereitstellt, in dem man direkt zur Laufzeit CSS-Code eintippen kann. Dieser wirkt sich ebenfalls sofort auf die laufende Anwendung aus. Damit bekommt man sofort eine Rückmeldung, ob ein Stück CSS-Code überhaupt funktioniert und welchen Effekt er hat. Den geschriebenen Code kann man danach sehr leicht in die eigentliche CSS-Datei im Projekt übernehmen. Das Werkzeug ist im gleichen Bundle enthalten wie der CSS Spy und wird mit der Tastenkombination ALT + CTRL + SHIFT + F4 gestartet. Die Abbildung zeigt, wie mithilfe des Scratchpads durch Eingabe eines kleinen CSS-Beispiels alle Toolbars in der Eclipse-IDE mit einer neuen Hintergrundfarbe ausgestattet werden.

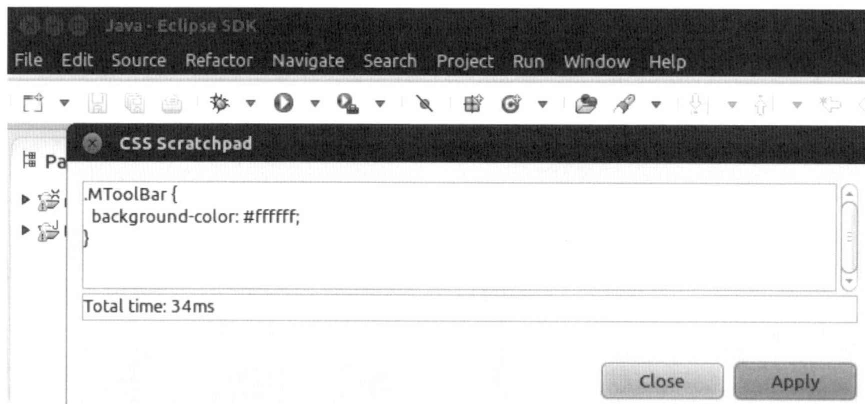

Abbildung 3.13: CSS Scratchpad

Mit dem CSS Scratchpad kann neuer CSS-Code effektiv und schnell getestet werden, auch wenn es aktuell noch kein Syntax-Highlighting, wie im CSS-Editor vorhanden, unterstützt wird. Veränderungen, die durch das CSS Scratchpad in der laufenden Anwendung vorgenommen werden, sind ebenso nicht persistent.

3.6 Window Builder

Lange Zeit fehlte es an einem guten Werkzeug für Eclipse RCP, mit dem man Oberflächen gestalten konnte. Visual Studio und Netbeans hatten längst gute GUI-Builder an Bord, als sich auf Seite von Eclipse erste Projektteams formierten. Das Projekt „V4ALL" von Ramin Assisi war einer der ersten Versuche, einen GUI-Builder für Eclipse auf die Beine zu stellen. Da leider nur ein Entwickler an dem Projekt beteiligt war, stockte die Weiterentwicklung, bis das Projekt schließlich ganz stagnierte. Auch ein weiterer Versuch der Community, mit dem Visual Editor Project einen eigenen Editor auf den Weg zu bringen, scheiterte, obwohl das Projekt recht vielversprechend begann. Bald darauf startete der weithin bekannte Eclipse-Entwickler und -Autor Eric Clayberg, damals noch bei der Firma Instantiations, mit der Entwicklung eines eigenen GUI-Builders für Eclipse. Window Builder, so der Name des kommerziellen Produkts, erhob sich wie ein Phönix aus der Asche und entwickelte sich sehr schnell zum Standard-GUI-Designer auf der Eclipse-Plattform. Konnte man den Window Builder zunächst „nur" zum Erstellen von Oberflächen für Swing, SWT, JFace und RCP verwenden, kam schließlich auch umfangreiche Unterstützung für das Google Web Toolkit (GWT) hinzu. Der Erfolg von Window Builder und auch die gute Integration mit GWT rief Google auf den Plan, die schließlich das Produkt Window Builder und einige Entwickler (unter anderem auch Clayberg selbst) aufkauften. Google hatte vorrangig natürlich Interesse am GWT-Designer. Den Swing- und SWT-Designer, die ebenfalls Bestandteil der Window Builder Suite waren und somit implizit mitgekauft wurden, übergab man großzügig als Spende an die Eclipse Community, und er wurde unter der EPL veröffentlicht. Seitdem wird Window Builder, noch immer federführend unter Eric Clayberg, bei Eclipse weiterentwickelt. Window Builder hat es damit faktisch geschafft, den Visual Editor (VE) abzulösen. Das VE-Projekt ist bei Eclipse bereits archiviert. Im Vergleich zu anderen Ansätzen ist der Window Builder ausgereift, praxiserprobt und bietet eine sehr gute Dokumentation mit vielen Codebeispielen und Tutorials.

Mit dem Window Builder lassen sich Oberflächen für Swing und SWT erstellen. Der SWT-Support umfasst außerdem Unterstützung für JFace und der Rich Client Platform (RCP). Im Bereich RCP enthält Window Builder vor allem Assistenten um Views, Editoren und dergleichen zu erstellen und zu bearbeiten. Speziell für die Eclipse 4 Application Platform bringt Window Builder bereits Unterstützung für Parts mit, weitere Features dürften noch mit zukünftigen Versionen der Software folgen.

3.6.1 Installation

Bei Window Builder handelt es sich um ein ausgereiftes Produkt, mit dem das professionelle Arbeiten möglich ist. Im Moment befindet sich das Projekt allerdings noch in der Migrationsphase von Google nach Eclipse, sodass sich Teile noch auf den Servern von Google befinden, während andere Teile bereits bei Eclipse angekommen sind. Die Dokumentation zum Beispiel wird noch vollständig bei Google gehostet, während die Binaries zum Installieren auch auf eclipse.org zum Download bereitstehen. Zur Installation kann man sich ZIP-Files herunterladen oder die auf den Webseiten angebotenen Update Sites benutzen. Window Builder ist allerdings auch schon Bestandteil des sogenannten „Juno-Release-Trains“, was bedeutet, dass Window Builder im Jahr 2012 gemeinsam mit einer Vielzahl anderer Produkte Ende Juni veröffentlicht wurde. Window Builder kann daher aus dem Juno-P2-Repository heraus installiert werden, welches standardmäßig in jeder Eclipse 4.2 SDK-Installation vorkonfiguriert ist. Es empfiehlt sich, die Installation aus dieser Quelle vorzunehmen. Hierzu wählt man das Menü Help | Install new Software und wählt im darauffolgenden Dialog aus der Liste der verfügbaren Update-Sites (Work with) das Juno-Repository aus. Dieses Repository ist recht umfangreich, schließlich finden sich darin alle Komponenten des Simultan-Release. Es bietet sich daher an, die Suche über das entsprechende Filter-Feld durchzuführen. Folgende Komponenten sollten für den reibungslosen Betrieb von Window Builder mindestens installiert werden:

- WindowBuilder Core
- WindowBuilder Core UI
- SWT Designer
- SWT Designer Core
- Swing Designer (optional, wird nicht für e4 benötigt)

Nach der Installation und einem Neustart von Eclipse steht Window Builder zur Verfügung. War die Installation erfolgreich, sollte man im „New“-Wizard, erreichbar über das Menü File | New | Other... einen neuen Eintrag „Window Builder“ (Abbildung 3.14) vorfinden.

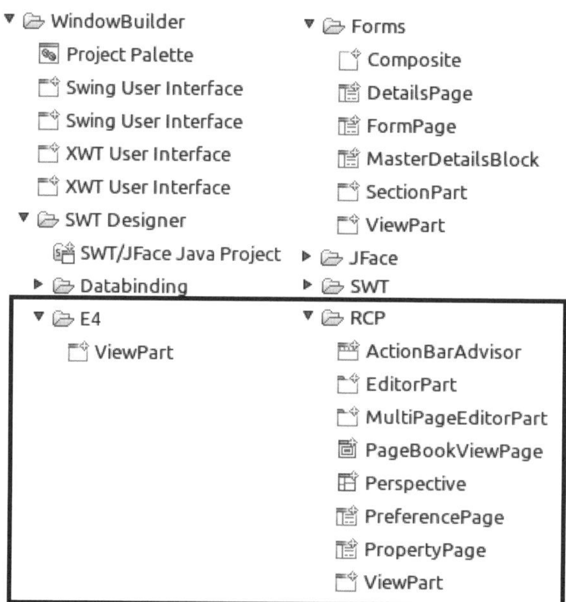

Abbildung 3.14: Window Builder bringt umfangreiche Unterstützung für Oberflächendesign mit

3.6.2 Window Builder und e4

Abbildung 3.14 zeigt die Vielfalt der von Window Builder unterstützten Oberflächenelemente. Neben SWT und JFace lassen sich Oberflächen auf Basis der Eclipse-Forms-Technologie gestalten. Für die klassische Rich Client Platform 3.x bietet Window Builder (noch) deutlich mehr Optionen als für e4. Für die neue Eclipse 4 Application Platform erlaubt Window Builder im Bereich „E4" aktuell lediglich das Erstellen von ViewParts, gemeint sind hier natürlich Parts. Auch wenn dies auf eine scheinbar minimale Unterstützung der neuen Plattform schließen lässt, kann der Window Builder trotzdem uneingeschränkt empfohlen werden. Den effektivsten Einsatz von Window Builder erreicht man mit der Erstellung von SWT und JFace-Oberflächen. An diesen grundlegenden Technologien ändert sich in und durch e4 nichts. Mit anderen Worten, Composites gestaltet man in RCP 3.x und e4 gleich. Ergänzend steht für die Erstellung des Workbench Designs mit dem Application Model Editor (siehe Abschnitt 3.3) ein eigenes Werkzeug bereit.

Die Abbildung 3.15 (nächste Seite) zeigt den Window Builder in Aktion: Der zu bearbeitende Part wird visuell dargestellt, die umfangreiche Komponentenliste erlaubt einzelne Oberflächenkomponenten per Drag and Drop auf das Layout der zu bearbeitenden Maske zu ziehen. Window Builder zeigt außerdem eine hierarchische Struktur der aktuellen Maske an. Markiert man Oberflächenelemente entweder in der hierarchischen Ansicht oder im Editor selbst, werden die Eigenschaften zum gewählten Element angezeigt und können bearbeitet werden.

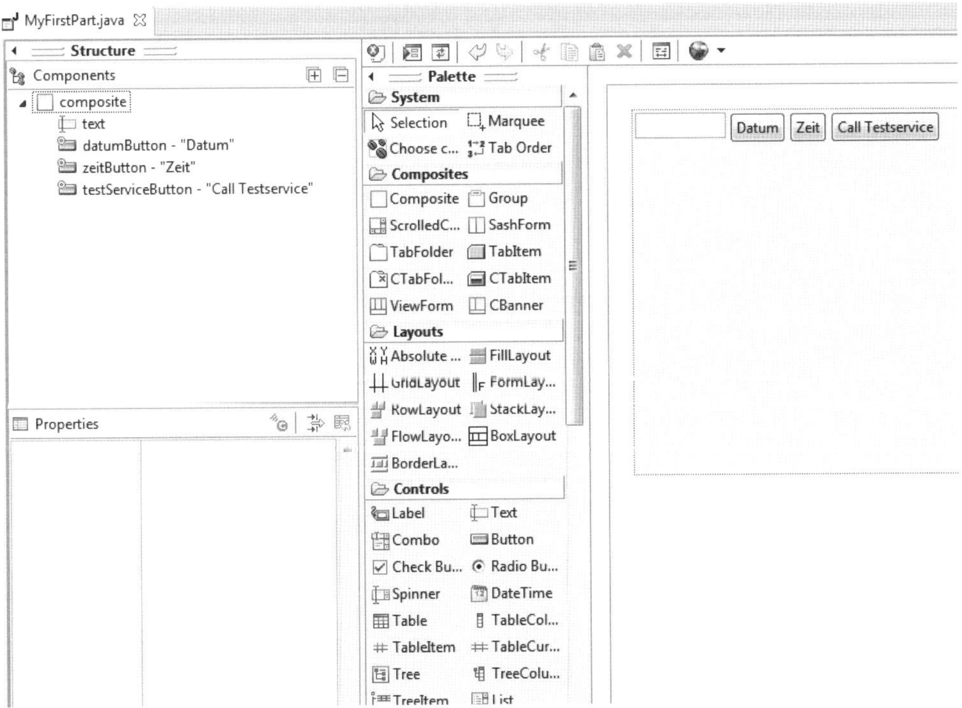

Abbildung 3.15: Mit Window Builder lassen sich Oberflächenlayouts einfach bearbeiten

Um einen Part mit Window Builder zu öffnen, selektiert man dessen Implementierung (POJO) zunächst im Projektexplorer. Im Anschluss lässt sich dieser über das Kontextmenü und Open With | WindowBuilder Editor öffnen. Im Window Builder Editor kann man den Part direkt im Code, als auch im Design-Modus betrachten. Es ist wichtig zu verstehen, dass Window Builder bidrektional arbeitet, das heißt, dass sich eine Änderung im Layout unmittelbar auf den Code auswirkt und umgekehrt. In den Preferences bietet Window Builder darüber hinaus umfangreiche Einstellungsmöglichkeiten, mit denen sich unter anderem auch beeinflussen lässt, wie der generierte Java-Code letztlich aussieht.

Verwendet man den Wizard zum Erzeugen eines neuen Parts, erzeugt dieser eine leere Klasse. Darin werden die für e4 typischen Annotationen @PostConstruct, @PreDestroy und @Focus mit entsprechenden Methoden eingefügt:

```
public class SamplePart {
   public SamplePart() {
   }


   @PostConstruct
   public void createControls(Composite parent) {
   }
   @PreDestroy
   public void dispose() {
   }
   @Focus
   public void setFocus() {
   }
}
```

Alle weiteren Oberflächenelemente platziert Window Builder automatisch in die Methode createControls. Da diese mit @PostConstruct annotiert ist, wird sie erst nach dem Konstruktor aufgerufen, wenn alle Dependency Injection-Vorgänge erledigt sind. Hierzu gehört im Übrigen u. a. das Bereitstellen des Parent-Composites durch die e4-Plattform. Auch wenn hier kein @Inject oder Ähnliches angegeben ist, wird das Parent-Composite implizit im Rahmen der Annotation @PostConstruct von der Plattform aufgelöst.

Die Art und Weise wie der Window Builder selbst eine Part-Klasse anlegt, ist allerdings nur eine von vielen Implementierungsmöglichkeiten. Beispielsweise kann ein Part auch eine direkte Sub-Klasse von Composite sein, wie das folgendes Listing zeigt:

```
public class SucheComposite extends Composite {
   Text text;
   @Inject
   private ESelectionService selectionService;
   @Inject
   private IGeonameService myGeonameService;
   private TableViewer tableViewer;
```

```
@Inject
public SucheComposite(Composite parent) {
   super(parent, SWT.NONE);
   setLayout(new GridLayout(1, false));
   text = new Text(this, SWT.BORDER);
   text.addSelectionListener(new SelectionAdapter() {
      @Override
      public void widgetDefaultSelected(SelectionEvent e) {
         sucheAusfuehren(text.getText());
         text.selectAll();

// und so weiter...
```

In diesem Beispiel wird die Klasse SucheComposite, die direkt von Composite erbt, automatisch zu einem Part, in dem der Konstruktur der Klasse angepasst wurde. Wichtig ist an dieser Stelle, dass die Eclipse 4 Application Platform die Möglichkeit bekommt, das Parent-Composite mithilfe von Dependency Injection zu setzen. Im Gegensatz zum vorangegangenen Listing, wo die einzelnen Oberflächenelemente in einer eigenen Methode stehen, stehen diese hier direkt im Konstruktor. Da es sich bei dem Listing oben um einen Part und um ein Composite handelt, erkennt Window Builder dies und lässt eine ganz reguläre Bearbeitung des Composites in seinem Editor zu.

3.6.3 Die Zukunft von Window Builder

Window Builder ist klar der führende GUI-Builder für Eclipse. Wer professionell Oberflächenelemente für RCP-Anwendungen gestalten will, wird an diesem Werkzeug nicht vorbeikommen. Der Leistungsumfang von Window Builder ist enorm und wird ständig weiterentwickelt. Für die Rich Client Platform 3.x bringt Window Builder bereits umfangreiche Unterstützung mit, für die neue Eclipse 4 Application Platform steht die Entwicklung noch am Anfang. Das wird sich in Zukunft sicherlich ändern. So darf man davon ausgehen, dass es neben dem aktuell verfügbaren Part-Wizard in Zukunft weitere Unterstützung für die Entwicklung von e4-Anwendungen geben wird. Da in e4-Anwendungen das Oberflächendesign jedoch nicht integraler Bestandteil des Applikationsmodels ist, besteht eine klare Trennung zwischen Anwendung, Anwendungs-Modell und Oberfläche. Das macht die Verwendung von Window Builder mit e4 effektiv, da für die reine SWT- beziehungsweise JFace-basierte Entwicklung bereits alle Komponenten an Bord sind, die man benötigt. Window Builder kann daher bereits jetzt uneingeschränkt für die Anwendungsentwicklung mit der neuen Eclipse 4 Application Platform empfohlen werden.

4 Application Model

Die Eclipse 4 Application Platform baut mit dem Application Model und Dependency Injection im Wesentlichen auf zwei Grundpfeiler auf. Jede Anwendung, die mit e4 entwickelt wird, enthält ein sogenanntes Workbench- oder Applikationsmodell. Die einzelnen Anwendungsteile werden in diesem Modell in einer abstrakten, hierarchischen Struktur zerlegt und verwaltet. Alle wesentlichen Elemente, die später als Bestandteil der Anwendung am Bildschirm erscheinen, sind somit im Application Model definiert, gespeichert (persistiert) und jederzeit zugreifbar. Das Modell ist jedoch nicht mit einem Datenmodell zu vergleichen, wie man es etwa von JFace-Viewern her kennt. Das Application Model ist vielmehr globaler, denn es definiert die komplette Anwendung und alle seine Bestandteile. Spezielle Renderer sorgen zur Laufzeit dafür, dass dieses abstrakte Modell im Speicher immer mit dem, was gerade auf dem Bildschirm dargestellt wird, synchron ist. In diesem Kapitel wird zunächst auf die Frage eingegangen, warum das Application Model eingeführt wurde, bevor im Anschluss sowohl Application Model als auch Fragmente im Detail beleuchtet werden. Da ein Modell ohne entsprechende Implementierungen wenig Sinn ergibt, werden neben dem Modell bereits Dependency Injection, Annotationen sowie einige Services verwendet. Auf diese Konzepte wird im Rahmen dieses Kapitels allerdings nur kurz eingegangen, genauere Details finden sich dann in den Kapiteln 5 und 6.

4.1 Einführung

Die Umsetzung des auch als „Modelled Workbench" oder „Modelled UI" bezeichneten Konzepts innerhalb der Eclipse 4 Application Platform war ein Schritt nach vorn und gleichzeitig ein Befreiungsschlag. Will man verstehen, warum dieser Schritt erforderlich war, wirft man am besten einen Blick zurück.

4.1.1 Organisation klassischer Eclipse 3.x-Anwendungen

Eine klassische Eclipse 3.x-Anwendung besteht aus einer Vielzahl von Views, Editoren, Actions, Commands und vielem mehr. Diese sogenannten Contributions werden in der Datei plugin.xml verwaltet und später zur Laufzeit ausgelesen, wobei die einzelnen Contributions wiederum in verschiedenen Registries (ViewRegistry, EditorRegistry ...) vorgehalten werden. Auf den ersten Blick mag die Datei plugin.xml zwar wie eine Art Application Model wirken, im Detail sind jedoch deutliche Unterschiede zu erkennen. Die Einträge in der plugin.xml basieren allesamt auf Extension Points, deren Schemata wiederum in den jeweiligen .exsd-Files festgelegt ist. Bei der klassischen Anwendungsentwicklung mit Eclipse 3.x ist man somit gezwungen, weite Teile der Anwendung deklarativ mithilfe dieser Extension Points in der plugin.xml zu definieren. Es gibt jedoch keinen konsistenten und durchgängigen Weg, Teile der Anwendung dynamisch, also zur Laufzeit, programmatisch zu erzeugen. Eclipse 3.x bietet zwar eine entsprechende API, diese ist jedoch über eine Vielzahl unterschiedlicher Klassen und Singletons verteilt. Es gibt also kein komplettes, zusammenhängendes Modell. Die fehlende zentrale Instanz, die alles zusammenhält, verbietet es, programmtechnische Anpassungen global über das gesamte Modell auszuführen, beziehungsweise modellweit zu suchen und zu filtern. Zusätzlich war die Mischung zwischen deklarativer Definition und Nutzung der API inkonsistent, man konnte zwar große Teile der Anwendung über die Datei plugin.xml definieren, der Inhalt der Datei war aber niemals vollständig, sodass sie alle Bestandteile der Anwendung widerspiegelte. Um etwa die Größe und Position des Anwendungsfensters zu definieren, war man gezwungen, Gebrauch von den sogenannten Advisor APIs zu machen (WorkbenchAdvisor, WorkbenchWindowAdvisor und ActionBarAdvisor). Den Aufbau von Perspektiven steuerte man ebenso programmtechnisch, nämlich durch Implementieren einer IPerspectiveFactory auf der einen Seite und Verwendung des entsprechenden Extension Points in der plugin.xml auf der anderen Seite. Die deklarativen und programmatischen Bestandteile einer klassischen Eclipse 3.x-Anwendung vermischen sich demnach zwangsläufig und führten zu einer hohen Komplexität bei der Anwendungsentwicklung, wie Abbildung 4.1 zeigt.

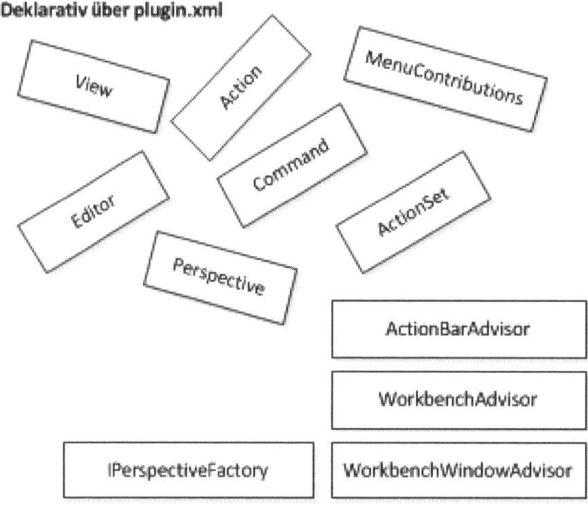

Abbildung 4.1: Organisation einer klassischen Eclipse 3.x-Anwendung

4.1.2 Organisation von Eclipse 4.x-Anwendungen

Die Eclipse 4 Application Platform geht hier völlig neue Wege, indem sie jeder Anwendung ein zentrales Applikationsmodell (Application Model) zugrunde legt. Es wird Struktur in die oben erwähnten Contributions gebracht, weil zunächst einmal rigoros alle Anwendungsbestandteile ihren festen Platz im Applikationsmodell finden. Eine Perspektive beispielsweise verteilt sich somit nicht mehr auf deklarative und programmatische Anteile, sondern ist ausschließlich im zugehörigen Application Model hinterlegt. Dem Entwickler steht daher eine zentrale Anlaufstelle zur Verfügung, über die er Aufbau und Struktur der Anwendung einsehen und modifizieren kann. Veränderungen können durch den Entwickler dabei entweder deklarativ oder programmatisch vorgenommen werden. In Kapitel 2 wurde dies bereits anhand eines einfachen Beispiels demonstriert. Das Application Modell erfüllt aber noch eine weitere, wichtige Aufgabe. Zur Laufzeit eines Programmes ändert sich das UI fortwährend: Größe und Position des Hauptfensters können sich verändern, neue Fenster kommen hinzu oder werden geschlossen. Aufgabe des Application Modells ist es nun, diese ständigen Veränderungen festzuhalten und sicherzustellen, dass das Modell und die tatsächliche Oberfläche immer synchron zueinander bleiben. Die Idee hinter diesem Verfahren ist dabei nicht neu, sondern mit dem DOM in Webbrowsern vergleichbar. Das Applikationsmodell verknüpft außerdem die abgebildeten Elemente mit den jeweiligen Umsetzungen, wie etwa Part- oder Handler-Implementierungen, welche durchgängig in Form von POJOs entwickelt werden.

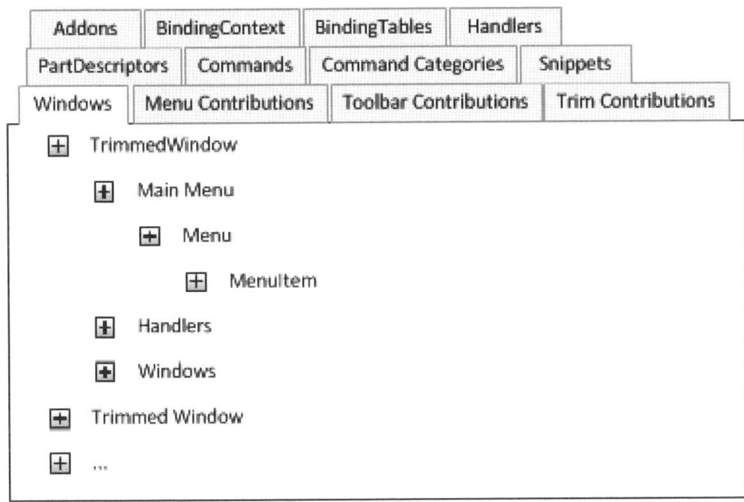

Abbildung 4.2: In Eclipse 4.2 fließen alle Anwendungsteile in ein globales Applikationsmodell

Abbildung 4.2 zeigt, dass man sich eine Eclipse 4.x-Anwendung auch wie einen Aktenordner mit verschiedenen Registern vorstellen kann, in dem sich alle Bestandteile der Anwendung sauber strukturiert wiederfinden. Im Register „Windows" beispielsweise, können beliebig viele Programmfenster mit all ihren Unterfenstern, Menüs und Perspektiven definiert werden. Im Register „Commands" dagegen sind alle Aktionen und Befehle einsortiert, die zur Laufzeit in der Anwendung aufgerufen werden können. Diese führen ihrerseits unterschiedliche Handler aus, die im Register „Handlers" abgelegt sind. Somit hat der Entwickler mithilfe des Application Models zu jeder Zeit die Möglichkeit, sich einen Überblick über die gesamte Anwendung zu verschaffen.

4.1.3 Aufbau des Application Models

Das mit der Eclipse 4 Application Platform eingeführte Applikationsmodell verwaltet sowohl die visuellen als auch die nicht visuellen Bestandteile einer Applikation. Zu den nicht visuellen Elementen zählen Bestandteile wie Addons, Key Bindings, Handler und Commands. Den visuellen Anteil bilden Windows, Menus, Toolbars, MenuItems, Parts und einige mehr. Die visuellen Elemente im Modell sind dabei abstrakt gehalten und bilden lediglich allgemeine UI-Elemente wie Fenster, Menüs, Toolbars oder Container ab. Eine der Grundideen hinter dem Application Model ist es, keine Abhängigkeiten zu speziellen Oberflächentechnologien wie SWT, Swing oder JavaFX zu erzeugen. Die Überführung des abstrakten Application-Modells in eine konkrete Oberfläche, etwa SWT, erfolgt in einem separaten Schritt und ist die Aufgabe eines entsprechenden Renderers. Damit ist das Application-Modell zukunftssicher, weil sich im Prinzip für jede Oberflächentechnologie, egal ob im Web oder auf dem Desktop, entsprechende Renderer entwickeln und einbinden lassen. Auch elementare UI-Elemente wie Views und Editoren (oder besser Parts) verwaltet das Application-Modell auf einer sehr abstrakten Ebene. Die anwendungsspezifischen Inhalte von Parts, also dessen Oberflächen-Widgets wie Textboxen, Comboboxen oder Tables, werden nicht im Application Model erfasst. Diese Anteile finden sich ausschließlich in der Part-Implementierung wieder, der über einen URI mit dem Application-Modell verbunden ist. Betrachtet man die einzelnen Elemente im Applikationsmodell genauer, kann man zwischen zwei verschiedenen Arten von Elementen unterscheiden:

- Container-Elemente
- Item-Elemente

Container-Elemente erlauben es, eine hierarchische Baumstruktur innerhalb des Application Models aufzubauen. Container-Elemente können weitere Container-Elemente aufnehmen und ermöglichen somit eine im Prinzip beliebig tiefe Verschachtelungsstruktur. An deren Ende steht immer ein Item-Element. Vergleicht man das Applikationsmodell abermals mit einem Aktenordner, so bilden die Container-Elemente einzelne Register und Unterregister, während Item-Elemente die Blätter des Ordners darstellen. Allerdings sind die Blätter leer, das Applikationsmodell stellt nur den Rahmen zur Verfügung, endet also dort, wo applikationsspezifischer Inhalt beginnt.

- Application
  - *Addons*
  - *Binding Contexts*
  - *BindingTables*
  - *Handlers*
  - *Part Descriptors*
  - *Commands*
  - *Command Categories*
  - *Windows*
    - Trimmed Window
      - Main Menu
        - Menu
          - HandledMenuItem
          - HandledMenuItem

Abbildung 4.3: Container-Elemente nehmen Item-Elemente auf

Wie Abbildung 4.3 zeigt, steht an oberster Stelle als Wurzelelement der Application-Container. Dieser nimmt alle weiteren Bestandteile des Applikationsmodells auf. Ein weiterer Container ist das mainMenu, welches zu jedem TrimmedWindow hinzugefügt werden kann. Ein MainMenu kann beliebig viele Menu-Elemente enthalten. Diese Menu-Elemente stellen ebenfalls Container dar, die letztendlich die eigentlichen MenuItems aufnehmen. Parts als der Nachfolger der klassischen Views und Editoren lassen sich in die Kategorie der Item-Elemente einordnen, PartSash und PartStack dagegen sind typische Container, weil sie eine beliebige Anzahl weiterer Part-Elemente oder alternativ auch zusätzliche PartSash- beziehungsweise PartStack-Elemente aufnehmen können. Mithilfe von Container- und Item-Elementen lassen sich beliebig komplexe Applikationsmodelle mit einer Vielzahl von Fenstern, Menüs oder Perspektiven definieren.

4.1.4 Modell-Elemente mit externen Ressourcen verbinden

Während Container-Elemente keinerlei Verbindung zu außen stehenden Java-Klassen oder Ressourcen haben, zählen zu Item-Elementen meist eine Java-Klasse mit seiner anwendungsspezifischen Implementierung. Zu einem Toolbar- oder MenuItem gehört zusätzlich ein Icon, welches im Eclipse-Kontext als Ressource verstanden wird. Die Verbindung zwischen Modell-Elementen und solchen externen Java-Klassen und Ressourcen erfolgt im Modell über ein URI. Hierbei handelt es sich um einen eindeutigen Bezeichner (Uniform Ressource Identifier), der im Zusammenhang mit e4 zur Identifizierung und Adressierung externer Bestandteile wie Java-Klassen und Ressourcen dient. Das Application Model sieht zwei verschiedene URI-Notationen vor, jeweils eine zum Referenzieren von Klassen und eine zum Adressieren von Ressourcen:

- Bundleclass
- Platform

Java-Klassen über URI referenzieren

Das erste URI-Format kommt zur Anwendung, wenn es darum geht, Java-Klassen mit einem Item-Element wie Part oder Handler zu verbinden. Die korrekte Notation lautet:

```
bundleclass://<bundle symbolic name>/<fully qualified name of the class>
```

Die Adresse des URI beginnt immer mit „bundleclass://“ und legt somit fest, dass im Folgenden eine Java-Klasse aus einem bestimmten Bundle referenziert wird. Nach dem Doppelpunkt und den beiden Schrägstrichen folgt der Name des Bundles, in dem sich die Klasse befindet. Dieser sogenannte (Bundle-)SymbolicName findet sich in der Datei MANIFEST.MF des entsprechenden Bundles wieder. Nach dem Bundle-Namen folgt ein weiterer Schrägstrich und dann der komplette Klassenname der referenzierten Java-Klasse. Das folgende Beispiel zeigt einen Ausschnitt aus einem Application Model, in dem zunächst ein Applikationfenster (TrimmedWindow) als Container definiert ist, welches ein Part-Element enthält. Über das Attribut „contributionURI“ kommt die Verknüpfung mit der zugehörigen Part-Implementierung zustande. Die Java-Klasse MyFirstPart befindet sich hier im Package net.teufel.e4.helloworld.ui des gleichnamigen Bundles:

```
<children xsi:type="basic:TrimmedWindow" label="Hello world"
  width="640" height="480" >

  <children xsi:type="basic:Part" elementId="MyFirstPart"
     contributionURI="bundleclass://net.teufel.e4.helloworld.ui/
                      net.teufel.e4.helloworld.ui.MyFirstPart" />

</children>
```

Ressourcen über URI referenzieren

Das zweite URI-Format kommt zur Anwendung, wenn man andere Ressourcen, wie etwa Bild- oder CSS-Dateien verwenden möchte. Die Notation lautet wie folgt:

```
platform:/plugin/<bundle symbolic name>/<path>/<filename>.<extension>
```

Eine solche URI beginnt dabei immer mit „platform:/plugin“, gefolgt von einem Schrägstrich. Im Anschluss daran zunächst der Bundle-SymbolicName des Plugins, in dem sich die gewünschte Ressource befindet. Damit die Ressource eindeutig referenziert werden kann, fügen sich danach Ordner und Dateiname der zu adressierenden Datei dazu. Das folgende Listing zeigt ein Beispiel, bei dem innerhalb des Application-Modells ein Toolbar-Item mittels URI auf ein Icon verweist, das sich im Unterordner „icons“ des Plugins „net.teufel.e4.helloworld.ui“ befindet:

```
<trimBars>
  <children xsi:type="menu:ToolBar">
    <children xsi:type="menu:HandledToolItem"
```

```
        iconURI="platform:/plugin/net.teufel.e4.helloworld.ui
                    /icons/door_out.png" />
  </children>
</trimBars>
```

In älteren Versionen der Eclipse 4 Application Platform (Versionen 4.0 und 4.1) war es noch üblich, die Platform-Notation auch zur Adressierung von Java-Klassen zu verwenden. Dies ist ab Version 4.2 nicht mehr möglich! Bei allen Modell-Elementen, in denen über eine ContributionURI auf eine Java-Klasse verwiesen wird, ist zukünftig die Bundleclass-Notation zu verwenden. Anders herum erwartet das e4-Framework bei Verwendung des Attributes IconURI in einem Modell-Element stets die Verwendung der Platform-Notation.

4.1.5 Eclipse Modelling Framework

Zur internen Verwaltung des Application Models kommt übrigens kein eigenes Domain-Model Framework zur Anwendung, vielmehr basiert das gesamte Applikationsmodell auf dem Eclipse Modeling Framework (EMF). Mit EMF ist es möglich, die Objektgraphen des Application Models einfach zu speichern und wieder zu laden. Die entsprechende Serialisierungs- und Deserialisierungs-Funktionalität wird vom Framework angeboten. Und auch bei der Synchronisation zwischen dem (abstrakten) Application Model im Speicher und dem (konkreten) UI am Bildschirm leistet EMF mit seinem eingebauten Eventsystem gute Hilfe, da dieses zuverlässig über Zustandsveränderungen informiert. Und neben der Tatsache, dass man mit EMF Codegeneratoren an die Hand bekommt, um aus einem EMF-Modell Java-Sourcen zu generieren, ist vor allem auch das sehr gute Tooling und die äußerst aktive EMF-Community mit ein Grund, warum sich das e4-Entwicklerteam für den Einsatz des Eclipse Modelling Framework anstelle einer Eigenentwicklung entschieden hat.

4.2 Visuelle Elemente im Application Model

Wie bereits angesprochen finden sich im typischen Applikationsmodell einer e4-Anwendung sowohl visuelle als auch nicht visuelle Elemente. Dieser Abschnitt gibt einen Überblick über die visuellen Elemente und zeigt deren Verwendung.

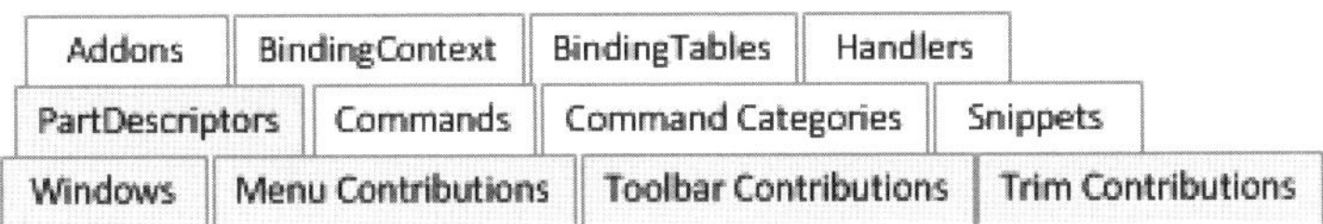

Abbildung 4.4: Bereiche in denen die visuellen Elemente im Application Model gehalten werden

Die Abbildung zeigt, dass das Application Model eine Vielzahl von Bereichen (graue Markierung) vorsieht, in denen visuelle Elemente gehalten werden können. Die Bereiche, die mit dem Begriff „Contributions" enden, können eher als Ablageort verstanden werden. Hier können Elemente oder ganze Modellstrukturen abgelegt werden, um sie später mehrfach wiederverwenden zu können. Verwendet man beispielsweise in mehreren Parts das gleiche Menü, so kann dieses Menü einmal global in den Bereich „Menu Contributions" hinterlegt werden und dann per Referenz in allen Parts wiederverwendet werden, in denen man das Menu benötigt.

4.2.1 Windows

Der warscheinlich zentralste Bereich im Applikationsmodell ist „Windows" und enthält alle Programmfenster einer Anwendung. Neben diesen finden auch Menüs, Toolbars, Perspektiven und Parts hier ihren Platz.

Eine e4-Anwendung kann aus einem oder mehreren Programmfenstern bestehen. Ein Fenster gibt es in zwei Variationen:

- Window
- TrimmedWindow

Window stellt ein grundlegendes Fenster dar, TrimmedWindow dagegen erweitert Window um sogenannte Trim-Bereiche. Trims sind spezielle, reservierte Stellen im Fenster für globale Menüs, Toolbars und Statusleisten. In einer e4-Anwendung können im Prinzip beliebig viele Fenster definiert werden, zur Laufzeit werden alle die Fenster angezeigt, bei denen die Attribute ToBeRendered und Visible auf dem Wert true stehen. Diese beiden Eigenschaften sind nicht nur Bestandteil von Window und TrimmedWindow, sondern für alle UI-Elemente, die im Applikationsmodell vorkommen können, vorhanden. Das Attribut Visible legt fest, ob das entsprechende UI-Element auf dem Bildschirm sichtbar ist oder nicht. Wird das Element unsichtbar geschalten, erfolgt eine Zuordnung des Elements zu einer unsichtbaren Shell, und das Element verschwindet vom Bildschirm. Das ToBeRendered-Attribut dagegen steuert, ob das Element gerendert wird, völlig unabhängig davon, ob es sichtbar ist oder nicht. Erfolgt kein Rendering, werden alle dem Element zugehörigen Ressourcen entfernt und das Element auf Null gesetzt.

```
<application:Application xmi:version="2.0"
 xmlns:xmi="http://www.omg.org/XMI"
 xmlns:xsi="http://www.w3.org/2001/XMLSchema-instance"
 xmlns:application="http://www.eclipse.org/ui/2010/UIModel/application"
xmlns:basic="http://www.eclipse.org/ui/2010/UIModel/application/ui/basic"
 xmi:id="_9Dak4HzMEeGAWeGqFngUBQ"
 elementId="org.eclipse.e4.ide.application">


   <children xsi:type="basic:Window"
       xmi:id="_NCKrIHzOEeGAWeGqFngUBQ" label="MyWindow"
```

```
        elemendId="net.teufel.e4.helloworld.myWindow"/>

    <children xsi:type="basic:TrimmedWindow"
        xmi:id="_GOZtwHzNEeGAWeGqFngUBQ" label="MyTrimmedWindow"/>

</application:Application>
```

Das Listing zeigt jeweils ein Window und ein TrimmedWindow im Quellcode, wenn die entsprechenden Window-Elemente etwa mithilfe des Application Model Editors erzeugt werden. Die beiden verwendeten UI-Elemente sind Kind-Elemente (ihre Tags beginnen jeweils mit <children>), die im globalen Application-Container-Element abgelegt sind. Werden einem der beiden Window-Elemente später Parts zugewiesen, dann werden auch diese Parts als Kind-Elemente innerhalb des betreffenden Window-Elements abgelegt. Die Konfiguration der einzelnen UI-Elemente im Modell erfolgt über deren Attribute. So erhalten beide Fenster über das „Label"-Attribut ihren Fenstertitel. Außerdem enthält jedes Fenster eine ID oder genauer XMI:ID, über die ein eindeutiger Wert zur Identifizierung des Elements im Application Model zugwiesen wird. Im Beispiel oben ist diese ID automatisch durch den Application Model Editor generiert worden. Erstellt man das Modell ohne Toolunterstützung, empfiehlt es sich, an dieser Stelle UUIDs zu verwenden. Im vorangegangenen Listing ist im ersten Window-Element neben der XMI:ID noch eine weitere ID zu sehen, die „ElementId". Bei der XMI:ID handelt es sich um eine eindeutige ID, die auf der Ebene des dahinterliegenden - mithilfe von EMF verwalteten Domain Modells – verwendet wird. EMF nutzt diese ID, um Elemente eindeutig zu identifizieren und sie in Relation zu anderen Elementen innerhalb des EMF-Modells zu setzen. Die ElementId dagegen ist dem Application Modell zuzuordnen und dient im Wesentlichen dazu, einem Modell-Element einen eindeutigen Namen (oder ID) zu geben. Viele Services, welche die Eclipse 4 Application Platform etwa zum Durchsuchen des Application Models anbietet, arbeiten auf Basis der ElementId. Elemente werden hier über diese ID identifiziert. Im Gegensatz zu XMI:ID muss eine ElementId allerdings nicht eindeutig sein. Auch wenn es in Spezialfällen sinnvoll sein kann, eine ElementId für mehrere Elemente zu verwenden, wird bei den meisten Elementen dennoch eine eindeutige ElementId erwartet.

Im obigen Listing fällt weiterhin auf, dass die schon besprochenen Attribute ToBeRendered und Visible im Quelltext fehlen. Da beide Attribute in der Standardeinstellung auf true stehen, können diese im Quellcode weggelassen werden. Will man etwa das TrimmedWindow-Element mit dem Label „MyTrimmedWindow" unsichtbar machen, müsste man explizit das Visible-Attribut mit dem entsprechenden Wert (false) hinzufügen. Alternativ kann man natürlich auch den mit den e4-Tools mitgelieferten und in Kapitel 3 vorgestellten Application Model Editor verwenden, um die einzelnen Eigenschaften zu verändern.

Attribut	Quelle	Beschreibung
elementId	MApplicationElement	Möglichst eindeutiger Bezeichner oder Name des Elements im Application Model.
visible	MUIElement	Legt fest, ob das Fenster zur Laufzeit sichtbar ist.
toBeRendered	MUIElement	Legt fest, ob das Fenster zur Laufzeit gerendert werden soll oder, anders ausgedrückt, ob der Oberflächen-Renderer für dieses Element aktiv werden und eine Synchronisation zwischen Modell-Element und Oberfläche erfolgen soll.
iconURI	MUILabel	Legt das Icon für das Fenster fest. Die Angabe hat in dem bereits weiter oben beschriebenen URI-Format nach dem Platform-Schema zu erfolgen. Beispiel: platform:/plugin/net.teufel.e4.helloworld.ui/icons/icon.gif
label	MUILabel	Fenstertitel
tooltip	MUILabel	Legt den Tooltip fest, der angezeigt wird, wenn man mit der Maus auf dem Fenster verweilt.
height	MWindow	Höhe des Fensters, ebenfalls in Pixel.
width	MWindow	Breite des Fensters in Pixel.
x	MWindow	Definiert die X-Position des Fensters auf dem Bildschirm, der Wert ist in Pixel anzugeben.
y	MWindow	Legt die Y-Position des Fensters auf dem Bildschirm fest. Die Angabe erfolgt auch hier in Pixel.
selectedElement	MElementContainer	XMI:ID des Kindelements, das aktiv ist. Sind dem Window beispielsweise mehrere Parts zugeordnet, kann über diese Eigenschaft gesteuert werden, welcher gerade angezeigt wird.

Tabelle 4.1: Die wichtigsten Attribute von Window und TrimmedWindow

Die Tabelle zeigt die wichtigsten Attribute von Window und TrimmedWindow. In der Spalte „Quelle“ kann man erkennen, dass das Application Modell auf Basis von Mehrfachvererbung aufgebaut ist und viele der Attribute aus unterschiedlichen Schnittstellen hinzukommen. Sind die Eigenschaften X, Y, Width und Height noch im MWindow-Interface definiert, kommen allgemeinere Attribute wie etwa IconURI oder Tooltip aus dem allgemeiner gefassten MUILabel hinzu, und ganz globale Eigenschaften wie Visible, ein Attribut das in nahezu jedem UI-Element Anwendung findet, stammen aus dem Interface MUIElement. Abbildung 4.5 zeigt, aus welchen Schnittstellen sich Window und TrimmedWindow konkret zusammensetzen.

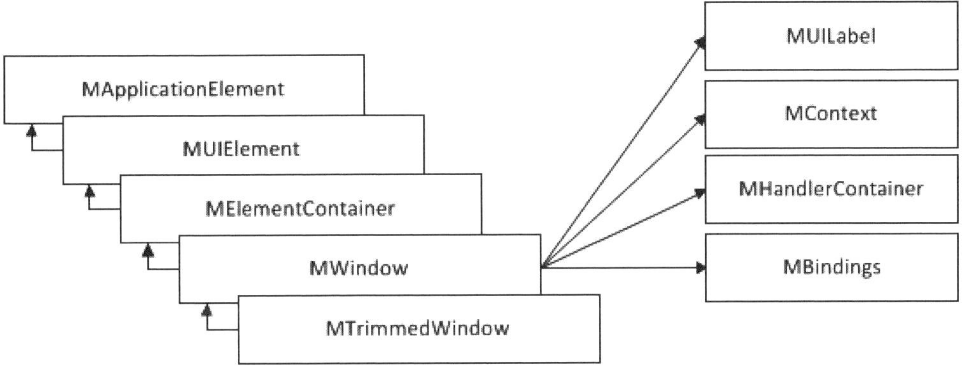

Abbildung 4.5: Veerbungshierarchie von Window und TrimmedWindow

Wie im Diagram angedeutet, handelt es sich beim Application-Modell um ein Baukastensystem, bei dem Wiederverwendung eine große Rolle spielt. Ein UI-Element kann sich neben den eigenen Attributen aus beliebigen Unterelementen bedienen und Eigenschaften hinzunehmen. Verfolgt man die Vererbungshierarchie von MWindow zurück, wird man feststellen, dass das Attribut „ElementId“ eigentlich aus dem Interface MApplicationElement stammt. Dieses Interface ist die Basis nahezu aller Elemente im Application Model, vergleichbar mit der Klasse Object in Java. Alle sichtbaren Elemente des Application Models erben von MUIElement. Da ein Window-Element durch die Aufnahme von Parts oder Perspektiven gleichzeitig ein Container-Element darstellt, erbt MWindow von MElementContainer und erhält somit seine Container-Eigenschaft. Eigentlich erben alle Container-Elemente (Fenster, Menüs, Toolbars, Perspektiven), die in einem e4-Applikationsmodell vorkommen können, von MElementContainer. Dieses Interface stellt im Kern nichts weiter zur Verfügung als eine Collection (vom Typ java.util.List), die MUIElemente verwalten kann. Darüber hinaus definiert diese Schnittstelle Methoden, um das gerade aktive UIElement aus der Liste zu selektieren. Auf diesem Weg kann man einem Window gleich mehrere Parts zuweisen. Da MPart ebenso von MUIElement erbt, würden alle Parts in der MElementContainer-Collection des Fensters landen. Über das Attribut „selectedElement“ (siehe auch in Tabelle 4.1) ist man nun durch Angabe der XMI:ID in der Lage zu steuern, welcher der Parts am Bildschirm aktiv werden soll. Diese Steuerung funktioniert natürlich nicht nur deklarativ über das soeben besprochene Element, sondern auch programmtechnisch mithilfe spezieller von der Eclipse 4 Application Platform bereitgestellten Funktionen. Ein Beispiel hierzu folgt im nächsten Abschnitt, in dem es um Parts geht. Neben der bis hier besprochenen Vererbungshierarchie erbt MWindow unter anderem auch von MHandlerContainer, MBindings und MContext. Alle diese Elemente haben Gemeinsamkeit, dass sie nicht von MApplicationElement abstammen, sondern für sich stehen. Handler können im Application Model auf unterschiedlichen Ebenen hinzugefügt werden. So besteht die Möglichkeit, Handler je nach Wahl auf Applikations-, Window- oder sogar Part-Ebene einzuhängen. Damit ist es möglich, Handler nach ihrer Zugehörigkeit zu sortieren und fachliche Struktur ins Application Modell zu bringen. Durch die Klasse MHandlerContainer wird dazu eine spezielle Collection hinzugefügt, alle hier verwalteten Elemente sind folglich vom Typ MHandler. Ähnlich verhält es sich mit MBindings. Elemente, die dieses Interface implementieren, bekommen die Möglichkeit, spezielle Tastaturbelegungen (sogenannte Keybindings) für das Fenster zu verwalten.

Eine weitere Kernkomponente der Eclipse-4.2-Plattform stellt der EclipseContext dar. Dieser Kontext (repräsentiert durch die Klasse IEclipseContext) sitzt zwischen Anwendung und dem Framework und steuert das Registrieren sowie Finden von Services mit und ohne Dependency Injection, das Zwischenspeichern von Selections und einiges mehr. Diesen hierarchisch organisierten Kontext kann man sich auch als Map vom Typ Map<String,Object> vorstellen. Eine e4-Anwendung besteht aber nicht nur aus einem IEclipseContext, sondern vielmehr aus einer hierarchischen Gliederung vieler Kontexte. Alle wichtigen UI-Elemente (Application, Window, Part, Perspective und PopuiMenu) halten jeweils ihren eigenen EclipseContext in der Gesamthierarchie vor. Sie implementieren dazu die Schnittstelle MContext. Wird beispielsweise ein Handler in ein Window-Element aufgenommen, wird die dahinterliegende Handler-Instanz im EclipseContext von MWindow gehalten, schiebt man den Handler in den allgemeineren Application-Bereich, wandert auch die Instanz in den anderen Kontext. Da man im Regelfall jedoch auf die einzelnen Elemente, die im EclipseContext verwaltet werden, über Dependency Injection zugreift und im Rahmen des Inject-Vorgangs beim Auffinden des Objekts sowieso sämtliche Kontext-Ebenen vom Framework durchlaufen werden, bleibt dem Entwickler dieses Implementierungsdetail verborgen. Direkt mit dem EclipseKontext wird ein Entwickler in seiner täglichen Programmierarbeit also relativ selten zu tun haben.

4.2.2 Parts

Parts gehört, genauso wie das WindowElement, zu den zentralen UI-Elementen. Sie lösen die aus Eclipse 3.x bekannten Views aus klassischen RCP-Anwendungen ab. Mithilfe von UI-Elementen wie PartStack und PartSashContainer ist der Entwickler in der Lage, unterschiedliche Parts zu einer oder mehreren Perspektiven zusammenzufassen. Eine Perspektive kann also aus beliebig vielen, frei kombinierbaren Parts bestehen. Ein einzelner Part als Teil einer Perspektive stellt dabei eine Sicht auf Ressourcen oder bestimmte Bereiche der Anwendung dar. In Zeiten von RCP 3.x mussten diese sogenannten Views zunächst über einen eigenen Extension Point (org.eclipse.ui.views) in der Datei plugin.xml registriert werden. Die Implementierungsklasse des Views erbte hier immer von der Framework-Klasse ViewPart. Ging es um die Entwicklung eines Editors, so implementierte man stattdessen die abstrakte Klasse EditorPart. Der Unterschied zwischen View und Editor war und ist, dass man in einem Editor eine bestimmte Ressource bearbeiten und speichern konnte, wohingegen ein View die Ressource nur anzeigt. Views und Editoren konnte man zusammen in einer Perspektive darstellen, allerdings nicht im gleichen Bereich. Die neue Eclipse 4 Application Platform macht gerade im Zusammenhang mit Views beziehungsweise Parts nun vieles einfacher. Im Wesentlichen gibt es keinen Unterschied mehr zwischen Views und Editoren. Alles ist ein Part. Parts können durch

Hinzunehmen eines sogenannten MDirtyables jedoch mit der optionalen Möglichkeit zur Bearbeitung und Speicherung von Ressourcen ausgestattet werden. Damit werden Parts zum vollwertigen Ersatz von Editoren. Außerdem sind Parts nicht mehr von einer vom Framework vorgegebenen Vererbungshierarchie abhängig, sondern werden nur noch als POJO (Plain old Java Object) implementiert. Das macht die Entwicklung in der Praxis einfacher und flexibler. Auch die Verwendung unterschiedlicher GUI-Builder ist somit recht einfach möglich, in Kapitel 3 wurde dies ja bereits am Beispiel von Window Builder gezeigt. Da die Abhängigkeit zum Framework wegfällt, müssen Methoden wie createPartControl() oder setFocus() nicht mehr zwangsläufig ausprogrammiert werden. Der Entwickler entscheidet jetzt frei, wo – etwa im Falle von SWT und JFace – die einzelnen Oberflächenelemente stehen. Parts werden darüber hinaus auch nicht mehr über die plugin.xml an einem Extension Point angemeldet, sondern werden konsequent im Application Model definiert. Um einen Part im Applikationsmodell unterzubringen, gibt es gleich mehrere unterschiedliche Möglichkeiten:

- man verknüpft den Part direkt mit einem Window
- man verwendet den Part innerhalb von PartSashContainern beziehungsweise PartStacks
- man definiert den Part als Teil einer Perspektive
- man verwendet einen Part Descriptor

Part direkt mit einem Window verknüpfen

Für kleinere Programme, in denen nur eine einfache Maske mit Bedienelementen dargestellt werden soll, reicht es häufig aus, diese in einem Part zu implementieren. In diesem Fall kann der Part direkt an das Anwendungsfenster gebunden werden. Hierzu wird der Part als Kind-Element in das entsprechende Fenster wie folgt aufgenommen:

```
<children xsi:type="basic:TrimmedWindow"
  xmi:id="_GOZtwHzNEeGAWeGqFngUBQ" label="MyTrimmedWindow"
  elemendId="net.teufel.e4.helloworld.myWindow">

  <children xsi:type="basic:Part" xmi:id="_HWsxWH_uEeGa9bHWyE1TKQ"
     elementId="MyFirstPart"
     contributionURI="bundleclass://net.teufel.e4.helloworld.ui/
         net.teufel.e4.helloworld.ui.MyFirstPart" />

</children>
```

Das TrimmedWindow als Container-Element (und gleichzeitig Anwendungs-Hauptfenster) nimmt in diesem Beispiel den Part auf. Über das Attribut contributionURI erfolgt die Verknüpfung mit der Implementierungsklasse. Beim Schreiben der URI ist ausschließlich die Bundleclass-Notation zu verwenden. Selbstverständlich können auch mehrere Parts als Kind-Elemente in einen Window-Container aufgenommen werden. Dann ist jedoch zu beachten, dass zur Laufzeit alle Parts angezeigt werden. Theoretisch könnte man also einen zweiten Part wie folgt aufnehmen:

```
<children xsi:type="basic:TrimmedWindow"
  xmi:id="_GOZtwHzNEeGAWeGqFngUBQ" label="MyTrimmedWindow"
  elemendId="net.teufel.e4.helloworld.myWindow">


  <children xsi:type="basic:Part" xmi:id="_HWsxWH_oEeGa9bHWgE1TKQ"
     elementId="MyFirstPart"
     contributionURI="bundleclass://net.teufel.e4.helloworld.ui/
         net.teufel.e4.helloworld.ui.MyFirstPart" />

  <children xsi:type="basic:Part" xmi:id="_o3IsIINLEeGVMpv38Pp5JQ"
     elementId="AnotherPart"
     contributionURI="bundleclass://net.teufel.e4.helloworld.ui/
       net.teufel.e4.helloworld.ui.AnotherPart" label="Another Part"/>


</children>
```

Dann werden zur Laufzeit beide Parts nebeneinander dargestellt. Abbildung 4.6 zeigt, wie dies aussehen würde. Die beiden markierten Kästen geben die jeweiligen Bereiche der einzelnen Parts wieder.

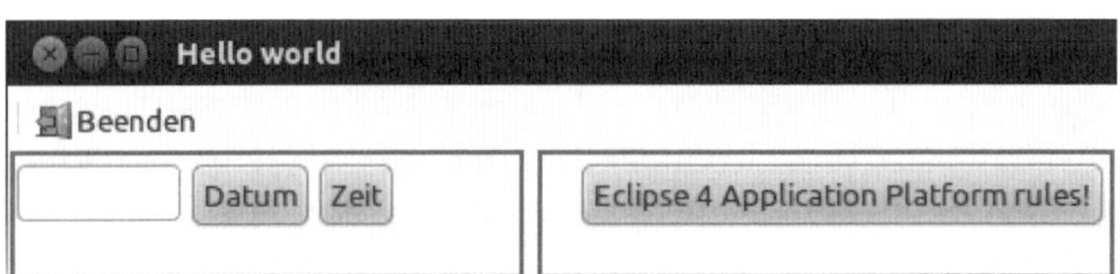

Abbildung 4.6: Mehrere Parts in einem Fenster zur Laufzeit

Beim Rendern der Anwendung werden die Parts in der Reihenfolge dargestellt, wie sie auch im Application Modell definiert wurden. In diesem Beispiel also zunächst der Part mit der ElementId „MyFirstPart“, gefolgt von „AnotherPart“.

Will man nur einen Part anzeigen oder zur Laufzeit und je nach Anwendungsfall zwischen den beiden Parts hin- und herschalten, wird das Visible-Attribut verwendet. Eine Steuerung über das Attribut selectedElement ist hier nicht möglich. Um zum Beispiel zu steuern, dass nur der Part mit der ElementId „AnotherPart“ beim Starten der Anwendung angezeigt wird, muss der Part „MyFirstPart“ in jedem Fall über das Visible-Attribut unsichtbar gemacht werden:

```
<children xsi:type="basic:Part" xmi:id="_HWsxWH_oEeGa9bHWgE1TKQ"
     elementId="MyFirstPart"
     contributionURI="bundleclass://net.teufel.e4.helloworld.ui/
         net.teufel.e4.helloworld.ui.MyFirstPart" visible="false" />
```

Beim Start der Anwendung würde dann lediglich „AnotherPart" angezeigt und neben der Toolbar nur ein Button im Programmfenster erscheinen. Mithilfe von EPartService, einem Service, der von der Plattform bereitgestellt wird, kann man dann recht einfach zwischen den Parts wechseln. In der Klasse AnotherPart, hierbei handelt es sich um die Implementierung des zweiten Parts mit dem Knopf, findet sich ein einfaches Beispiel zum Umschalten von Parts. Die AnotherPart-Klasse ist über die contributionURI im Application Model registriert.

```
public class AnotherPart {


  @Inject
  private EPartService partService;

  @Inject
  public AnotherPart(Composite parent){
    Composite composite = new Composite(parent, SWT.NONE);
    composite.setLayout(new RowLayout(SWT.HORIZONTAL));
    Button button = new Button(composite, SWT.BORDER);
    button.setText("Eclipse 4 Application Platform rules!");
    button.addSelectionListener(new SelectionAdapter() {
      public void widgetSelected(SelectionEvent e) {
        partService.findPart("AnotherPart").setVisible(false);
        partService.findPart("MyFirstPart").setVisible(true);
      }
    });
  }
}
```

Der EPartService wird über den Dependency Injection-Mechanismus bereitgestellt. Dieses automatische Bereitstellen beziehungsweise Injizieren von Objekten ist eine weitere neue Kernkomponente der Eclipse 4 Application Platform und wird in Kapitel 5 im Detail beschrieben. Drückt der Benutzer nun den Knopf, werden mithilfe des Services die beiden Parts anhand ihrer ElementId (nicht über ihre XMI:ID) im Applikationsmodell gesucht, gefunden und die entsprechenden Eigenschaften umgesetzt. Die Änderung wirkt sich natürlich sofort aus, eine zentrale Aufgabe des Application Models ist es ja, Änderungen am Modell sofort auf dem Bildschirm sichtbar zu machen und umgekehrt.

Parts als Teil einer Perspektive oder PartStacks

Eine typische Geschäftsanwendung besteht im Regelfall aus einer Vielzahl von Parts. Viele davon müssen zur gleichen Zeit und an unterschiedlichen Positionen angezeigt werden. Je nach Anwendungsfall können sogar mehrere Layouts nötig sein, in denen Parts jeweils an unterschiedlichen Stellen angeordnet sind. Um solche Anforderungen zu erfüllen, benutzt man Perspektiven. Im Rahmen einer Perspektive können Parts beliebig tief geschachtelt und mithilfe von Areas, PartSashContainern und PartStacks anordnet werden. Eine detaillierte Beschreibung zu Perspektiven folgt im nächsten Abschnitt.

Parts und PartDeskriptoren

Eine weitere elegante Möglichkeit, um Parts im Applikationsmodell unterzubringen, sind sogenannte PartDescriptoren. Wie der Name bereits aussagt, wird ein Part hier durch einen PartDescriptor beschrieben und alle seine wichtigsten Attribute gesetzt. Um den Part letztlich in einem Fenster oder auf einer Perspektive darzustellen, verknüpft man den PartDescriptor entweder deklarativ im Modell oder dynamisch zur Laufzeit mit dem Ziel-Container, in dem er schlussendlich angezeigt werden soll. PartDescriptoren werden meistens dann eingesetzt, wenn bestehende Fenster oder Perspektiven optional erweitert werden sollen oder wenn durch Hinzunehmen zusätzlicher Plugins neue Parts einfließen, die sich dann in ein bestehendes Fenster oder eine bestehende Perspektive einfügen. PartDescriptors stehen in keiner direkten Verbindung zu Parts, sondern sind ausschließlich Vorlagen, aus denen konkrete Parts generiert werden können. Sie sind in der Modellklasse MPartDescriptors definiert, verfügen über die meisten Attribute von Part und fügen weitere wichtige Attribute wie Category und Multiple hinzu. Was diese zusätzlichen Attribute bedeuteten, ist in Tabelle 4.2 zusammengefasst und wird in Abschnitt 4.2.3 genauer beschrieben.

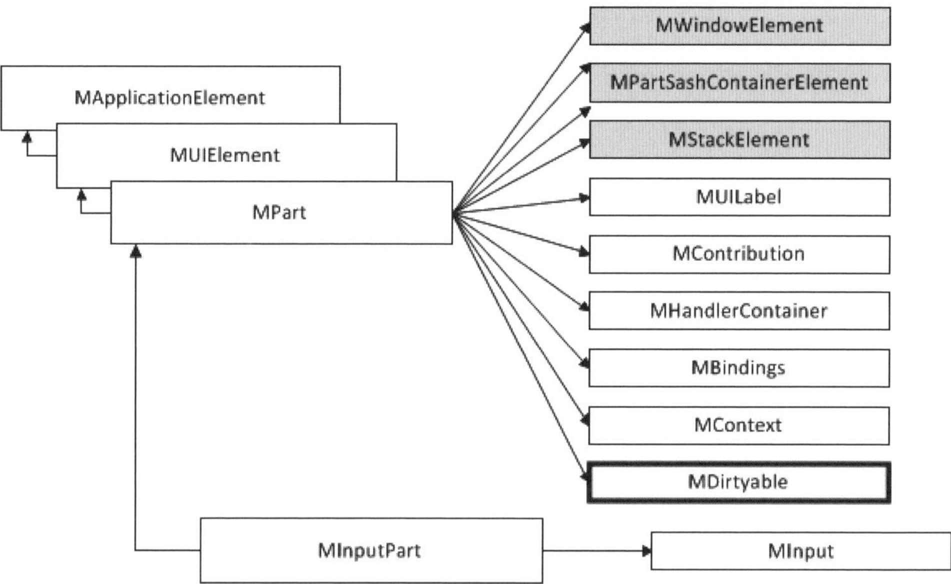

Abbildung 4.7: Vererbungshierarchie von Part und InputPart

Wie die meisten UI-Elemente, erbt MPart von MUIElement und wird dadurch zum UI-Element im klassischen Sinne. Sieht man sich die Quellen zu den in der Grafik grau hinterlegten Interfaces MWindowElement, MPartSashContainerElement und MStackElement an, wird man feststellen, dass sie keine Methoden enthalten. Es handelt sich um leere Interfaces, und diese werden genutzt, um Parts mit einer bestimmten Eigenschaft zu markieren oder anders ausgedrückt, zu dekorieren. So dürfen alle UI-Elemente, die mit MWindowElement dekoriert sind, als Kind-Elemente in einen Window-Container aufgenommen werden. Alle UI-Elemente, die mit MPartSashContainerElement beziehungsweise MStackElement dekoriert wurden, dürfen ihrerseits in den jeweiligen Containern als Kind-Elemente enthalten sein. Neben Part und InputPart sind das vor allem Perspektiven (MPerspectiveStack) und sogenannte PartStack-Elemente (MPartStack). Parts können allein im Window-Element aufgenommen werden, Teil einer Perspektive sein oder eben (meist zusammen mit anderen Parts) auf eine Art Stapel, dem PartStack, gelegt werden, der dann als Kind im Window-Container untergebracht wird. Beim Stack werden zur Laufzeit die einzelnen Parts in Tabs angeordnet und angezeigt. Damit ein Part, wenn er innerhalb eines Tab-Folders dargestellt wird, auch seinen Titel anzeigen kann, implementiert das Part-Element analog zum Window-Element ebenso die Schnittstelle MUILabel.

MContribution

Die Verknüpfung von Part und Java-Implementierung erfolgt, wie man in den vorangegangenen Listings schon sehen konnte, über das Attribut contributionURI. Generell spricht man in der Eclipse 4 Application Platform immer dann von Contributions, wenn der Entwickler eine eigene Implementierungsklasse, zum Beispiel für einen Part oder Handler, einbringt. Alle Elemente, die MContribution referenzieren, sind somit in der Lage, Verweise auf eine individuelle Implementierung aufzunehmen. Da insbesondere bei Parts der fachliche, anwendungsspezifische Teil meist in Form einer Java-Umsetzung durch den Anwendungsentwickler vorgenommen wird, implementiert MPart folglich die MContribution-Schnittstelle.

MHandlerContainer und MBindings

Handler kann man bei Bedarf auch auf Part-Ebene definieren. Dies ist zum Beispiel dann sinnvoll, wenn ein Handler nur in einem einzigen Part und nicht in der gesamten Anwendung zum Einsatz kommt. Damit man Handler als Kind-Element in einen Part einfügen kann, implementiert MPart zusätzlich die MHandlerContainer-Schnittstelle. Das Gleiche gilt auch für spezielle Tastaturbelegungen. Um bei Bedarf für jeden Part eigene Belegungen zu hinterlegen, verweisen sowohl MApplication, MWindow als auch MPart auf die MBindings-Schnittstelle. Das Hinzufügen von Tastaturbelegungen ist daher nicht nur auf Part- und Window-Ebene möglich, sondern kann auch auf Anwendungsebene erfolgen. Im globalen Anwendungsbereich, vertreten durch das Application-Element im Modell beziehungsweise dem Interface MApplication, wird man meist jedoch nur allgemeingültige Tastaturbelegungen festlegen.

MContext

Auch auf Part-Ebene kann für jeden Part ein eigener EclipseContext bestehen. Die Idee dahinter ist, dass der Entwickler in die Lage versetzt werden soll, seine Informationen immer aus dem nächstgelegenen Kontext zu bekommen. Aus diesem Grund auch der bereits erwähnte hierarchische Aufbau des Gesamt-Kontexts. Will der Entwickler beispielsweise wissen, in welchem Kontext sich ein bestimmter Service befindet, bietet das Framework mit der Methode getContainingContext() aus dem EModelService die Möglichkeit, herauszufinden, in welchem Kontext sich das entsprechende Objekt befindet. Will der Entwickler dann auch nur für einen bestimmten Part einen bestehenden Service mit einer individuellen Kopie ersetzen, könnte er diese in den Kontext des Parts ablegen. Da auch die Eclipse 4 Application Platform beim Zuweisen von Objekten mithilfe von Dependency Injection immer vom nachsten Objekt ausgeht (in diesem Fall also vonPart), wird zur Laufzeit der geänderte Service zugewiesen und benutzt werden. Würden Parts die MContext-Schnittstelle nicht benutzen, würde auf ihrer Ebene folglich kein Kontext bestehen. Die Gesamthierarchie des EclipseContext wäre dann zwar kleiner und übersichtlicher, aber deutlich unflexibler.

MDirtyable

Eine der wichtigsten Schnittstellen, die das Part-Element implementiert, ist MDirtyable. Dieses Interface wird im gesamten Framework nur von MPart und MInputPart implementiert, und dies ist so, weil MDirtyable die von klassischen Eclipse 3.x-Anwendungen bekannte Editor-Funktion hinzufügt. Durch dieses Interface ist ein Part implizit also auch ein Editor. Durch MDirtyable ist es möglich, einem Part eine Speichern-Funktion hinzuzufügen. Ferner ermöglicht der Dirty-Mechanismus in der Anwendung zur Laufzeit, mit dem aus Eclipse 3.x bekannten Sternchen, optisch deutlich zu machen, dass die Ressource im Part geändert wurde und gespeichert werden kann. Die Steuerung erfolgt hierbei durch die Funktion setDirty(), die einen Boolean erwartet. Ruft man die Funktion mit true auf, ist der Part dirty markiert, was sich auch optisch am Bildschirm bemerkbar macht. Hat man eine Speichern-Funktion in seiner Part-Implementierung untergebracht und diese mit der Annotation @Persist markiert, wird die Eclipse 4 Application Platform beim Schließen des Parts erkennen, dass die Ressource im Part geändert wurde und nachfragen, ob gespeichert werden soll. Beim Speichern wird dann die mit @Persist markierte Methode aufgerufen. Ein Beispiel mit MDirtyable folgt in Abschnitt 4.2.3.

MInputPart

InputPart leitet sich, wie aus der Grafik 4.7 hervorgeht, aus Part ab. Mithilfe von InputPart kann man Parts gruppieren, beispielsweise in dem man mittels des Attributs inputURI festlegt, dass dieser InputPart Ressourcen eines bestimmten Typs bearbeitet. Hinterlegt man in der inputURI etwa „.txt“, drückt man aus, dass dieser Part Dateien vom Typ .txt bearbeiten kann. Die „Open with…“-Funktion in Eclipse funktioniert nach diesem Prinzip.

Attribut	Quelle	Beschreibung
elementId	MApplication-Element	Möglichst eindeutiger Bezeichner oder Name des Elements im Application Model.
visible	MUIElement	Legt fest, ob der Part zur Laufzeit sichtbar ist.
toBeRendered	MUIElement	Legt fest, ob der Part zur Laufzeit gerendert werden soll beziehungsweise ob der Oberflächen-Renderer für dieses Element aktiv werden und eine Synchronisation zwischen Modell-Element und Oberfläche erfolgen soll.
classURI	MContribution	
iconURI	MUILabel	Für jeden Part kann ein eigenes Icon definiert werden, dieses wird zum Beispiel dann angezeigt, wenn der Part in einem Tab-Folder dargestellt wie es bei PartStacks, aber auch Perspektiven meist der Fall ist. Die Angabe hat in der Platform-Notation zu erfolgen. Beispiel: platform:/plugin/net.teufel.e4.helloworld.ui/icons/icon.gif
label	MUILabel	Für jeden Part kann neben dem Icon auch ein eigener Titel festgelegt werden, der dann als Beschriftung neben dem Icon erscheint.
tooltip	MUILabel	Legt einen individuellen Tooltip für den Part fest.
Toolbar	MPart	Erwartet einen Boolean (true oder false) und legt fest, ob der Part eine individuelle Toolbar darstellen soll.
Closeable	MPart	Definiert, ob der Part geschlossen werden kann. Nur wenn dieses Attribut auf true steht, wird zur Laufzeit ein Clipcontrol zum Schließen des Parts gerendert.
Dirty	MDirtyable	Boolean-Wert, mit dem markiert werden kann, ob eine Ressource im Part verändert wurde. Setzt man das Attribut auf true, wird der Part als dirty markiert und optisch hervorgehoben. Stellt man das Attribut dagegen auf false, verschwindet die optische Markierung, und der Part ist wieder in den Ursprungszustand versetzt.
Multiple	MPartDescriptor	Über einen Boolean-Wert (true/false) kann man hier festlegen, ob es von diesem Part mehrere Instanzen geben darf. Nur im Rahmen von Part-Deskriptoren verfügbar.
Category	MPartDescriptor	Über dieses Attribut kann man Parts kategorisieren. Durch Eingabe eines entsprechenden Strings und Setzen eines Tags im späteren Ziel-Container (zum Beispiel einen PartStack) kann festgelegt werden, wo im Ziel-Container die neue Part-Instanz des Part-Deskriptors positioniert werden soll. Auch dieses Attribut steht nur im Zusammenhang mit Part-Deskriptoren zur Verfügung.

Tabelle 4.2: Die wichtigsten Attribute von Part

4.2.3 Parts am Beispiel eines kleinen Texteditors

Nachdem auf den vorangegangenen Seiten doch recht viel Theorie über Parts zu lesen war, sollen im folgenden Abschnitt die meisten der bisher beschriebenen Konzepte im Rahmen eines kleinen Beispiels in der Praxis demonstriert werden. Auch viele der in Tabelle 4.2 zusammengefassten, wichtigen Attribute von Part werden in der Beispielanwendung – ein einfacher Texteditor – Anwendung finden. Der Texteditor wird einfache (Text-) Dateien öffnen und darstellen können, sowie Änderungen an der Datei zulassen. Um das Projekt zu beginnen, legt man ein neues Projekt „net.teufel.e4.texteditor" mithilfe des e4 Application Project-Wizards an. Über die .product-Datei prüft man nach Erzeugen der Beispielanwendung zunächst, ob sich die durch den Wizard vorgenerierte Anwendung starten lässt. Hierzu klickt man im Product Configuration Editor auf den Link „Launch an Eclipse Application". Zur Darstellung der Dateien im Editor soll jeweils ein Part pro Datei verwendet werden, der auf einem PartStack platziert wird, sodass sich mehrere geöffnete Dateien in der Anwendung nebeneinanderreihen. Da die Basis des Parts, der zur Darstellung und zum Bearbeiten von Textdateien verwendet werden soll, im Prinzip immer gleich ist, bietet sich an dieser Stelle die Verwendung eines PartDescriptors an. Im Rahmen des PartDescriptors werden alle Attribute gesetzt, die für jeden Part gleich sind. Solche Attribute sind etwa ClassURI, durch das in Bundle-Notation die Verknüpfung zur Part-Implementierung erfolgt oder das Attribut Multiple, das hier auf true stehen muss, damit das e4-Framework weiß, dass zur Laufzeit von diesem PartDescriptors mehrere unterschiedliche Instanzen bestehen können. Tabelle 4.3 listet alle Attribute des PartDescriptors und die entsprechenden Werte.

Attribut	Wert
ElementId	net.teufel.e4.texteditor.part.datei
ClassURI	bundleclass://net.teufel.e4.texteditor/net.teufel.e4.texteditor.ui.parts.EditorPart
Dirtyable	true
Closeable	true
Multiple	true
Category	datei

Tabelle 4.3: Attribute für den PartDescriptor

Das Attribut ClassURI kann zu Beginn übrigens noch weggelassen werden und später, nach Implementierung mithilfe des Application Model Editors und dem Knopf „Find..." nachträglich zugewiesen werden. Die Modellierung der Parts ist damit schon abgeschlossen, sodass im nächsten Schritt dafür gesorgt werden kann, dass im Modell ein Container bereit steht, der die einzelnen Parts aufnimmt und darstellt. Hierzu legt man, am einfachsten auch wieder durch den Application Model Editor, unter dem TrimmedWindow im Bereich Controls ein PartStack-Element an. Die bereits bestehende und durch den Wizard angelegte Perspektive sollte gelöscht werden, am Ende soll hier nur ein PartStack stehen. Im Application Model Editor werden übrigens alle Kind-Elemente des Window-Elements, zu dem der PartStack ja gehört, in der Rubrik Controls gelistet. Da die Parts zur Laufzeit später über einen Handler in den PartStack eingefügt werden, sind hier nicht viele Attribute zu setzen. Lediglich ToBeRendered und Visible sind einzustellen, damit der PartStack auch tatsächlich angezeigt wird. Eine Besonderheit gilt es allerdings noch zu beachten: Im Application Model Editor gibt es an vielen Stellen in der Anzeige neben dem Default-Tab (wo sich die typischen Attribute des jeweiligen Elements befinden) noch ein Supplementary-Tab. In diesem Bereich finden sich die nicht so häufig verwendeten, zusätzlichen Einstellungen. Im Falle von PartStack lassen sich hier Tags definieren. Ein Tag stellt eine Art Marker dar, der anzeigt, dass alle Elemente mit einer gleichen Kategorie an dieser Stelle eingefügt werden können. Definiert man also am PartStack ein Tag „datei", so weiß die Eclipse 4 Application Platform später, dass alle Elemente, welche die gleiche Kategorie (Category) gesetzt haben, hier einsortiert werden können. Da im PartDescriptor (siehe Tabelle 4.2) das Attribut Category ebenfalls mit dem Wert „datei" besetzt wurde, gibt es einen Match, und die Plattform kann bestimmen, wo der Part beim Öffnen positioniert werden soll. Betrachtet man sich die Definition von Tags im Quellcode, wird man feststellen, dass Tags nicht als eigenes Attribut definiert sind, sondern sich als Unterlement integrieren. Folgendes Beispiel zeigt die komplette Konfiguration des PartStacks im Quellcode:

```
<children xsi:type="basic:PartStack" xmi:id="_
W7EkgIwlEeGwyc4k4ePwww">
   <tags>datei</tags>
</children>
```

Die Attribute ToBeRendered und Visible finden sich hier nicht. Wie bereits erwähnt, stehen diese in der Standardeinstellung auf true und müssen nur dann aufgenommen werden, wenn man sie explizit abschalten möchte. Die Anwendung sollte sich wie bisher starten lassen, am besten wieder über die Product-Datei.

Im nächsten Schritt soll die Anwendung in die Lage versetzt werden, mithilfe eines Dateiauswahldialogs (eine passende Handler-Vorlage hierfür wurde bereits durch den e4 Application Wizard generiert) eine Datei auszuwählen, einen Part zu instanziieren und die gewählte Datei zu übergeben. Die bestehende OpenHandler-Implementierung ist dafür durch folgenden Code zu ersetzen:

```
public class OpenHandler {
   @Inject
   EPartService partService;


   @Execute
   public void execute(IEclipseContext context,
      @Named(IServiceConstants.ACTIVE_SHELL) Shell shell,
                      MWindow window)
                      throws InvocationTargetException,
                             InterruptedException {

      FileDialog dialog = new FileDialog(shell);
      String selectedFile = dialog.open();
      window.getContext().set
                  ("selectedFile", new FileHolder(selectedFile));
      partService.showPart(
         partService.createPart("net.teufel.e4.texteditor.part.datei"),
         PartState.ACTIVATE);
   }
}
```

Zunächst kann hier mithilfe des FileDialogs eine beliebige Datei ausgewählt werden, als Ergebnis erhält man im String „selectedFile" den kompletten Pfad inklusive Dateiname zur Datei. Diese Information muss nun an den Part übergeben werden, damit dieser weiß, welche Datei zu öffnen ist. In der Eclipse 4 Application Platform gibt es hierzu verschiedene Möglichkeiten, die allesamt in Kapitel 5 näher beschrieben werden. Und obwohl die wohl am häufigsten eingesetzte Methode, um eine Auswahl oder in Englisch eine Selection an eine Ressource zu übergeben, der SelectionService sein dürfte, soll in diesem Beispiel alternativ der EclipseContext verwendet werden. Dadurch soll demonstriert werden, wie man sich selbst die einzelnen Kontexte auf den verschiedenen Hierarchieebenen (Application, Window, Part) zunutze machen kann. Wird also eine Datei ausgewählt, so wird diese in eine Wrapper-Klasse (ein Objekt vom Typ FileHolder) gepackt und dieser Wrapper mit dem Namen „selectedFile" in den EclipseContext auf der Window-Ebene gesetzt. Damit auf den Kontext des Window-Elements zugegriffen werden kann, wird im Beispiel zunächst auf das Window Element zugegriffen. Im Listing erfolgt dies automatisch durch Dependency Injection. Eclipse versucht bei Contribution-Klassen wie Handler immer, alle in der Methodensignatur verwendeten Parameter soweit möglich selbst aufzulösen. Durch Einfügen des zusätzlichen MWindow-Parameters in der execute()-Methode erreicht man also, dass man Zugriff auf das übergeordnete Fenster erhält. Da auch auf Window-Ebene, ganz im Sinne der hierarchischen Gesamtstruktur des EclipseContext, ein entsprechender Kontext besteht, kann man in diesen dann sehr leicht weitere Objekte, so wie es im Listing mit der ausgewählten Datei auch getan wird, einfügen. In der Part-Implementierung kann dann wiederum über Dependency Injection auf das soeben in den Kontext übergebene Objekt zugegriffen werden. Bevor es an die Erklärung der konkreten Parts geht, zunächst der Quellcode der FileHolder-Wrapperklasse:

```
public class FileHolder {

   private File file;

   public FileHolder(String file) {
     this.file = new File(file);
   }
   public File getFile() {
     return file;
   }
   public BufferedReader createBufferedReader() throws IOException {
     return new BufferedReader(new InputStreamReader(
                                new FileInputStream(this.file)));
   }
}
```

Um den Part nun anzuzeigen, bietet sich die Verwendung von PartService an. Hierbei handelt es sich um einen von der Eclipse Platform bereitgestellten Service. Diesen erhält man ebenfalls über Dependency Injection. In diesem Beispiel wird hierzu die Annotation @Inject verwendet, genausogut könnte man sich den PartService allerdings auch über die Methodensignatur, ähnlich MWindow im Listing weiter vorne, automatisch zuweisen lassen. In diesem Fall bräuche man die Annotation dann nicht, der Quellcode wird insgesamt knapper aber auch schwerer zu lesen, weil aufgrund der fehlenden Annotation nicht mehr sofort klar ersichtlich ist, dass der Service über Dependency Injection in das Objekt kommt. Mithilfe der Hilfsmethode createPart() wird zunächst eine neue Part-Instanz auf Basis des PartDescriptors mit der entsprechenden ElementId (siehe Tabelle 4.2) erzeugt, aktiviert und im Anschluss durch die showPart()-Methode zur Anzeige gebracht. An dieser Stelle wird keinerlei Bezug auf den Ziel-Container (der PartStack) genommen, sondern der Part über den PartService direkt erzeugt, aktiviert und schließlich angezeigt. Da für den Part eine Category mit dem Wert „datei" gesetzt wurde, wird zur Laufzeit der Part dort eingeordnet, wo ein passender Tag gefunden wird. Da im PartStack der Tag „datei" existiert, weiß die Eclipse-Plattform, wo der Part einzuhängen ist. Bis jetzt ist schon viel erreicht: Das UI ist definiert, Dateien können selektiert werden, die Information, welche Datei ausgewählt wurde, ist sicher in einem Wrapperobjekt im EclipseContext abgelegt und kann jederzeit abgerufen werden, und der Part wird an der richtigen Stelle angezeigt. Was jetzt noch fehlt, ist die Part-Implementierung selbst. Das Anzeigen des Datei-Inhalts und natürlich die Möglichkeit, diese zu modifizieren. Eine erste Implementierung könnte wie folgt aussehen:

```
public class EditorPart {

   private FileHolder fileHolder;
   private MPart part;
   private StyledText textarea;

   @Inject
   public EditorPart(Composite parent,
    @Optional @Named("selectedFile") FileHolder fileHolder, MPart part) {
      this.fileHolder = fileHolder;
      this.part = part;
      parent.setLayout(new FillLayout(SWT.VERTICAL));
      textarea = new StyledText(parent, SWT.BORDER | SWT.MULTI
           | SWT.V_SCROLL | SWT.H_SCROLL);
   }


   @PostConstruct
   public void postConstruct() {
      part.setLabel(this.fileHolder.getFile().getName());
      textarea.setText(readTextFromFile());
   }
   private String readTextFromFile() {
      StringBuffer buffer = new StringBuffer();
      try {
         BufferedReader input = this.fileHolder.createBufferedReader();
         String line;
         while ((line = input.readLine()) != null) {
            buffer.append(line + "\n");
         }
         input.close();
      } catch (IOException e) {
         e.printStackTrace(System.out);
      }
      return buffer.toString();
   }
}
```

Diese Klasse muss nun in das Attribut ClassURI des zuvor im Application-Modell definierten PartDescriptors aufgenommen werden. Damit der Part auf das zuvor ausgewählte File zugreifen kann, wird diese über Dependency Injection in die Klasse hereingereicht. Die Annotation @Optional sorgt dafür, dass die Variable fileHolder auch nur dann befüllt wird, wenn das im Kontext mit dem Namen „seletectedFile" gefundende Objekt vom gleichen Typ, in diesem Fall vom Typ FileHolder, ist. Mit der Annotation @Named wird genau spezifiziert, welches Objekt im Kontext zu suchen und zuzuweisen ist. Damit zur Laufzeit dynamisch auf die verschiedenen Part-Eigenschaften zugegriffen werden kann, wird mithilfe von Constructor Injection im Konstruktur der Klasse EditorPart zusätzlich der Part aus dem Application Model übergeben. Im Part gibt es keine createPartControl()-Methode mehr, stattdessen wird das UI direkt im Konstruktur zusammengebaut. Dieses

UI besteht eigentlich nur aus einem StyledText-Widget, in dem die Datei später angezeigt wird. Das Widget wird mit einem FillLayout auf das Composite (parent) gesetzt, welches ebenfalls via Constructor Injection in den Part injiziert wird und somit nicht selbst instanziiert werden muss.

Abbildung 4.8: Der Texteditor in Aktion

In der Methode postConstruct(), die bedingt durch die Annotation @PostConstruct vom Framework immer dann aufgerufen wird, wenn alle Dependency Injection-Vorgänge und alle Initialisierungarbeiten erledigt sind, wird zunächst der Titel des Parts verändert. Aus dem FileHolder wird hierzu der Dateiname der ausgewählten Datei entnommen und über einen entsprechenden Setter das Label-Attribut im Modell verändert. Diese Änderung wirkt sofort auf der Oberfläche. Im Anschluss wird durch die Hilfsmethode readTextFromFile() die Datei geladen und in das Textfeld gesetzt. Wird die Anwendung jetzt über die Product-Datei gestartet, ist man in der Lage, über das Eclipse-Icon in der Toolbar verschiedene Dateien auszuwählen und nebeneinander, wie in Abbildung 4.8 dargestellt, zu öffnen.

Nachdem das Auswählen und Anzeigen von Dateien funktioniert, fehlt lediglich noch die Möglichkeit, diese auch zu verändern. Um auf solche Veränderungen mit einer Speichern-Funktion reagieren zu können, soll nun der Dirty-Mechanismus von Parts verwendet werden. Da jeder Part das MDirtyable-Interface implementiert, ist jeder Part automatisch auch ein Editor. Die Speichern-Funktion steht im Part in einer separaten Methode wie etwa save(). Damit die Eclipse 4 Application Platform jedoch weiß, dass diese Save-Methode im Rahmen von Dirtyable beim Speichern aufgerufen werden soll, markiert man die Methode mit der Annotation @Persist wie folgt:

```
@Persist
public void save() {
   // Hier folgt die eigentliche Speichern-Funktion
}
```

Die @Persist-Annotation steht allerdings nicht sofort zur Verfügung. Vielmehr muss diese durch Hinzunehmen des optionalen Bundles

- org.eclipse.e4.ui.di

in die Datei MANIFEST.MF bekannt gemacht werden. Damit man diese Ressource im Part überhaupt speichern kann, muss der Part jedoch zuerst „dirty" markiert werden. Dies kann in diesem Beispiel relativ einfach erfolgen, indem man auf dem Part (ähnlich wie vorher bei der Label-Eigenschaft) das Attribut „Dirty" auf true setzt. Der Part ist dann sofort als „dirty" markiert, was auch mit einem Stern im Part-Titel auf der Oberfläche gekennzeichnet wird.

4.2.4 PartDescriptoren im Einsatz

Nachdem in Abschnitt 4.2.2 bereits kurz auf PartDescriptors eingegangen wurde, soll auch deren Funktionsweise nun anhand eines Anwendungsbeispiels genauer demonstriert werden. Zusätzlich zu konkreten Parts, die man an ein Fenster oder in eine Perspektive einhängen kann, gibt es die Möglichkeit, mit PartDescriptors Vorlagen für Parts anzulegen und diese in einen speziellen Bereich im Application Model vorzuhalten. Im Programm kann zur Laufzeit auf ein solches Muster zugegriffen werden, um aus diesem (und einer konkreten Part-Implementierung) dynamisch einen konkreten Part zu erzeugen. Dieser kann dann in der Anwendung zur Ansicht gebracht werden. All dies erfolgt auf Ebene von Quellcode und zwar mithilfe von vom e4-Framework bereitgestellten Services. Konkret handelt es sich dabei um den PartService und den ModelService. Der PartService bietet zum Beispiel die Methode createPart() an, die man mit der ElementID des PartDescriptors bestückt, aus dem man einen Part erzeugen möchte. Die createPart-Methode erzeugt einen konkreten Part und gibt diesen zurück. Im Anschluss kann man entweder die Methode showPart() verwenden, um den Part direkt auf den Bildschirm zu bringen, oder man benutzt vorab den ModelService, um bestimmte Bereiche auf der Oberfläche zu lokalisieren und den Part dort einzufügen beziehungsweise anzuhängen.

PartDescriptoren werden im Model auf oberster Ebene, also direkt unter <application>, abgelegt. Verwendet man den Application Model Editor, der durch die e4-Tools bereitgestellt wird (Kapitel 3), finden sich die PartDescritoren in einem eigenen Bereich auf oberster Ebene. Im Modell selbst werden PartDescriptors durch das Tag <descriptors> beschrieben. Folgendes Beispiel definiert einen einfachen PartDescriptor:

```
<descriptors elementId="partdescriptor.0"
   category="PartInPartStack"
   closeable="true"
   contributionURI="bundleclass://PartDescriptors/
                    net.teufel.e4.partdescriptors.ui.SimplePart" />
```

In dieser Vorlage wird ein einfacher PartDescriptor definiert und auch schon mit seiner Part-Implementierung, der Klasse SimplePart, über das Attribut ContributionURI verbunden. Mit dem Attribut Closeable legt man fest, ob sich der Part zur Laufzeit schließen lassen soll, etwa wenn er in einem PartStack als eigener Reiter dargestellt wird. Über die Category kann die showPart()-Methode aus dem PartService beim Anzeigen des konkreten Parts herausfinden, an welcher Stelle im Layout der Part einzufügen ist. Ein ähnliches Verfahren kam auch schon im vorangegangenen Abschnitt bei der Implementierung des Text-Editors zum Einsatz. Soll der Part später beispielweise in einen bestimmten PartStack, so könnte man dieses Ziel mit einem Tag „PartInPartStack" markieren. Die Methode PartService.showPart() wird dann den Part an die richtige Stelle positionieren. Die Part-Implementierung ist für dieses Beispiel sehr einfach gehalten und bringt lediglich ein Label auf dem Bildschirm, in dem ein Text dargestellt wird. Der Text wird in diesem Beispiel als Key / Value-Paar im EclipseContext des jeweiligen Parts gehalten. Der Key ist „MyValue" und wird automatisch mithilfe von Dependency Injection in den Part übergeben, wobei die Annotation @Named hilft, den gewünschten Key zu spezifizieren:

```
public class SimplePart {
   @Inject
   public SimplePart(Composite parent, @Named("MyValue") String value){
      Composite composite = new Composite(parent, SWT.NONE);
      composite.setLayout(new RowLayout(SWT.HORIZONTAL));
      Label label = new Label(composite, SWT.NONE);
      label.setText(value);
   }
}
```

Nachdem PartDecriptor und Part-Implementierung vorliegen, wird als Nächstes ein Oberflächenlayout benötigt. Zur Demonstration soll die Oberfläche den Part „SimplePart" gleich mehrfach darstellen. Einmal auf regulärem Weg mithilfe eines konkreten Parts, der im Application Model definiert ist, und dann mehrfach unter Zuhilfenahme der PartDescriptor-Vorlage. Die Sourcen müssen natürlich nicht abgetippt werden, sondern können durch Verwendung des Application Model Editors recht einfach zusammenklickt werden.

```
<children xsi:type="basic:TrimmedWindow" label="PartDescriptors"
  width="500" height="400">

   <mainMenu elementId="menu:org.eclipse.ui.main.menu">
     <children xsi:type="menu:Menu" label="File">
       <children xsi:type="menu:DirectMenuItem"
         elementId="handledmenuitem.0" label="Add some Parts"
         contributionURI="bundleclass://PartDescriptors/
         net.teufel.e4.partdescriptors.handlers.AddSomePartsHandler"/>
     </children>
   </mainMenu>

   <children xsi:type="advanced:PerspectiveStack">
     <children xsi:type="advanced:Perspective">

       <children xsi:type="basic:Part" elementId="part.0"
          contributionURI="bundleclass://PartDescriptors/
                 net.teufel.e4.partdescriptors.ui.SimplePart">
          <properties key="MyValue"
                     value="This is from a Context Property!"/>
       </children>

       <children xsi:type="basic:PartSashContainer" elementId="ps.0">
         <children xsi:type="basic:PartStack" elementId="partstack.0"/>
         <children xsi:type="basic:PartStack" elementId="partstack.1">
           <tags>PartInPartStack</tags>
         </children>
       </children>

     </children>
   </children>
</children>
```

In diesem Listing wird an das Anwendungsfenster, welches wieder vom Typ TrimmedWindow ist, zunächst ein Hauptmenü mit Menüeintrag eingebunden, damit später der Handler aufgerufen werden kann, der die Parts dynamisch aus der PartDescriptor-Vorlage erstellt. Als Nächstes wird eine Perspektive definiert, die aus einem konkreten Part und einem PartSashContainer besteht, in welchen zwei PartStacks untergebracht sind. Bei dem Part mit der elementId „part.0" handelt es sich um einen konkreten Part, der direkt in das Application Model eingebunden wird, dieses Element hat keinerlei Verbindung oder Bezug zum PartDescriptor. Das Key/Value-Paar „MyValue", welches im Rahmen von SimplePart ausgelesen und angezeigt (siehe vorangegangenes Listing) wird, findet seinen Weg in das Application Model hier auf rein deklarative Weise.

Der Code, der aus dem PartDescriptor nun mehrere konkrete Parts erzeugt und diese in die beiden PartStacks unterbringt, ist in der Handler-Klasse AddSomePartsHandler untergebracht:

```
public class AddSomePartsHandler {

   @Inject
   EPartService partService;

   @Execute
   public void execute(MApplication app, EModelService modelService) {

      partService.showPart(
       createSimplePart("Part A", "This is Part A"), PartState.ACTIVATE);

      MPartStack myPartStack =
         (MPartStack) modelService.find("partstack.0", app);

      myPartStack.getChildren().add(
         createSimplePart("Part B", "This is Part B"));


      myPartStack.getChildren().add(
         createSimplePart("Part C", "This is Part C"));


   }

   private MPart createSimplePart(String title, String value) {
      MPart myPart = partService.createPart("partdescriptor.0");
      myPart.setLabel(title);
      myPart.setContext(EclipseContextFactory.create());
      myPart.getContext().set("MyValue", value);
      return myPart;
   }
}
```

Die Hilfsmethode createSimplePart verwendet den von der Eclipse 4 Application Platform bereitgestellten PartService, um ausgehend von dem zuvor definierten PartDescriptor mit der elementId "partdescriptor.0" einen konkreten Part zu erzeugen. Im Anschluss wird das Titel-Label des Parts gesetzt und ein neuer EclipseContext im Part erzeugt, denn zu Beginn ist dieser noch nicht vorhanden, wenn der Part mithilfe des PartService erzeugt wurde. Zum Erzeugen einer weiteren EclipseContext-Hierarchieebene sollte man die vom e4-Framework bereitgestellte Factory-Klasse EclipseContextFactory verwenden. Ist der Kontext erzeugt, wird das Key/Value-Paar „MyValue" in den EclipseContext eingefügt, dieses Mal also programmatisch. An dieser Stelle lohnt sich auch nochmals ein Blick zurück ins Listing, in dem der konkrete Part mit der elementId „part.0" definiert wurde. Man kann dann erkennen, dass Einträge in den Kontext entweder deklartiv oder programmatisch erfolgen können.

In der execute-Methode des Handlers selbst werden drei konkrete Parts aus der Vorlage erzeugt. Part A wird dabei über die showPart-Methode von PartService zur Anzeige gebracht. Durch die Tatsache, dass im PartDescriptor das Element „category" gesetzt wurde und ein Tag mit der entsprechenden Category auch im Ziel-PartStack (siehe vorangegangenes Listing) vorhanden ist, weiß die Plattform automatisch, an welcher Stelle im Oberflächenlayout der neue Part einzuhängen ist. Die beiden Parts B und C dagegen werden direkt durch Erweiterung des Application Models zur Anzeige gebracht. Hierzu wird unter Zuhilfenahme des ModelService zunächst das Container-Element gesucht, in dem die beiden Parts eingehängt werden sollen. Im Anschluss werden die beiden Parts diesem Element einfach hinzugefügt. Abbildung 4.9 zeigt die Ausgabe der Anwendung, auf der linken Seite findet sich der über das Application Model defnierte konkrete Part und auf der rechten Seite die dynamisch aus der Vorlage erzeugten drei Parts.

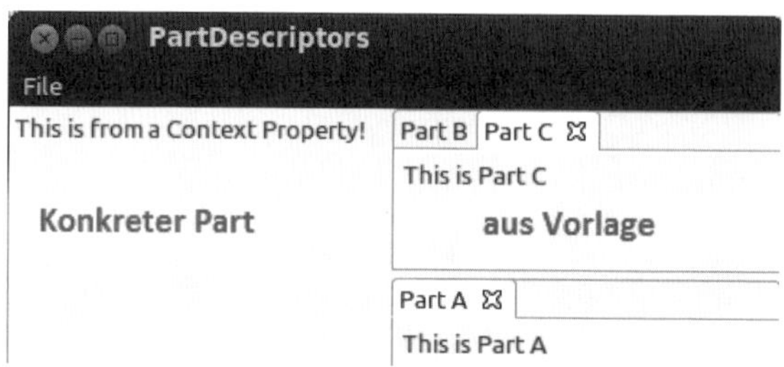

Abbildung 4.9: PartDescriptoren im Einsatz

4.2.5 Perspektiven

Die letzten Abschnitte haben gezeigt, wie man Parts einsetzt, um Anwendungen ein Gesicht zu verleihen. Bei kleinen Anwendungen mit einfacher Oberfläche kommt man noch mit einzelnen Parts, die direkt an das Anwendungsfenster gebunden sind, aus. Bei größeren und komplexeren Anwendungen ist dies jedoch nicht mehr ausreichend. Grundlage für Oberflächenlayouts, um mehrere Parts gleichzeitig oder nebeneinander auf den Bildschirm zu bringen, sind die Container-Elemente PartSashContainer und PartStack. Sie helfen, Parts zu strukturieren und anzuordnen. In diese Container können sowohl PartDescriptors als auch konkrete Parts eingefügt werden. Eingeschränkt lassen sich auch Elemente gleichen Typs in diese Container ablegen. Durch entsprechende Verschachtelung von PartSashContainern und PartStacks lassen sich damit anspruchsvolle Oberflächenlayouts erstellen.

Perspektiven dienen dazu, PartStacks und PartSashContainer zusammenzuhalten und zu gruppieren. Darüber hinaus gibt es die Möglichkeit, mehrere Oberflächenlayouts in jeweils separaten Perspektiven zu kapseln. Diese können bei Bedarf in einem weiteren Container-Element, dem sogenannten PerspectiveStack, gespeichert werden. Zur Laufzeit der Anwendung kann man dann zwischen einzelnen Perspektiven umschalten. Gute Beispiele für perfekt aufeinander abgestimmte Perspektiven finden sich in der Eclipse-IDE selbst: Die Java-Perspektive bietet eine Oberfläche, die auf das Schreiben von Java-Quellcode optimiert ist. In der Mitte dominiert der Java-Editor, während sich links der

Package Explorer präsentiert. In der Debug-Perspektive dagegen finden sich alle benötigten Informationen in unterschiedlichen Parts, die beim Debugging von Java-Programmen helfen. Wie man an diesem Beispiel sieht, spielen Perspektiven ihre volle Stärke erst aus, wenn man sie im Zusammenhang mit einem PerspektiveStack verwendet.

MPartSashContainer und MPartStack

Als Grundlage für Oberflächenlayouts jeglicher Art (unabhängig davon, ob mit oder ohne Perspektive) dient entweder ein MPartSashContainer oder ein MPartStack. Wie man in Abbildung 4.9 sehen kann, haben beide Container mit MUIElement den gleichen Ursprung. Auf diese Weise kommen sie zu den wichtigsten Attributen für UI-Elemente wie Visible, ToBeRendered oder Label.

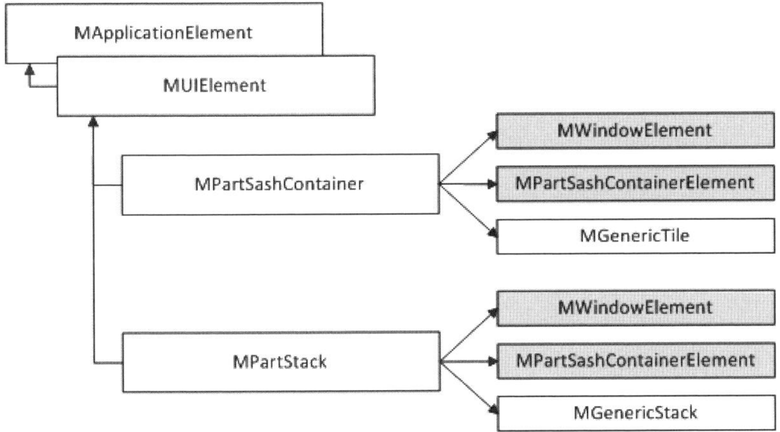

Abbildung 4.10: Aufbau von PartSashContainer und PartStack

Ihre Container-Eigenschaft erhalten sie durch die Interfaces MGenericTile beziehungsweise MGenericStack. Diese erben von der MElementContainer-Schnittstelle, wodurch die Container-Eigenschaft hinzukommt. Die beiden unterschiedlichen Generic-Interfaces markieren auch die Abgrenzung der beiden Container-Typen hinsichtlich ihrer Darstellung auf dem Bildschirm:

- MPartSashContainer erbt von MGenericTile. Damit lässt sich ein Layout aus verschiedenen Teilbereichen oder besser Fließen (Tiles) definieren. Die Größe der einzelnen Fließen ist durch eine Trennleiste (Sash) veränderbar. In jeder Fließe lassen sich entweder Parts oder weitere PartSashContainer beziehungsweise PartStacks unterbringen.
- MPartStack erbt von MGenericStack und ermöglicht das horizontale Anordnen von Parts. Im Ergebnis erhält man eine Darstellung, in dem jeder Part in einem eigenen Reiter gezeigt wird. Die Darstellung erfolgt ganz ähnlich, wie man es von Tab-Controls her kennt.

- Der entscheidende Unterschied zwischen PartSashContainer und PartStack ist, dass in einem PartSashContainer mehrere Parts oder Teilbereiche gleichzeitig dargestellt werden und in einem PartStack immer nur der gerade aktive Part sichtbar ist.
- Da beide Container außerdem mit dem Interface MPartSashContainerElement markiert sind, können weitere PartSashContainer und auch PartStacks anstelle von Parts innerhalb von PartSashContainer verwendet werden. In PartStacks dagegen können nur Parts, PartDescriptors oder Platzhalter gestapelt werden. Eine tiefere Verschachtelungsebene ist hier nicht vorgesehen.
- Das folgende Listing zeigt, wie man einen PartSashContainer anlegt und drei Parts in jeweils einem eigenen Bereich darin unterbringt:

```
<children xsi:type="basic:TrimmedWindow" label="PartSashContainer"
 width="800" height="600">

   <children xsi:type="basic:PartSashContainer" elementId="psc.0"
     containerData=""
     horizontal="true">

      <children xsi:type="basic:Part" elementId="part.0"
        containerData="2500"
        contributionURI="bundleclass://PartSashContainer/
        net.teufel.e4.partsashcontainer.ui.MyFirstPart"/>

      <children xsi:type="basic:Part" elementId="part.1"
        containerData="2500"
        contributionURI="bundleclass://PartSashContainer/
        net.teufel.e4.partsashcontainer.ui.MySecondPart"/>

      <children xsi:type="basic:Part" elementId="part.2"
        containerData="5000"
        contributionURI="bundleclass://PartSashContainer/
        net.teufel.e4.partsashcontainer.ui.MyThirdPart"/>

   </children>
</children>
```

In diesem Beispiel wird der PartSashContainer als Kind-Element direkt in das Anwendungsfenster (wieder vom Typ TrimmedWindow) abgelegt. Durch Hinzufügen der einzelnen Parts als Kind-Elemente zum PartSashContainer entstehen die einzelnen Teilbereiche (Tiles). Das Attribut „horizontal" bestimmt dabei, ob die einzelnen Fließen horizontal (true) oder vertikal (false) auf dem Bildschirm angeordnet werden. Abbildung 4.11 auf der nächsten Seite zeigt, wie das soeben definierte Oberflächenlayout zur Laufzeit aussehen würde. In die Abbildung wurden zum besseren Verständnis dicke schwarze Balken jeweils an den Stellen eingefügt, wo ein neues Tile beginnt. An diesen Stellen ist es möglich, die Größenveränderung des jeweiligen Bereichs mit der Maus vorzunehmen. Betrachtet man sich die Abbildung genauer, wird man außerdem feststellen, dass die einzelnen Teilbereiche unterschiedliche Größen aufweisen. In der Standardeinstellung wird die Bereite eines jeden Bereichs relativ zur Fenstergröße berechnet, und jeder Bereich wird mit der gleichen Breite dargestellt. Um dieses Standardverfahren zu übersteuern, verwendet man das Attribut „containerData" der einzelnen Parts (siehe Listing), um die Größenverhältnisse für jeden einzelnen Part zu bestimmen. Die maximale Breite (also die Breite des Anwendungsfensters selbst) entspricht dabei immer dem Wert 10.000. Im Listing oben wurde für die ersten beiden Parts jeweils der Wert 2500 und für den dritten Part der Wert 5000 gewählt. Damit erhält der dritte Part 50 % der gesamten verfügbaren Breite, die anderen 50 % teilen sich auf die ersten beiden Parts auf. Das Entwicklerteam von e4 empfiehlt an dieser Stelle besser mit den Tausender-Werten zu arbeiten. Die direkte Angabe von Prozent-Werten an dieser Stelle wird zwar auch unterstützt, funktioniert aktuell aber nur bei maximal zwei Parts im PartSashContainer zufriedenstellend.

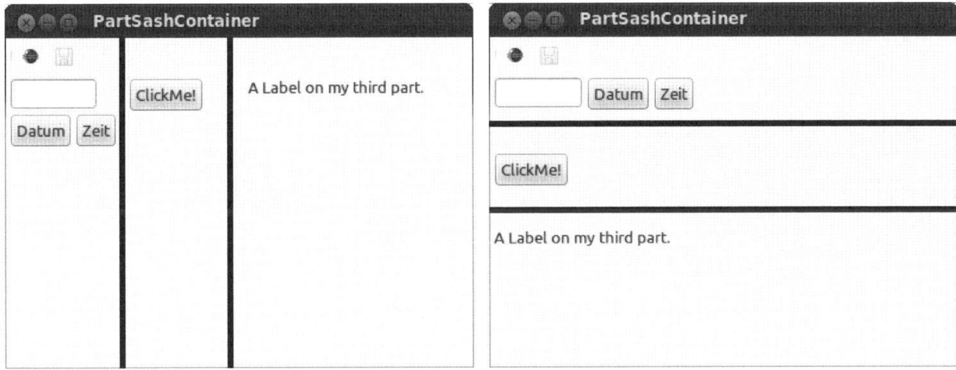

Abbildung 4.11: Beispiel eines PartSashContainers mit horizontaler und vertikaler Ausrichtung

Das Erzeugen von PartStacks erfolgt ähnlich wie das Anlegen von PartSashContainern. Der einzige Unterschied liegt im Typ (PartStack anstelle PartSashContainer) und der Tatsache, dass es das Attribut „horziontal" bei PartStacks nicht gibt. Auch das Setzen von „containerData" in den eingefügten Parts fällt weg, weil Parts beim Anzeigen in einem PartStack stets die gesamte Breite einnehmen. Das folgende Listing erzeugt einen einfachen PartStack:

```
<children xsi:type="basic:TrimmedWindow" label="PartStacks"
 width="400" height="300">

   <children xsi:type="basic:PartStack" elementId="partstack.0"
     containerData="">

      <children xsi:type="basic:Part" elementId="part.0"
        contributionURI="bundleclass://PartStacks/
        net.teufel.e4.partstacks.ui.MyFirstPart" label="MyFirstPart"/>
```

```
    <children xsi:type="basic:Part" elementId="part.1"
      contributionURI="bundleclass://PartStacks/
      net.teufel.e4.partstacks.ui.MySecondPart" label="MySecondPart"/>

  </children>

  <children xsi:type="basic:Part" elementId="part.3"
    contributionURI="bundleclass://PartStacks/
    net.teufel.e4.partstacks.ui.MyThirdPart" label="MyThirdPart"/>

</children>
```

Der im Listing abgedruckte Quelltext erzeugt einen PartStack mit zwei Reitern (Abbildung 4.12), in dem jeweils ein eigener Part dargestellt wird. Des Weiteren wurde ein dritter Part (MyThirdPart) völlig unabhängig vom PartStack zusätzlich in das Anwendungsfenster eingehängt, der PartStack-Container wird also wie ein normales Oberflächenelement behandelt und gerendert.

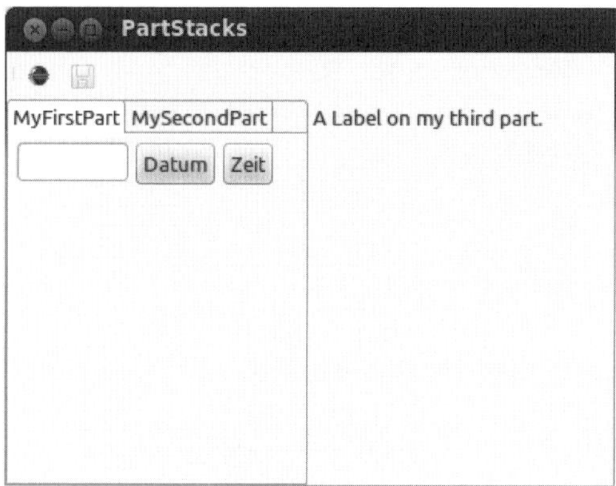

Abbildung 4.12: Beispiel PartStack

Das Setzen der „containerData"-Eigenschaft hat keine Auswirkung auf die Parts im PartStack. Um die Größenverhältnisse von PartStack und MyThirdPart, welcher sich außerhalb des Stacks befindet, zu beinflussen, kann jedoch das containerData-Attribut im PartStack-Element und im dritten Part verwendet werden.

In Tabelle 4.4 sind alle Attribute zusammengefasst, die im Rahmen von PartSashContainern und PartStacks vervwendet werden können.

Attribut	Quelle	Beschreibung
elementId	MApplicationElement	Möglichst eindeutiger Bezeichner oder Name des Elements im Application Model.
visible	MUIElement	Legt fest, ob der Container zur Laufzeit sichtbar ist.
toBeRendered	MUIElement	Legt fest, ob der Container zur Laufzeit gerendert werden soll, beziehungsweise ob der Oberflächen-Renderer für dieses Element aktiv werden und eine Synchronisation zwischen Modell-Element und Oberfläche erfolgen soll.
containerData	MUIElement	Kann zum Einstellen der Breite des jeweiligen Elements relativ zur Gesamtbreite des Eltern-Elements verwendet werden. Die Angabe erfolgt in 1000er-Werten, wobei der Wert 10.000 als 100 % zu verstehen ist. Beispiel: 2500 = 25 % der Gesamtbreite des Anwendungsfensters, wenn das betreffende Element als Kind-Element direkt im Anwendungsfenster hängt.
horizontal	MGenericTile	Boolean-Wert, der festlegt, in welcher Richtung die einzelnen Tiles in einem PartSashContainer dargestellt werden sollen. Wird das Attribut auf true gesetzt, werden alle Teilbereiche nebeneinander dargestellt (Standardeinstellung). Ein Umstellen des Attributs auf false bewirkt, dass die Tile untereinander angeordnet werden. Diese Eigenschaft steht nur in PartSashContainern zur Verfügung.

Tabelle 4.4: Die wichtigsten Attribute von PartSashContainer und PartStack

Perspectives und PerspectiveStack

In RCP 3.x wurden Perspektiven meist über Code definiert. Hierzu war das Interface IPerspectiveFactory zu implementieren, wobei das Oberflächenlayout programmtechnisch über das zur Laufzeit zur Verfügung gestellte PageLayout-Objekt konfiguriert wurde. Benötigte eine Anwendung mehrere Oberflächenlayouts oder Perspektiven, musste man entsprechende IPerspectiveFactory-Implementierungen erstellen. In die Anwendung integriert wurden diese Perspektiven über einen eigenen Extension Point in der plugin.xml, und zum Umschalten zwischen den einzelnen Perspektiven nutzte man einen Aufruf ähnlich PlatformUI.getWorkbench.showPerspective(). Hierbei handelt es sich um ein API, welches wieder auf Basis von Singletons implementiert wurde und somit nicht mehr ins moderne Konzept der Eclipse 4 Application Platform passt. Wie im vorangegangenen Abschnitt erklärt wurde, wird in e4-Awendungen das Oberflächenlayout maßgeblich durch geschicktes Schachteln von Parts, PartSashContainern und PartStacks bestimmt. Perspektiven auf der Eclipse 4 Application Platform ergeben dann einen Sinn, wenn man unterschiedliche Oberflächenlayouts benötigt. Dabei fasst man die einzelnen Layouts in unterschiedliche Perspektiven und hat so die Möglichkeit, zwischen den jeweiligen Ansichten umzuschalten. Ganz komplexe Oberflächenlayouts lassen sich unter Umständen nur mithilfe von Perspektiven realisieren, zum Beispiel dann, wenn es darum geht, ein Layout zu erstellen, in dem mehrere PartSashContainer oder PartStacks gleichbereichtigt nebeneinander stehen müssen. Ferner sind Perspektive ein gutes Mittel, um Struktur und Abstraktion ins Application Model zu bringen. Bindet man etwa ein auf ein PartSashContainer basierendes Layout direkt an das Anwendungsfenster, ist ein späteres Austauschen beziehungsweise Erweitern dieses Layouts aufwendig. Wird dieses Layout stattdessen innerhalb einer Perspektive gespeichert, so lässt diese Perspektive einfach kopieren, anpassen, einhängen und in der Anwendung zwischen alter und neuer Perspektive hin- und herschalten. Es empfiehlt sich von daher, Oberflächenlayouts prinzipiell in Perspektiven zu halten und ausschließlich mit diesen zu arbeiten.

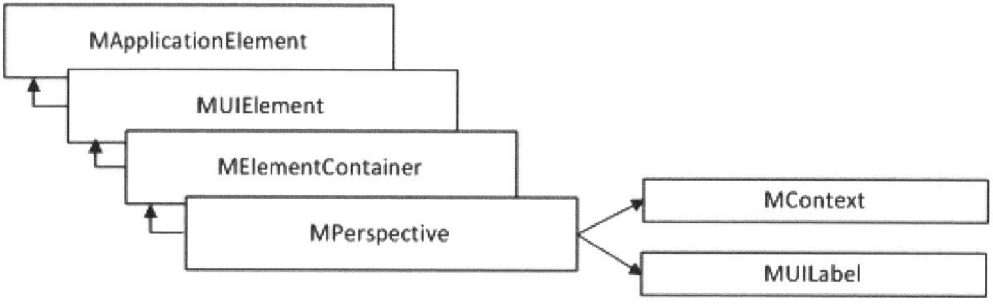

Abbildung 4.13: Aufbau von Perspektiven

Wie man in Abbildung 4.13 sehen kann, ist eine Perspektive ebenfalls ein Element-Container. Eine Perspektive kann also Elemente wie Part, PartSashContainer und PartStacks zur Gestaltung der Oberfläche aufnehmen. Part, PartStack und PartSashContainer sind die am meisten eingesetzten Elemente für die Gestaltung des Oberflächenlayouts, mit InputParts und Placeholdern existieren darüber hinaus jedoch noch zwei weitere Möglichkeiten, das Layout zu beeinflussen. Während man einen Placeholder als Platzhalter auf dem Layout platzieren kann, um ihn später mit einem tatsächlichen Part zu besetzen, handelt es sich bei InputParts um abstrakte Parts hinter denen eine Ressource liegt, welche wiederum durch eine URI repräsentiert wird. Dieses URI verweist auf eine Contribution mit entsprechender Implementierung dahinter.

In der Grafik kann man auch sehen, dass Perspektiven ebenfalls einen eigenen Eclipse-Context enthalten (daher erben sie von MContext), was bedeutet, dass Objekte, die nur innerhalb einer speziellen Perspektive verwendet werden, auch nur im EclipseContext dieser einen Perspektive gespeichert werden müssen. Hierbei handelt es sich jedoch wieder um ein Implementierungsdetail, über das man zwar Bescheid wissen sollte; für den normalen Anwendungsentwickler ist es in den meisten Fällen jedoch unerheblich, aus welchem Bereich innerhalb des hierarchischen Gesamtkontextes ein bestimmtes Objekt kommt.

Attribut	Quelle	Beschreibung
elementId	MApplicationElement	Möglichst eindeutiger Bezeichner oder Name für die Perspektive im Application Model.
Visible	MUIElement	Legt fest, ob die Perspektive zur Laufzeit sichtbar ist.
toBeRendered	MUIElement	Legt fest, ob die Perspektive zur Laufzeit gerendert werden soll, beziehungsweise ob der Oberflächen-Renderer für diese Perspektive aktiv werden und eine Synchronisation zwischen Modell-Element und Oberfläche erfolgen soll.
selectedElement	MUIElement	Legt das aktive Element innerhalb der Perspektive fest, so lässt sich beispielsweise der aktive PartSashContainer auswählen, wenn die Perspektive aus mehreren PartSashContainern besteht.
iconURI	MUILabel	Für jede Perspektive kann ein eigenes Icon definiert werden. Die Angabe hat in der Platform-Notation zu erfolgen. Beispiel: platform:/plugin/net.teufel.e4.helloworld.ui/icons/icon.gif
Label	MUILabel	Legt eine Beschriftung für die Perspektive fest.
Tooltip	MUILabel	Legt einen Tooltip für die Perspektive fest.
Context Properties	MContext	Bietet die Möglichkeit, Key/Value-Paare in den EclipseContext abzulegen. Der Zugriff auf die Werte kann mittels Dependency Injection erfolgen. Es können beliebig viele Paare abgelegt werden.
Variables	MContext	Mit Variablen kann man Stati oder andere Flags festhalten, gespeichert werden diese als Liste von Strings.

Tabelle 4.5: Die wichtigsten Attribute von Perspektiven

Im Vergleich zu Eclipse 3.x ändert sich mit e4 das Management von Perspektiven also grundlegend. Sie werden nun nicht mehr programmatisch erzeugt, sondern deklarativ über das Application Model. Eine Perspektive wird ferner immer zusammen mit einer PerspectiveStack eingesetzt. Dies bedeutet, eine Perspektive kann nie direkt an das Anwendungsfenster gebunden werden, stattdessen werden ein oder mehrere PerspektiveStacks an das Fenster gebunden, welche ihrerseits wieder eine beliebige Anzahl an Perspektiven aufnehmen können. Im grafischen Application Model Editor, die durch die e4-Tools bereitgestellt wird (siehe hierzu auch Kapitel 3), finden sich die Perspektiven Bereich Windows | Trimmed Window | Controls | Perspective Stack.

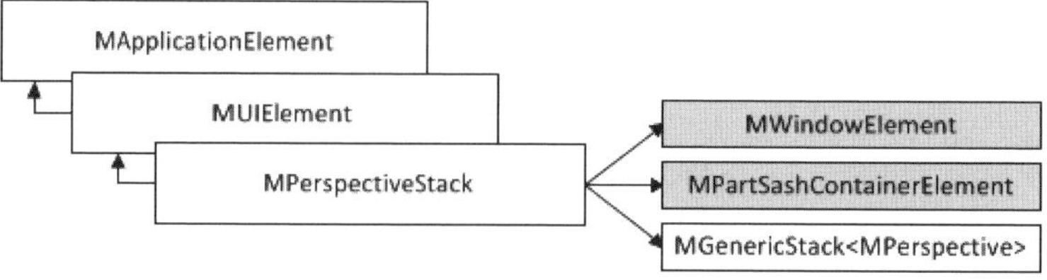

Abbildung 4.14: Aufbau von Perspektiven

Da PerspektiveStack von MWindowElement erbt, kann es als Kind-Element an das Anwendungsfenster gebunden werden. Das Marker-Interface MGenericStack bestimmt, dass nur Elemente vom Typ MPerspective, also nur Perspektiven, Bestandteil eines PerspektiveStacks werden dürfen.

```
<children xsi:type="basic:TrimmedWindow" width="500" height="400">

  <children xsi:type="advanced:PerspectiveStack"
     elementId="perspectivestack.0" selectedElement="_jxKN">

    <children xsi:type="advanced:Perspective" xmi:id="_a37RE"
          elementId="perspective.1" label="Perspektive 1">

      <children xsi:type="basic:PartSashContainer">
        <children xsi:type="basic:Part" elementId="part.0"/>
        <children xsi:type="basic:PartStack" />
      </children>

    </children>

    <children xsi:type="advanced:Perspective" xmi:id="_jxKN"
        elementId="perspective.2" label="Perspektive 2">

      <children xsi:type="basic:PartStack"
                 elementId="perspektive.partstack.0"/>
    </children>
  </children>
</children>
```

Das Listing zeigt beispielhaft, zwei Perspektiven in einem PerspektiveStack, welcher dem Anwendungsfenster untergeordnet ist. Die Perspektive mit der elementId „perspective.1" besteht aus einem PartSashContainer, in dem ein Part und ein PartStack untergebracht sind. Part und PartStack sind hier in jeweils einem eigenen Bereich des PartSashContainers untergebracht, sodass sich auch die einzelnen Bereiche mit der Maus vergrößern beziehungsweise verkleinern lassen. Die zweite Perspektive mit der elementId „perspective.2" dagegen enthält lediglich einen PartStack. Über das Attribut „selectedElement" des PerspektiveStack wird bestimmt, welche der beiden Perspektiven aktiv ist und am Bildschirm angezeigt wird. Wichtig ist hierbei zu beachten, dass in diesem Attribut nicht die elementId der anzuzeigenden Perspektive anzugeben ist, sondern dessen XMI:ID. Ist dem Anwendungsfenster mehr als eine PerspektiveStack zugeordnet, bestimmt das Attribut „selectedElement" des Anwendungsfensters, welche PerspectiveStack aktiv werden soll.

Zwischen Perspektiven umschalten

In der Version 4.2 der Eclipse 4 Application Platform (Juno-Release) bringt die Plattform keinen eigenen PerspectiveSwitcher mit. Doch es wird aktuell an einer nativen e4-PerspektiveSwitcher-Implementierung gearbeitet. Die Idee dahinter ist, dass man ein ToolControl (keine ToolBar) in den obersten Anwendungsfenster-Trim ablegen kann und dieses Control mit einer Contribution, die die Platform dann bereitstellt, verknüpft, welche die PerspectiveSwitcher-Funktion implementiert. Solange dieses Funktionialität noch nicht vorhanden ist, ist man jedoch gezwungen, das Umschalten zwischen Perspektiven manuell zu programmieren.

Im letzten Listing wurden zwei Perspektiven definiert, wobei die zweite Perspektive die gerade aktive ist. Will man nun manuell zur ersten Perspektive umschalten, könnte man beispielsweise einen eigenen Menüeintrag mithilfe eines DirectMenuItem-Elements erzeugen, diesen an das Hauptmenü (mainMenu) des Anwendungsfensters binden und auf eine Handler-Contribution verweisen, die den folgenden Code zum Umschalten auf die gewünschte Perspektive enthält:

```
import org.eclipse.e4.core.di.annotations.Execute;
import org.eclipse.e4.ui.model.application.MApplication;
import org.eclipse.e4.ui.model.application.ui.advanced.MPerspective;
import org.eclipse.e4.ui.workbench.modeling.EModelService;
import org.eclipse.e4.ui.workbench.modeling.EPartService;

public class SwitchToPerspective1Handler {

  @Execute
  public void execute(MApplication app, EModelService modelService,
                      EPartService partService) {

    MPerspective myPerspective =
      (MPerspective) modelService.find("perspective.1", app);
    partService.switchPerspective(thisElement);

  }
}
```

Dieser Handler benutzt zunächst den von der Plattform bereitgestellten ModelService, um das gesamte Applikationsmodell nach dem Element mit der elementId „perspective.1" zu durchsuchen. Das Applikationsmodell ist gekapselt in dem app-Objekt (vom Typ MApplication), welches per Dependency Injection zur Laufzeit automatisch in der Handler-Implementierung angekommt. Gleiches gilt für ModelService und PartService. Letzterer bietet schlussendlich mit der Methode switchPerspective die Möglichkeit, zur entsprechenden Perspektive umzuschalten.

4.2.6 Menüs

In RCP-Anwendungen gibt es eine Vielzahl von Menüs: Das Hauptmenü befindet sich direkt im Anwendungsfenster, jeder Part kann darüber hinaus mit einem eigenem Menü, dem sogenannten „ViewMenu", ausgestattet werden, und zu guter Letzt können in jedem Part Popup-Menus integriert werden. Dies bedeutet, man kann ein Menü an drei Stellen im Application Model definieren:

- Hauptmenüs, repräsentiert durch ein Objekt vom Typ MMenu, können an jedes MWindow und MTrimmedWindow, also dem Anwendungsfenster, gebunden werden. Zur Laufzeit werden diese Menüs als SWT-Menüs dargestellt. Im Application Model sind Hauptmenüs eindeutig durch das Tag <mainMenu> identifizierbar. Im Application Model Editor sind sie durch ein spezielles Menu-Icon leicht zu erkennen.

```
<children xsi:type="basic:TrimmedWindow" label="Fenster mit Hauptmenu"
  width="500" height="400">
   <mainMenu elementId="menu:org.eclipse.ui.main.menu">
     // hier folgen <children>-Elemente für die einzelnen Menü-Elemente
   </mainMenu>
</children>
```

- ViewMenus sind ebenfalls Menüs vom Typ MMenu und darüber hinaus mit dem speziellen Tag „ViewMenu" markiert. Diese Art von Menü wird ausschließlich Parts hinzugefügt. Zur Laufzeit der Anwendung wird diese Form von Menü als Drop-Down-Menü rechts oberhalb des Parts angezeigt, ganz so, wie man es von den Views aus Eclipse 3.x kennt.
- Popup-Menus (MPopupMenu) werden ebenfalls zu Parts hinzugefügt.
- Menüs, die an eine Part gebunden sind, werden im Application Model mit dem Tag <menus> notiert. Das folgende Listing zeigt einen Part, dem sowohl ein ViewMenu als auch ein Popup-Menü hinzugefügt wurde. Durch den Tag wird es zu einem ViewMenu im eigentlichen Sinne:

```
<children xsi:type="basic:Part" elementId="part.0"
   contributionURI="bundleclass://PartDescriptors/
                  net.teufel.e4.partdescriptors.ui.SimplePart">
```

```
        <menus elementId="menu.0" label="ViewMenu">
          <tags>ViewMenu</tags>
          // hier folgen <children>-Elemente für die einzelnen
          // Menü-Elemente dieses ViewMenus
        </menus>

        <menus xsi:type="menu:PopupMenu" elementId=" popup.0" label="Popup">
          // hier folgen <children>-Elemente für die einzelnen
          // Menü-Elemente dieses Popup-Menüs
        </menus>

    </children>
```

Darüber hinaus gibt es die Möglichkeit, mit sogenannten „Menu Contributions" (Objekte vom Typ MMenuContribution) Menüs zu erweitern, beziehungsweise zu strukturieren. Häufig soll ein bestimmtes Untermenü sowohl im Hauptmenü als auch in einem Popup-Menü angezeigt werden. Statt dieses Untermenü nun zweimal zu definieren, kann man dieses auch als Menu Contribution führen und die entsprechende Contribution dann in Haupt- und Popup-Menü wiederverwenden.

Ein Menü kann aus folgenden Elementen bestehen:

- MHandledMenuItem
- MDirectMenuItems
- MMenuSeparator
- MMenu

MHandledMenuItems erzeugen Menüeinträge, die an ein Command-Objekt gebunden sind. Die Aktion, zu der ein bestimmter Menüeintrag führt, wird in Handler-Klassen implementiert. MHandledMenuItems haben keinen direkten Bezug zu Handler-Klassen. Da MHandledMenuItems an Commands gebunden sind, können über die Binding Table im Application Model Tastaturkürzel definiert und an das Command gebunden werden, über die ein Menü schneller erreichbar wird. MHandledMenuItems können neben dem Menütext außerdem mit einem Icon und einem Tooltip ausgestattet werden.

MDirectMenuItems erzeugen ebenso Menüeinträge, allerdings haben sie keine Verbindung mit Commands. Stattdessen wird über das Attribut „contributionURI" die Handler-Klasse direkt an das Menü-Element gebunden. Alle Vorteile, die mit Commands einhergehen (Wiederverwendbarkeit, Tastaturkürzel), sind mit MDirectMenuItems hingegen nicht möglich.

MMenuSeparator erzeugen eine Trennlinie im Menü und helfen somit, Menüs besser zu strukturieren oder fachlich zusammengehörende Menü-Elemente in einem Menü zusammenzufassen und zu gruppieren.

Viele Menüs besitzen Untermenüs. Selbstverständlich ist es auch in e4 möglich, Menüs mit beliebig vielen Untermenüs zu gestalten. Hierzu können entweder Menüs in Menüs geschachtelt werden, oder man arbeitet mit Menu Contributions.

Das nachfolgende Listing zeigt am Beispiel eines Hauptmenüs die Verwendung aller soeben besprochenen Menü-Elemente:

```
<children xsi:type="basic:TrimmedWindow" label="Menus" width="500"
  height="400">

  <mainMenu elementId="menu:org.eclipse.ui.main.menu">
    <children xsi:type="menu:Menu" elementId="menu.file" label="File">
      <children xsi:type="menu:HandledMenuItem" label="Open"
       iconURI="platform:/plugin/Menus/icons/sample.gif" command="_vvJ"/>
      <children xsi:type="menu:HandledMenuItem" label="Save"
       iconURI="platform:/plugin/Menus/icons/save.gif" command="_vvK"/>
      <children xsi:type="menu:HandledMenuItem" label="Quit"
       command="_vvJg"/>

      <children xsi:type="menu:MenuSeparator" elementId="separator.0"/>

      <children xsi:type="menu:DirectMenuItem"
       elementId="directmenuitem.0" label="Quit 2"
       contributionURI="bundleclass://Menus/Menus.handlers.QuitHandler"/>

      <children xsi:type="menu:MenuSeparator" elementId="separator.1"/>


    </children>


  </mainMenu>

  // hier folgen weitere Elemente ...

</children>

<menuContributions elementId="mc.1" parentId="menu.file">
  <children xsi:type="menu:Menu" elementId="contributed.menu"
    label="Menu Contribution">
    <children xsi:type="menu:DirectMenuItem" elementId="directmenuitem.1"
      label="Befehl 1" contributionURI="..."/>
    <children xsi:type="menu:DirectMenuItem" elementId="directmenuitem.2"
      label="Befehl 2" contributionURI="..."/>
  </children>

  <children xsi:type="menu:DirectMenuItem" label="Befehl 3"
    contributionURI="..."/>
</menuContributions>
```

Im oberen Teil wird das Hauptmenü definiert, das direkt am Anwendungsfenster hängt. Das Menü „File" mit der elementId „menu.file" enthält die verschiedenen Arten von Menu-Elementen, die man hinzufügen kann. Bei den HandledMenuItems erfolgt die Verknüpfung zum Command-Objekt (und damit zum ausführenden Handler) über das Attribut „command", welches auf die XMI:ID des zugehörigen Commands verweist (im Listing wurde das referenzierte Objekt zur besseren Übersicht gekürzt). Über das iconURI-Attribut können optional Icons angezeigt werden.An dieser Stelle muss die Platform-Notation (siehe Abschnitt 4.1.4) verwendet werden, um das Icon zu adressieren. Zwischen den Trennlinien, erzeugt durch Kind-Elemente vom Typ MenuSeparator, befindet sich ein DirectMenuItem, welches über das Attribut „contributionURI" direkt mit dem zugehörigen Handler verbunden ist. Abbildung 4.15 zeigt das resultierende Menü. Da der Menüeintrag „Quit 2" durch ein DirectMenuItem implementiert ist, ist es hier nicht möglich, den Befehl über das Tastaturkürzel Ctrl+Q aufzurufen. Dies ist nur bei Verwendung von HandledMenuItems in Verbindung mit Commands möglich.

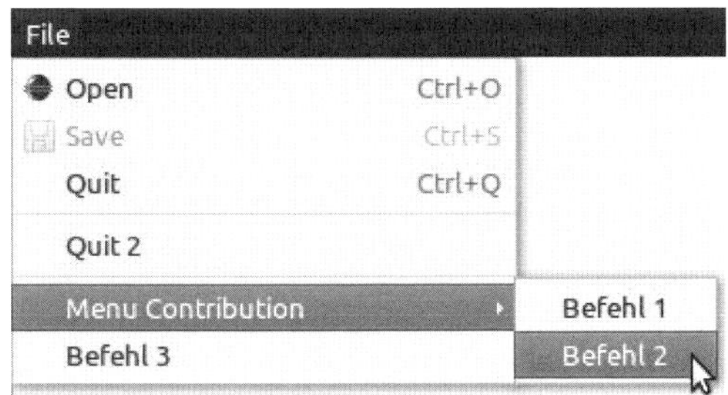

Abbildung 4.15: Menüs

Die Abbildung zeigt noch zusätzliche Menüeinträge, die nicht im Bereich des Hauptmenüs definiert wurden. Bei dem Untermenü „Menu Contribution" und „Befehl 3" handelt es sich um die bereits angesprochenen Menu Contributions. Diese werden im Application Model direkt unterhalb von <application> in jeweils separaten <menuContributions>-Blöcken defniert. In einem Application Model können beliebig viele Menu Contributions hinterlegt werden. Die Definition der Menüs in einer Menu Contribution erfolgt analog zu den anderen Menü-Typen. Auch in Menu Contributions stehen sämtliche Elementtypen (HandledMenuItems, DirectMenuItems, Separators und Untermenüs) zur Verfügung. Das Einbinden einer Menu Contribution in ein bestehendes anderes Menü erfolgt über das Attribut „parentId" der Menu Contribution. Siehe hierzu im Listing oben: Das Attribut „parentId" verweist auf die „elemendId" des File-Menüs. In Abbildung 4.15 ist außerdem der Menüpunkt „Save" deaktiviert. Dies ist kein Verhalten, welches über das Application Model definiert wird. Die Information, ob eine bestimmte Funktion verfügbar ist oder nicht, wird im Handler gesteuert, indem eine sogenannte canExecute-Methode (dies kann eine beliebige Methode im Handler sein, die mit @CanExecute annotiert ist) implementiert wird, die true zurückgibt, wenn die Funktion verfügbar sein soll, und false im umgekehrten Falle. Fehlt eine canExecute-Methode, ist die Funktion prinzipiell verfügbar.

Attribut	Verfügbar in	Beschreibung
elementId	HandledMenuItem, DirectMenuItem, Separator	Möglichst eindeutiger Bezeichner oder Name für das Menü-Element.
visible	HandledMenuItem, DirectMenuItem, Separator	Legt fest, ob die Perspektive zur Laufzeit sichtbar ist.
command	HandledMenuItem	In diesem Attribut wird auf die XMI:ID des Command-Objekts verwiesen, mit dem das HandledMenuItem verbunden ist. Die Menuaktion bei HandledMenuItems ist nicht direkt mit dem auszuführenden Handler verbunden, sondern über ein Command.
classURI	DirectMenuItem	DirectMenuItems können direkt mit einem Handler verbunden werden. Die Verknüpfung erfolgt durch dieses Attribut. Die Angaben haben in der Bundleclass-Notation zu erfolgen (siehe Abschnitt 4.1.4).
label	HandledMenuItem, DirectMenuItem	Der hier angegebene Text erscheint als Beschriftung im Menü.
tooltip	HandledMenuItem, DirectMenuItem	Auch für Menüs können Tooltips definiert werden, die automatisch erscheinen, wenn man mit der Maus einen Moment auf einem bestimmten Menüpunkt verweilt.
type	HandledMenuItem, DirectMenuItem	Mögliche Werte: PUSH (Standardeinstellung), RADIO oder CHECK. Kann verwendet werden, um Optionen oder Markierungen im Menü unterzubringen.
selected	HandledMenuItem, DirectMenuItem	Wenn das Attribut „type“ entweder mit CHECK oder RADIO initialisiert ist, kann man mit diesem Attribut steuern, ob der entsprechende Menüeintrag selektiert ist. Wenn er selektiert ist, erscheint bei CHECK ein Häkchen an der Position, an der sonst das Icon erscheinen würde. Wird der RADIO-Typ verwendet, erscheint anstelle des Häkchens ein kleiner Kreis, wie man ihn von Optionsfeldern her kennt.
iconURI	HandledMenuItem, DirectMenuItem	Neben dem Beschriftungstext kann einem Menüeintrag optional auch ein Icon zugewiesen werden. Die Angabe des Pfads zum Icon ist in der Platform-Notation zu hinterlegen (siehe auch hierzu Abschnitt 4.1.4). Das Icon wird nicht angezeigt, wenn das Attribut „ type“ mit dem Wert „RADIO“ oder „CHECK“ anstelle „PUSH“ belegt ist und das Attribut „selected“ den Wert true besitzt. In diesem Falle wird ein Häkchen (CHECK) oder ein ausgefüllter Kreis (RADIO) anstelle des Icons dargestellt.

Tabelle 4.6: Die wichtigsten Attribute für Menüeinträge

4.2.7 Window Trims und ToolBars

Die wichtigsten und am meisten genutzten Funktionen einer Anwendung werden oftmals nicht nur über Menü bereitgestellt, sondern stehen darüber hinaus auch in Toolbars zur Verfügung. Damit kann ein Zugriff auf eine bestimmte Funktion viel schneller erfolgen. Toolbars findet man heutzutage in nahezu jeder Anwendung, egal ob in der klassischen Form oder in der modernen Ribbons-Variante von Microsoft, wie Abbildung 4.16 zeigt.

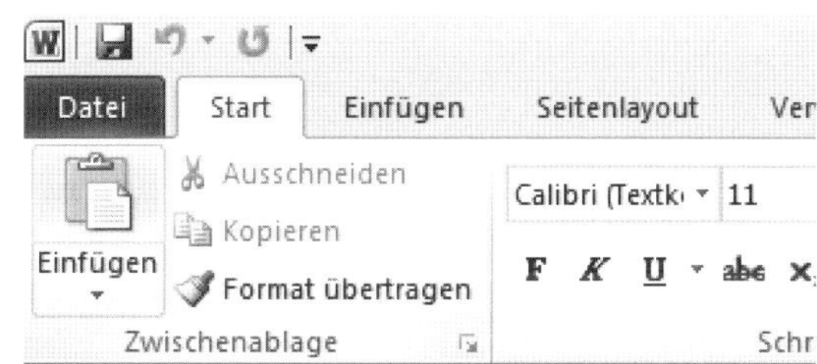

Abbildung 4.16: Toolbars im Vergleich

Toolbars in der klassischen Form lassen sich auch mit der Eclipse 4 Application Platform auf Basis von SWT erstellen. Für die Ribbon-Variante gibt es derzeit noch kein offizielles, stabiles Pendant für SWT – auch wenn im Rahmen des Nebula-Projekts (der Ort an dem neue Komponenten für SWT entstehen) daran gearbeitet wird.

Window Trims im Anwendungsfenster

Toolbars können entweder im Anwendungsfenster selbst oder in den einzelnen Parts untergebracht werden. Zur Realisierung von Toolbars im Anwendungsfenster ist es zwingend erforderlich, dass dieses vom Typ MTrimmedWindow ist. Ein TrimmedWindow stellt im Anwendungsfenster oben, unten, links und rechts spezielle Bereiche (sogenannte Trims) zur Verfügung, in denen Toolbars, Statusleisten oder andere Controls untergebracht werden können. Diese Trim-Bereiche werden im Application Model im Tag <trimBars> direkt im entsprechenden Anwendungsfenster erfasst. Der grafische Application Model Editor zeigt die verschiedenen Trim-Bereiche des Anwendungsfenster in einer eigenen Kategorie mit dem Titel „TrimBars“ an. Ein Window Trim kann aus einer ToolBar oder aus einem ToolControl bestehen, außerdem kann man durch das Attribut „side“ bestimmen, an welcher Position im Anwendungsfenster der Trim dargestellt werden soll. Mögliche Werte für side sind: top, bottom, left und right. Mithilfe von ToolBar und dem side-Attributwert „left“ ist es also möglich, eine Toolbar zu erzeugen, die sich im linken Trim-Bereich des Anwendungsfensters einhängt. Durch ein ToolControl, das in den untersten Trim-Bereich (side=bottom) untergebracht wird, ließe sich eine Statuszeile realisieren. Insbesondere ToolControls bieten dem Entwickler somit Möglichkeiten, die weit über das einfache Erstellen von Toolbars hinausgehen.

ToolBars

Die Umsetzung von ToolBars erfolgt ähnlich der Definition von Menüs. Man beginnt mit dem Hinzufügen eines ToolBar-Elements in den <trimBars>-Bereich des Anwendungsfensters. Die Toolbar-Elemente selbst gibt es auch in verschiedenen Ausprägungen: HandledToolItems, DirectToolItems, ToolControls und Separators. HandledToolItems und DirectToolItems verhalten sich genauso wie HandleMenuItems und DirectMenuItems: Ein HandledToolItem bezieht sich über das Attribut „command" auf ein Command, ein DirectToolItem ist über das Attribut „contributionURI" direkt mit seiner Handler-Klasse verbunden. ToolControls lassen sicht nicht nur als eigenständige TrimBar in einen Window Trim-Bereich ablegen (siehe nächster Abschnitt), sondern auch auf eine ToolBar legen. Damit ist es möglich, auch andere Controls als einfache Knöpfe mit Icon in einer ToolBar unterzubringen, zum Beispiel eine ComboBox. Separators dienen schließlich dazu, auch in ToolBars Trennstriche einzufügen, damit hier logisch zusammengehörende Funktionen gruppiert werden können.

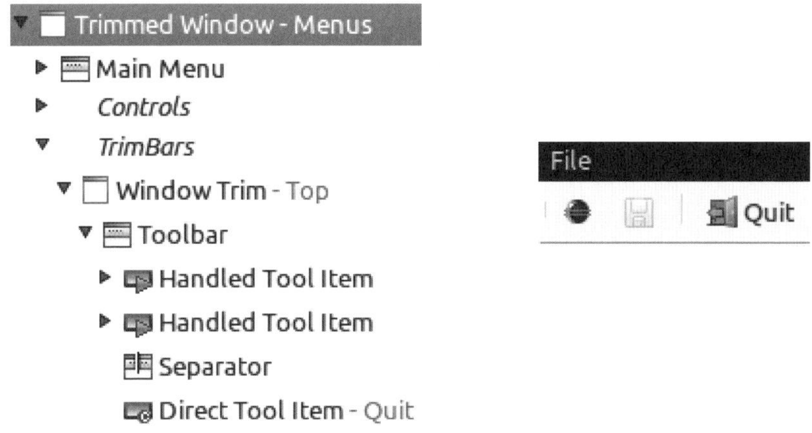

Abbildung 4.17: ToolBar im Application Model Editor und zur Laufzeit

In Abbildung 4.17 sieht man, wie eine ToolBar, die an einem Anwendungsfenster vom Typ MTrimmedWindow hängt, im Application Model Editor dargestellt wird, daneben wie diese ToolBar zur Laufzeit der Anwendung dargestellt würde. Das nachfolgende Listing, selbstverständlich muss dieses nicht manuell abgetippt werden, sondern kann mit dem Application Model Editor mit wenigen Mausklicks erstellt werden, zeigt den daraus resultierenden XML-Code. Das Attribut „side" ist hier zwar mit dem Wert „top" befüllt, da es sich bei „top" jedoch um die Standardeinstellung handelt, könnte das side-Attribut an dieser Stelle auch wegfallen. Beim genauen Blick auf das Listing fällt außerdem auf, dass der TrimBars-Bereich im Application Model ein Container-Element darstellt, da alle ToolBars, die in diesem Bereich untergebracht werden, Kind-Elemente sind. Das Gleiche gilt für die ToolBar selbst, alle Elemente die in der ToolBar untergebracht sind, sind Kind-Elemente des ToolBar-Containers. Wird bei einem ToolBar-Element, wie im Listing beim

DirectToolItem mit dem Quit-Befehl, das Attribut „label" verwendet, wird dieser Text auch in der ToolBar zur Laufzeit der Anwendung angezeigt, siehe Abbildung 4.17.

```
<trimBars side="top">
  <children xsi:type="menu:ToolBar"
          elementId="toolbar:org.eclipse.ui.main.toolbar">
    <children xsi:type="menu:HandledToolItem"
      iconURI="platform:/plugin/Menus/icons/sample.gif" command="_JgT"/>
    <children xsi:type="menu:HandledToolItem"
      iconURI="platform:/plugin/Menus/icons/save.gif" command="_vvK"/>
    <children xsi:type="menu:ToolBarSeparator" elementId="sep.0"/>


    <children xsi:type="menu:DirectToolItem" elementId="dti.0"
     label="Quit" iconURI="platform:/plugin/Menus/icons/door_out.png"
     contributionURI="bundleclass://Menus/Menus.handlers.QuitHandler"/>
  </children>
</trimBars>
```

Die Attribute von HandledToolItem, DirectToolItem und ToolBarSeparator entsprechen weitgehend denen aus Menü, vergleiche hierzu auch Tabelle 4.4 weiter vorne. Da es sich bei ToolBar-Elemente (außer man implementiert ToolControls) jedoch ausschließlich um Push-Buttons mit einem Icon und optionalen Text handelt, hat das Attribut „type", obwohl vorhanden, hier keine wesentliche Bedeutung.

ToolControls

Mit ToolControls hat man die Möglichkeit, TrimBars (und auch ToolBars, wie im vorangegangenen Abschnitt bereits kurz erklärt) ganz individuell zu erweitern. Mit ToolControls lassen sich beliebige SWT-Komponenten entweder allein oder als Bestandteil einer ToolBar in den Window Trims eines Anwendungsfensters unterbringen. So ist es beispielweise möglich, eine ToolBar mit einer ComboBox zu erstellen, in der die Programmsprache ausgewählt werden kann. Im Eclipse-Umfeld selbst ist zum Beispiel das neue QuickAccess-Eingabefeld in der ToolBar mithilfe eines ToolItems realisiert worden. Dieser QuickAccess lässt beliebige Eingaben zu und listet im Anschluss alle Befehle und Optionen, die Eclipse passend zu dem eingegebenen Suchbegriff gefunden hat. Ein weiteres Feature, das derzeit noch in Entwicklung ist und mit einer der nächsten Versionen sicherlich veröffentlicht werden wird, ist ein nativer auf e4 basierender PerspectiveSwitcher, der sich im Rahmen eines ToolItems ebenfalls an eine beliebige Trim-Position im Anwendungsfenster einklinken lassen wird. Um besser zu verstehen, wie eigene ToolControls realisiert werden können, wird im Folgenden beschrieben, wie man eine ComboBox, mit der sich Programmaktionen durchführen lassen, in einem separaten Trim-Bereich als ToolControl einfügen kann. Das folgende Listing zeigt, wie man das ToolControl im Application Model einträgt. Es kann entweder als eigenständiges „trimBars"-Element registriert werden, oder man kann ein ToolControl auch als ToolBar-Element zu einer bestehenden ToolBar hinzufügen. Das wichtigste Attribut von ToolControl ist sicherlich „contributionURI", dieses verweist auf die eigentliche Implementierungsklasse. Selbstverständlich ist auch das Anlegen und Bearbeiten von ToolControls mit dem Application Model Editor auf grafische Weise möglich.

```
<trimBars elementId="menus.trimbar.1">
  <children xsi:type="menu:ToolControl" elementId="toolcontrol.0"
    contributionURI="bundleclass://Menus/
                              net.teufel.e4.menu.ComboBoxToolItem"/>
</trimBars>
```

Bei der Implementierung des ToolItems selbst müssen einige Regeln beachtet werden. Ein ToolItem bekommt von der Eclipse 4 Application Platform (natürlich über Dependency Injection) ein SWT-Composite übergeben, auf dem die Widgets platziert werden können, die im Rahmen des ToolItems dargestellt werden sollen. Bei der Implementierungsklasse selbst handelt es sich um ein POJO. Der Name der Methode, die das Composite vom Framework erhält und befüllt, kann frei gewählt werden. Wichtig ist an dieser Stelle nur, dass dieses mit der Annotation @PostConstruct markiert wird, damit e4 einen Einsprungspunkt findet, wenn alle Dependency Injection-Vorgänge abgeschlossen sind.

```
public class ComboBoxToolItem {
  @PostConstruct
  void createWidget(final Composite parent, final ECommandService
          commandService, final EHandlerService handlerService ) {

    final Composite composite = new Composite(parent, SWT.NONE);
    composite.setLayout(new GridLayout());
    final Combo combo = new Combo(composite, SWT.READ_ONLY);
    GridDataFactory.fillDefaults().hint(130, SWT.DEFAULT).applyTo(combo);
    String comboBoxEntries[] = { "OPEN", "QUIT" };

    combo.setItems(comboBoxEntries);
    combo.addSelectionListener( new SelectionAdapter() {
      @Override
      public void widgetSelected(SelectionEvent e) {
        switch (combo.getText()) {
          case "OPEN":
            handlerService.executeHandler(
               commandService.createCommand("Menus.open", null));
            break;
          case "QUIT":
            handlerService.executeHandler(
          commandService.createCommand("org.eclipse.ui.file.exit", null));
            break;
        }
      }
    });
  }
}
```

Diese sehr einfache Implementierung eines ToolControls erzeugt eine ComboBox mit den Einträgen „OPEN“ und „QUIT“ und sorgt bei der Auswahl einer dieser beiden Optionen dafür, dass der entsprechende Handler aufgerufen wird. Wie man sieht, gelangt nicht nur das Parent-Composite, auf dem die ComboBox gesetzt wird, mithilfe von Dependency Injection in das Objekt, sondern ebenso CommandService und HandlerService. Mithilfe dieser beiden Services werden die entsprechenden Commands ausgeführt. Wie an allen Stellen in e4, wo Dependency Injection zur Verfügung steht, kann man auch hier auf alle Objekte zugreifen, die im EclipseContext hinterlegt sind. Dazu gehören neben CommandService und HandlerService unter anderem auch der ModelService und Application Model-Objekte wie MApplication, sodass bei Bedarf auch hier das Application Model durchsucht, verändert und erweitert werden könnte. Die Abbildung 4.18 zeigt die ComboBox in Aktion.

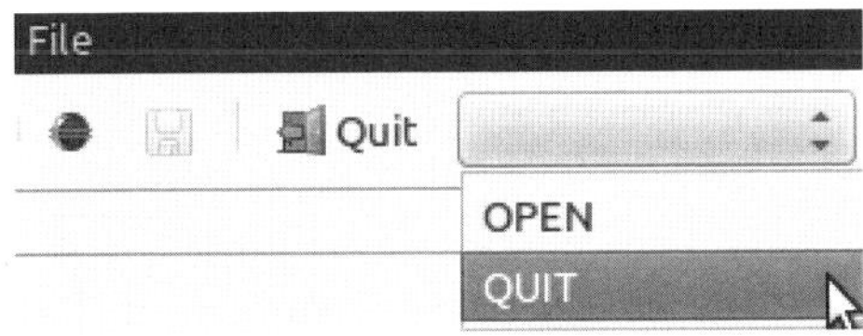

Abbildung 4.18: Das ToolItem mit der ComboBox in der laufenden Anwendung

ToolBar in Parts

Meistens werden ToolBars im Haupt-Anwendungsfenster untergebracht. Speziell im Eclipse-Umfeld, wo einzelne Programmteile in Form eigener, unabhängiger Views beziehungsweise Parts umgesetzt sind, besitzen oft auch Parts eigene ToolBars.

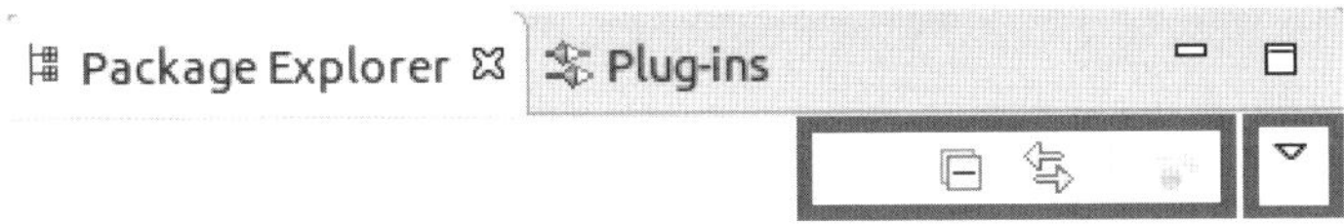

Abbildung 4.19: ToolBars in Parts

Der Package Explorer in der Eclipse IDE ist ein gutes Beispiel dafür, wie ein Part mit integrierter ToolBar aussehen kann. Abbildung 4.19 zeigt die ToolBar, der nach unten zeigende Pfeil ist kein Bestandteil der eigentlichen ToolBar. Dieser wird automatisch vom e4-Framework hinzugefügt, wenn ein sogenanntes „ViewMenu“ für diesen Part registriert wurde, siehe hierzu auch Abschnitt 4.2.6. ToolBars in Parts können, wie alle Elemente, die Bestandteile eines Application Models werden können, entweder über den grafischen Application Model Editor eingefügt werden oder manuell mithilfe von XML. Das Hinzufügen einer ToolBar zu einem Part mit dem grafischen Editor ist jedoch gewöhnungsbedürftig, denn obwohl es kein Modell-Attribut „ToolBar“ für Parts gibt, erscheint dieses im Application Model Editor, und ein Aktivieren dieses Schalters bewirkt, dass eine ToolBar hinzugefügt wird. Schaltet man auf die XML-Darstellung um, findet sich jedoch keinerlei „ToolBar"-Attribut. Stattdessen fügt der Editor ein neues Kind-Element vom Typ <toolbar> in den Part-Container ein. In einem Part kann allerdings nur eine ToolBar eingefügt werden, demnach darf das <toolbar>-Element nur einmal verwendet werden. Bei der weiteren Ausgestaltung der ToolBar gibt es keine weiteren Einschränkungen mehr. Ganz wie bei globalen ToolBars für das Anwendungsfenster kann auch eine ToolBar in einem Part Menü-Elemente vom Typ HandledToolItem, DirectToolItem, Separator und sogar ToolItem aufnehmen. Das folgende Listing zeigt, wie man eine ToolBar mit drei Einträgen zu einem Part hinzufügen kann:

```
<children xsi:type="basic:Part" elementId="menus.part.0"
  contributionURI="bundleclass://Menus/net.teufel.e4.menu.SimplePart"
  label="SimplePart">


  <toolbar elementId="menus.toolbar.0">

    <children xsi:type="menu:HandledToolItem"
              elementId="handledtoolitem.0"
              iconURI="platform:/plugin/Menus/icons/save_edit.gif"
              command="_vvKHU07MEeGTE_8QcuPGXg"/>

    <children xsi:type="menu:ToolBarSeparator" elementId="separator.0"/>

  </toolbar>
</children>
```

Toolbar Contributions

Genauso wie mit Menu Contributions Menüs erweitert werden können, ist dies auch mit Toolbar Contributions möglich. Toolbar Contributions werden im Application Model Editor auf gleicher Ebene wie Menu Contributions dargestellt, besitzen jedoch eine eigene Kateogrie. Es können beliebig viele Toolbar Contributions angelegt werden. In jeder Contribution hat man die Möglichkeit, ToolBar-Einträge zu hinterlegen, wobei auch hier HandledToolItems, DirectToolItems, Separators und ToolItems verwendet werden dürfen. Die wichtigsten Attribute von Toolbar Contribution (das Gleiche gilt auch für Menu Contributions) sind „parentId" und „positionInParent". Letzteres Attribut wird im grafischen Application Model Editor „Parent-Id" bezeichnet. Im Attribut „parentId" gibt man die „elementId" des Menüs an, zu dem man hinzufügen möchte. Mit dem Attribut „positionInParent" kann man bestimmen, an welcher Position die Contribution eingefügt werden soll. Einfluss auf die Position kann dabei unter Berücksichtigung folgender Syntax genommen werden:

- after=<elementId> des ToolBar-Eintrags, nach dem eingefügt werden soll
- before=<elementId> des Eintrags, vor dem eingefügt werden soll

```
<toolBarContributions elementId="toolbarcontribution.0"
  parentId="menus.toolbar.0"
  positionInParent="after=handledtoolitem.0">

  <children xsi:type="menu:DirectToolItem" label=""
    iconURI="platform:/plugin/Menus/icons/door_out.png"
    contributionURI="bundleclass://Menus/Menus.handlers.QuitHandler"/>

</toolBarContributions>
```

Das Listing zeigt, dass sich die Toolbar Contribtion in die ToolBar „menus.toolbar.0“ (siehe vorangegangenes Listing) einfügt. Ferner ist ein Beispiel für die Verwendung des After-Schlüsselwortes zur Bestimmung der Position zu sehen. Abbildung 4.20 schließlich zeigt die grundlegende ToolBar mit Toolbar Contribution in der laufenden Anwendung. Das Aussehen ist noch nicht optimal, kann mithilfe von CSS jedoch weiter aufgewertet werden. Eine Beschreibung zu CSS findet sich in Kapitel 7.

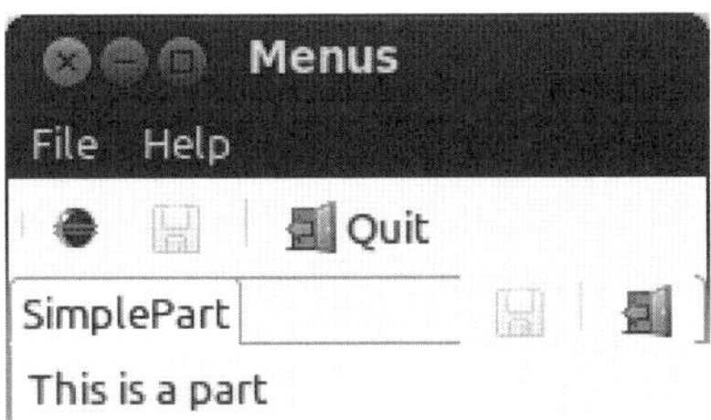

Abbildung 4.20: Die ToolBar von Parts wird stets im rechten Bereich angezeigt

4.3 Nicht visuelle Elemente

Im Application Model einer typischen e4-Anwendung befinden sich sowohl visuelle als auch nicht visuelle Elemente. Dieser Abschnitt gibt einen Überblick über die nicht visuellen Elemente und zeigt deren Verwendung.

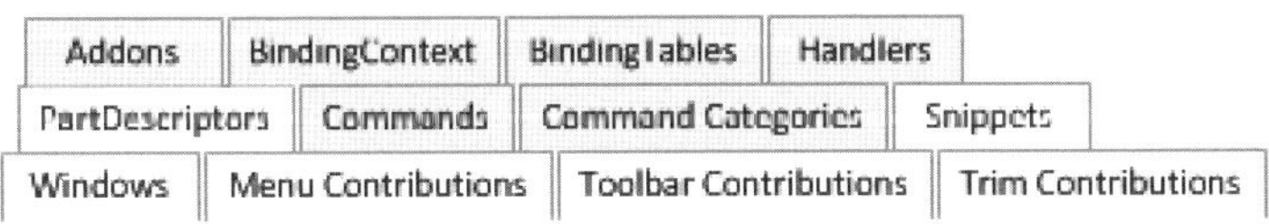

Abbildung 4.21: Bereiche für nicht visuelle Elemente im Application Model

Die meisten nicht visuellen Elemente sorgen dafür, dass Aktionen, die beispielsweise durch ein Menu oder eine ToolBar ausgelöst werden, auch tatsächlich durchgeführt werden. Somit dienen diese Elemente, allen voran Handler, als Schnittstelle zwischen visuellen Elementen im Application Model und dem auszuführenden Code in der Anwendung.

Mit nicht visuellen Elementen wie BindingContext und BindingTables kann man außerdem Tastenkombinationen festlegen, ebenfalls zum Ausführen einer bestimmten Aktion. Commands schließlich halten alles zusammen. Indem man ein Command erzeugt und dieses mit einem Handler und einem Eintrag aus der Binding Table verknüpft kann man dieses anschließend sowohl an ein Menü (HandledMenuItem) oder an ein Toolbar-Item (HandledToolItem) binden. Commands sind sozusagen das Bindeglied, das Toolbars, Menü, Handler und die zugehörigen Tastenkombinationen zusammenhält.

4.3.1 Handler

Wie man in den Abschnitten 4.2.6 und 4.2.7, in denen es um Menüs und Window Trims/ ToolBars ging, bereits lesen konnte, mündet jede Menüaktion immer im Ausführen eines Handlers. Die Handler-Implementierung ist vom Entwickler zu programmieren. In der Handler-Klasse wird die Methode, die den eigentlichen Handler-Code enthält, mit der speziellen Annotation @Execute markiert. Optional kann man in einem Handler eine weitere Methode einfügen, die einen boolean-Wert zurückliefert und mit @CanExecute markiert wird. Das e4-Framework wird die mit @CanExecute markierte Methode immer dann aufrufen, wenn es das entsprechende Menü beziehungsweise die zugehörige ToolBar rendert, um festzustellen, ob der Menüeintrag aktiv (dann gibt die Methode true zurück) oder inaktiv dargestellt werden soll. Code-Beispiele für Handler finden sich bereits weiter vorn in diesem Kapitel, zum Beispiel in Abschnitt 4.2.3.

Handler müssen nicht zwingend im Application Model eingetragen sein. Verwendet man in Menü und ToolBars beispielsweise DirectMenuItems oder DirectToolItems, erfolgt hier schon über das Attribut „contributionURI“ eine direkte Verbindung mit der zugehörigen Handler-Klasse. Erst wenn Handlers in Verbindung mit Commands verwendet werden sollen, dann müssen auch Handler im Application Model eingetragen werden. Commands werden niemals direkt mit dem Handler verbunden, hierfür sieht das Application Model ein eigenes Element vor, das direkt unterhalb von <application> untergebracht wird. So ist für jeden Handler, der mit einem Command verknüpft werden soll, ein eigener <handlers>-Eintrag zu erzeugen. Die wichtigsten Attribute hier sind „contributionURI“, welches auf die Handler-Klasse verweist und, wie immer, in der Bundleclass-Notation anzugeben ist. Das zweite wichtige Attribut ist „command“. Hier findet sich die XMI:ID des Command-Objekt, mit dem der Handler verbunden wird.

Das nachfolgende Listing zeigt die Definition von vier Handlers, die mit jeweils einem Command verknüpft werden. Der grafische Application Model Editor bietet natürlich auch hier wieder hervorragende Möglichkeiten, die entsprechenden Einträge im Application Model bequem mit wenigen Mausklicks zu erledigen. Im grafischen Editor erscheinen die Handler-zu-Command-Verknüpfungen in der Rubrik „Handlers“ auf oberster Ebene.

```
<handlers command="_vvJgSu"
  contributionURI="bundleclass://Menus/Menus.handlers.QuitHandler" />
<handlers command="_vvJgTu"
  contributionURI="bundleclass://Menus/Menus.handlers.PrintHandler" />
<handlers command="_vvKHUO"
  contributionURI="bundleclass://Menus/Menus.handlers.SaveHandler" />
<handlers command="_vvKHU"
  contributionURI="bundleclass://Menus/Menus.handlers.AboutHandler" />
```

4.3.2 Commands

Einen Handler kann man entweder direkt an eine Menü- oder Toolbar-Aktion hängen oder man geht den flexibleren Weg über Commands. Arbeitet man mit HandledMenuItems beziehungsweise mit HandledToolItems, werden Handler-Klassen nicht mehr direkt mit dem Menü beziehungsweise der ToolBar verknüpft, stattdessen verweist man auf ein Command. Das mag auf den ersten Blick kompliziert und aufwendig erscheinen, auf den zweiten Blick stellt man jedoch fest, dass ein solches Vorgehen hilft, Redundanzen zu vermeiden. Eine allgemeine Aktion wie beispielsweise „Programm verlassen" oder „Drucken" kann, wie man in den vorangegangenen Abschnitten gesehen hat, von verschiedenen Stellen im Application Modell getriggert werden. Würde man hier an jeder Stelle eine direkte Verknüfung mit dem Command schaffen, verstreut man den Aufruf ein und derselben Handler-Klasse im ungünstigsten Falle über das gesamte Application Model. Möchte man später zum Beispiel die QuitHandler-Klasse, welche die „Programm verlassen"-Aktion abbildet, umbenennen, muss im Anschluss das gesamte Application Model nach Elementen mit einer „contributionURI" durchsucht werden, die auf die Handler-Klasse verweist. Im Anschluss müsste der Verweis zur Handler-Klasse möglicherweise an vielen Stellen im Application Model angepasst werden.

Abbildung 4.22: Handler, die mit Commands verknüpft sind, helfen Redundanzen im Application Model zu vermeiden

Mit Commands hat man die Möglichkeit, an einer Stelle im Application Model eine Verknüpfung von Handler mit Command vorzunehmen (siehe hierzu Abschnitt 4.3.1). In den einzelnen Menüs und ToolBars wird nun nicht mehr die Handler-Klasse referenziert, sondern lediglich das auszuführende Command. Befindet sich die Aktion zum Verlassen des Programm beispielsweise in einem Menü und in einer ToolBar, würden beide auf das gleiche Command verweisen und damit auch auf den gleichen Handler. Bei einer späteren Anpassung von Handler muss nur noch an einer Stelle im Application Model geändert werden, nämlich da, wo die Verknüpfung zwischen Handler und Command hinterlegt ist. Dieses Vorgehen minimiert somit Redundanzen und schafft Struktur im Application Model. Ein weiterer wichtiger Vorteil von Commands ist, dass nur diese mit Tastaturkommandos ausgestattet werden können.

Die Definition von Commands im Application Model ähnelt der Definition von Handlers. Es können beliebig viele <commands>-Elemente eingetragen werden. Im Modell werden diese wie <handlers> auf oberster Ebene direkt unter <application> platziert. Ein Command-Ojekt setzt sich lediglich aus seiner XMI:ID (wird automatisch vom Application Model Editor vergeben), einer elementId und einem commandName zusammen. Zu beachten ist auf jeden Fall, dass die Verknüpfung Handler ./. Command nicht im <commands>-Element erfolgt, sondern hierfür ausschließlich das im letzten Abschnitt beschriebene <handlers>-Element vorgesehen ist.

```
<commands xmi:id="_vvJgSu" elementId="org.ecluise.ui.file.exit"
commandName="quitCommand"/>
<commands xmi:id="_ vvJgTu" elementId="org.ecluise.ui.file.print"
commandName="printCommand"/>
```

4.4 Programmatischer Zugriff

In den bisherigen Beispielen wurde das Application Model hauptsächlich deklarativ und zur Entwicklungszeit bearbeitet. Einer der Hauptvorteile des Konzepts „Application Model" ist jedoch der programmatische Zugriff auf dasselbe. So ist es über eine konsistente API möglich, sämtliche bisher beschriebenen Elemente programmatisch zu erzeugen, mit anderen Elementen zu verknüpfen (beispielsweise einen Part in einen PartStack einfügen), sowie alle verfügbaren Attribute zu modifizieren. Theoretisch könnte man also gänzlich auf die deklarative Definition des Modells verzichten und den Aufbau einer Anwendung vollständig programmatisch vornehmen. Die deklarative Technik im Zusammenspiel mit dem Application Model Editor bietet aber gerade bei großen Modellen eine deutlich bessere Übersicht. Daher ist es ratsam, das Modell wie beschrieben zu definieren, und nur dynamische Änderungen programmatisch vorzunehmen.

Da es sich beim Application Model um ein EMF-Modell handelt, werden sich Programmierer mit Erfahrung in EMF hier schnell zurechtfinden. Das Modell unterstützt sämtliche EMF-Features und Utilities. Damit kann beispielsweise auf Änderungen im Modell reagiert, Objekte können einfach kopiert und die Hierarchie des Modells durchlaufen werden. Da eine Beschreibung der Funktionalität von EMF den Rahmen dieses Kapitels sprengen würde, sollen hier nur die Grundlagen beschrieben werden. Es sei an dieser Stelle auf entsprechende Ressourcen verwiesen [1].

Um Elemente aus dem Application Model programmatisch zu bearbeiten, müssen auf diese zunächst zugegriffen werden. Dies geschieht in e4 über Dependency Injection, mehr dazu in Kapitel 5. Anschließend können Elemente wie gewöhnliche Java-Klassen über

Getter- und Setter-Methoden bearbeitet werden. Änderungen am Modell sind dabei sofort in der UI sichtbar. Die zugreifbaren Attribute sind identisch mit denen, die im deklarativen Modell verfügbar sind. Folgendes Beispiel zeigt die Implementierung eines Handlers, der das aktuelle Anwenungfenster auf eine definierte Größe zurücksetzt.

```
@Execute
public void execute(MTrimmedWindow window){

    window.setHeight(480);
    window.setWidth(640);
}
```

Über entsprechende Getter-Methoden kann analog auf alle Atribute zugegriffen werden, folgendes Beispiel verdoppelt etwa die Breite des aktuellen Fensters:

```
window.setWidth(window.getWidth()*2);
```

Neben dem Modifizieren existierender Elemente können auch programmatisch neue Elemente hinzugefügt werden. Elemente werden in EMF immer über entsprechende Factories erzeugt, die Konstruktoren der Entitäten sind nicht zugreifbar.

Die verschiedenen Typen von Modellelementen sind auf entsprechende Factories aufgeteilt, eine Übersicht aller Factories findet sich am Ende dieses Kapitels. Auf jede Factory lässt sich statisch über das Feld INSTANCE zugreifen und bietet Methoden für die erzeugbaren Elemente an. Im folgenden Beispiel wird über die MBasicFactory ein neues Fenster erzeugt:

```
MBasicFactory.INSTANCE.createTrimmedWindow();
```

Nach dem Erzeugen eines neuen Elements muss dieses in das bestehende Application Model eingefügt werden. Wird dieser Schritt ausgelassen, bleibt das neue Element für die Anwendung unsichtbar. Erst zum Zeitpunkt, in dem das Element an entsprechender Stelle eingefügt wird, wird es gegebenenfalls mit einem eigenen Context ausgestattet, sowie auf dem Bildschirm gerendert. Referenzen zwischen Elementen, beispielsweise eine Referenz von dem Element MApplication auf seine Commands, sind in EMF als Listen abgebildet. Diese Listen lassen sich über eine entsprechende Getter-Methode abrufen und mit den gewohnten Methoden aus der Java Collection-API (add, remove, move und so weiter) bearbeiten. Folgendes Beispiel zeigt das Erzeugen eines neuen Fensters, welches in die bestehende Anwendung eingefügt wird. Zu diesem Zeitpunkt (letzte Zeile) öffnet sich in der laufenden Anwendung ein zweites Fenster.

```
@Execute
public void execute(MApplication application) {

   MTrimmedWindow window = MBasicFactory.INSTANCE.createTrimmedWindow();
   window.setLabel("Neues Fenster");
   window.setHeight(480);
   window.setHeight(640);
   application.getChildren().add(window);
}
```

Der programmatische Zugriff stellt ein mächtiges Werkzeug dar, um das Application Model zur Laufzeit zu verändern, ist aber gleichzeitig konsistent zu der deklarativen Definition gehalten. Alle bisher beschriebenen Eigenschaften des Application Models lassen sich daher direkt auf diese Art des Zugriffs übertragen.

Modell-Klasse	Factories zur Erzeugung
MAddon	MApplicationFactory
MApplication	MApplicationFactory
MArea	MAvancedFactory
MBindingContext	MCommandsFactory
MBindingTable	MCommandsFactory
MCategory	MCommandsFactory
MCommand	MCommandsFactory
MCommandParameter	MCommandsFactory
MCoreExpression	MUiFactory
MDirectMenuItem	MMenuFactory
MDirectToolItem	MMenuFactory
MHandledMenuItem	MMenuFactory
MHandledToolItem	MMenuFactory
MHandler	MCommandsFactory
MInputPart	MBasicFactory (*application.ui.basic)
MKeyBinding	MCommandsFactory
MMenu	MMenuFactory
MMenuContribution	MMenuFactory
MMenuSeparator	MMenuFactory
MModelFragments	MFragmentFactory
MOpaqueMenu	MMenuFactory
MOpaqueMenuItem	MMenuFactory
MOpaqueMenuSeparator	MMenuFactory

MOpaqueToolItem	MMenuFactory
MParameter	MCommandsFactory
MPart	MBasicFactory (*application.ui.basic)
MPartDescriptor	MBasicFactory (*application.ui.descriptor.basic)
MPartSashContainer	MBasicFactory (*application.ui.basic)
MPartStack	MBasicFactory (*application.ui.basic)
MPerspective	MAvancedFactory
MPlaceholder	MAvancedFactory
MPopupMenu	MMenuFactory
MPrespectiveStack	MAvancedFactory
MRenderedMenu	MMenuFactory
MRenderedMenuItem	MMenuFactory
MRenderedToolBar	MMenuFactory
MStringModelFragment	MFragmentFactory
MToolBar	MMenuFactory
MToolBarContribution	MMenuFactory
MToolBarSeparator	MMenuFactory
MToolControl	MMenuFactory
MTrimBar	MBasicFactory (*application.ui.basic)
MTrimContribution	MMenuFactory
MTrimmedWindow	MBasicFactory (*application.ui.basic)
MWindow	MBasicFactory (*application.ui.basic)

Tabelle 4.7: Auflistung Factories zur Erzeugung der einzelnen Modell-Elemente

4.5 Das Application Model erweitern

Einer der Hauptvorteile von Eclipse RCP ist der modulare Aufbau einer Anwendung. Damit ist es möglich, Features als Komponenten unabhängig voneinander zu entwickeln und beispielsweise erst bei Bedarf zu installieren. Klassisches und wohl bekanntestes Anwendungsbeispiel ist die Eclipse Java-IDE selbst, in der mit zusätzlichen Plugins neue Funktionen nachgerüstet werden können. Solche Erweiterungen betreffen häufig auch den Aufbau der Anwendung, insbesondere wenn UI-Elemente, z. B. Buttons oder zusätzliche Views, hinzugefügt werden. In Eclipse 4 wird dieser Aufbau, wie in den letzten Abschnitten beschrieben, durch das Application Model festgelegt. Dieses Modell bietet einen konsistenten Weg, die Anwendung zu definieren. Trotzdem soll es natürlich möglich sein, das Modell über zusätzliche Plugins zu erweitern. In früheren Eclipse-Versionen wurden für diese Zwecke Extension Points verwendet. In Eclipse 4 ist es möglich, hierzu sogenannte Modell-Fragmente anzulegen. Ein Modell-Fragment erweitert immer ein bestehendes Application Model und fügt neue Teile hinzu. Das Fragment gibt dabei an, an welcher Stelle das Modell erweitert werden soll. Auf diese Weise kann das Application Model um alles erweitert werden, was es prinzipiell enthalten kann, also beispielsweise um MenuItems, Handler, Parts oder sogar Windows. Abbildung 4.23 zeigt schematisch ein Beispiel einer Erweiterung. Hierbei wird das Application Model aus dem Plugin „org.eclipse.example.e4" durch ein Modell-Fragment aus dem Plugin „org.eclipse.example.e4.extension" um ein Window, ein Tooltem und um einen Part erweitert. Solche Erweiterungen können alternativ über Processors auch programmatisch erfolgen. Damit kann auf das bereits vorhandene Modell reagiert werden, beispielsweise wird ein Button nur hinzugefügt, wenn bereits eine andere Funktion installiert ist, oder eine existierende Contribution wird vorher entfernt. In den folgenden Abschnitten werden beide Wege beschrieben, das Application Model zu erweitern: Fragments und Processors.

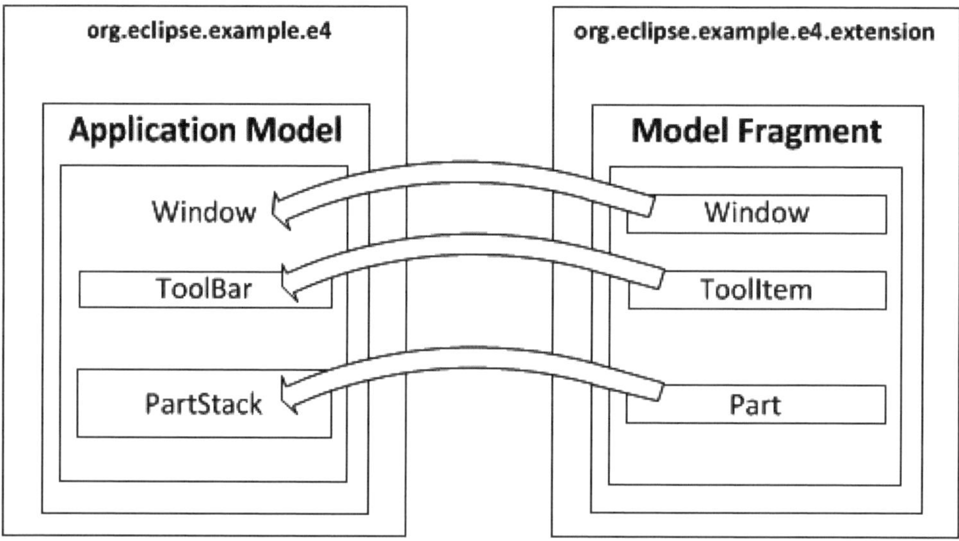

Abbildung 4.23: Das Application Model kann über Fragmente erweitert werden

Teile, die ins Hauptmodell eingefügt werden sollen, werden dann genau so erstellt und mit ihrer Implementierung verbunden, wie in den letzten Abschnitten beschrieben. Die eigentliche Implementierung liegt dann natürlich auch in dem erweiternden Plugin, also im Beispiel in „org.eclipse.example.e4.extension".

4.5.1 Model Fragment

Zunächst sollte ein „Haupt"-Plugin erstellt werden, das erweitert werden kann. Dazu kann auch eines der in der vorangegangen Abschnitten beschriebenen Beispiele verwendet werden. Wichtig ist hierbei nur, dass Elemente im Hauptmodell, die erweiterbar sein sollen, über eine ID verfügen. Über diese ID wird später festgelegt, welches Element erweitert wird. Soll beispielsweise ein neuer Part in einen PartStack hinzugefügt werden soll, muss für diesen auch eine ID vergeben werden. Dazu wird im Application Model auf dem PartStack der Wert ID gesetzt. Des Weiteren wird noch ein zweites Plugin benötigt, das die Erweiterungen vornimmt. Dieses Plugin benötigt folgende zusätzliche Anhängigkeiten:

- org.eclipse.e4.ui.model.workbench
- org.eclipse.e4.core.di
- javax.inject

Ein Model Fragment ist nichts anderes als ein zusätzlicher Teil des Application Model, der von einem anderen Plugin eingefügt wird. Eine Datei, die Model Fragmente enthält, kann über den New-Wizard erzeugt werden (siehe Abbildung 4.24).

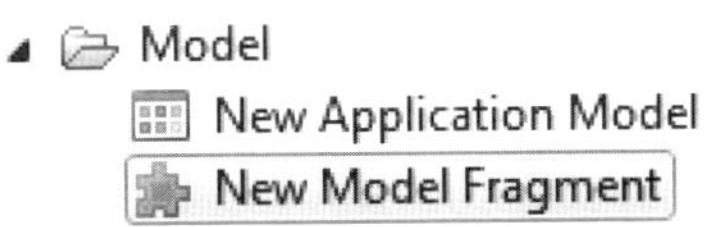

Abbildung 4.24: Anlegen eines neuen Model Fragments

Als Container der Fragmentdatei wird das „Extension"-Plugin ausgewählt, also das Plugin, dass die Erweiterungen enthalten soll. Die Fragmentdatei wird in einem Editor geöffnet, der analog zum Application Model Editor bedient werden kann. Darin wird zunächst ein Model Fragment erstellt. Das Fragment muss nun über die „elementId" und den „Featurename" angeben, welches Element an welcher Stelle im Modell erweitert wird. Im Beispiel soll die Toolbar der Anwendung im Feature „children" um einen neuen Eintrag auf der Toolbar, also um ein ToolItem, erweitert werden (siehe Abbildungen 4.25 und 4.26).

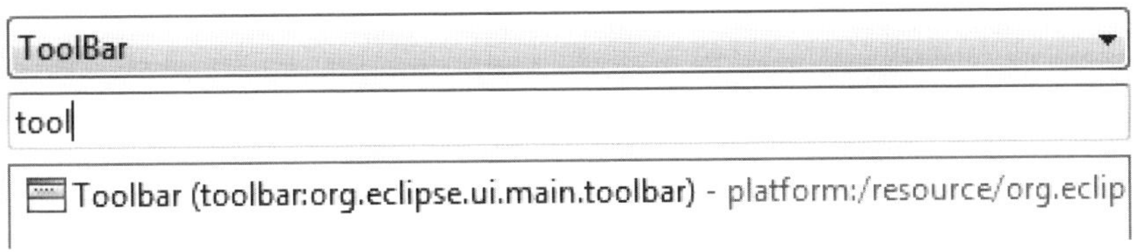

Abbildung 4.25: Auswahl des zu erweiternden Elements

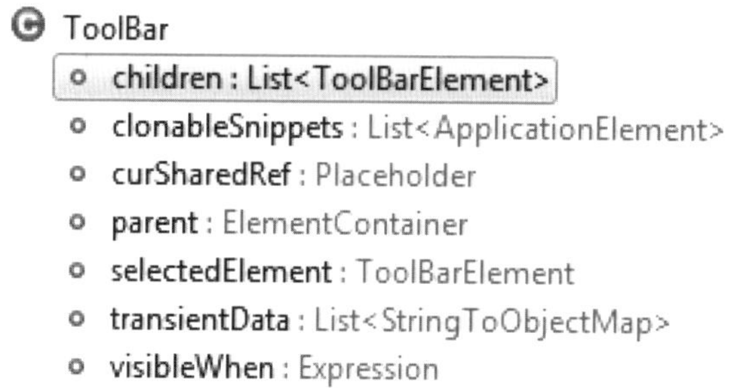

ToolBar

- children : List<ToolBarElement>
- clonableSnippets : List<ApplicationElement>
- curSharedRef : Placeholder
- parent : ElementContainer
- selectedElement : ToolBarElement
- transientData : List<StringToObjectMap>
- visibleWhen : Expression

Abbildung 4.26: Auswahl des zu erweiternden Features

Innerhalb des Fragments kann nun ein DirectToolItem erstellt werden, das später in die ToolBar eingefügt wird. Damit es in der UI sichtbar ist, kann ein Label oder ein Icon angegeben werden. Damit beim Klicken auf das neue ToolItem auch etwas passiert, wird das ToolItem mit einem Beispielhandler verbunden, der eine „Hello Eclipse!"-Nachricht ausgibt (siehe Code Beispiel). Dazu wird die „ClassURI" des DirectToolItems auf die Implementierung des Handlers gesetzt. Die Implementierung des Handlers liegt dabei, wie das Model Fragment selbst, im „Extension"-Plugin:

```
public class MyHandler {
   @Execute
   public void execute(Shell parent) {
      MessageDialog.openInformation(parent, "", "Hello Eclipse!");
   }
}
```

Nun muss das fertige Fragment noch registriert werden, damit Eclipse es beim Starten in das Application Model einfügt. Dazu wird das Fragment an einem Extension Point registriert (siehe Code Beispiel).

```
<extension id="id" point="org.eclipse.e4.workbench.model">
   <fragment uri="fragment.e4xmi"></fragment>
</extension>
```

Zuletzt muss noch dafür gesorgt werden, dass das „Extension"-Plugin mit der Anwendung gestartet wird. Dazu kann es entweder in die Product Configuration oder in die aktuelle Run Configuration eingefügt werden. Zusätzlich sollten die Abhängigkeiten hinzugefügt werden, beispielsweise über den Knopf „Add Required". Nach einem anschließenden Neustart der Anwendung ist das ToolItem aus dem „Extension"-Plugin in der Anwendung sichtbar. Auf die gleiche Weise kann mit Fragmenten jedes beliebige Element in ein bestehendes Application Model eingefügt werden, beispielsweise ein Part in einen existierenden PartStack.

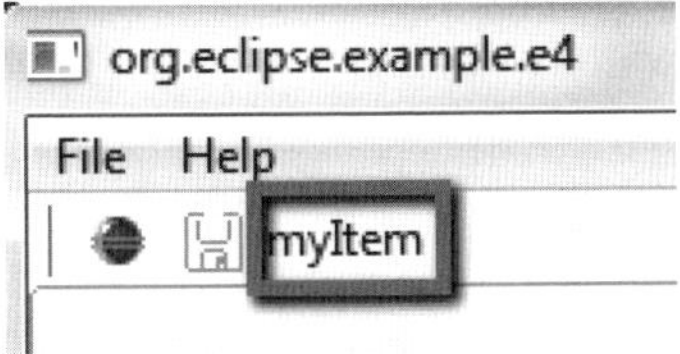

Abbildung 4.27: Das ToolItem aus dem „Extension"-Plugin

4.5.2 Model Processor

Neben dem Anlegen von Modell-Fragmenten kann das Application Model auch programmatisch erweitert werden. Dazu werden in Eclipse 4 sogenannte Processors angeboten. Der Einsatz ist insbesondere sinnvoll, wenn mit Bedingungen auf das schon vorhandene Modell reagiert werden muss oder wenn das existierende Modell modifiziert werden soll. Als Beispiel soll der Anwendung ein neues Fenster hinzugefügt werden, dass sich relativ zum bereits vorhandenen Hauptfenster positioniert. Das neue Fenster soll die gleiche Höhe haben wie das Hauptfenster und direkt links davon positioniert werden. Um den Platz dafür zu schaffen, wird das existierende Hauptfenster nach rechts verschoben. Das folgende Codebeispiel zeigt die konkrete Implementierung des Processors, das Application Model (MApplication) wird als Feld injiziert.

```
public class Processor {
  @Inject
  MApplication application;

  @Execute
  public void execute(){
    MWindow existingWindow = application.getChildren().get(0);
    existingWindow.setX(200);
    MTrimmedWindow newWindow =
              MBasicFactory.INSTANCE.createTrimmedWindow();
    newWindow.setWidth(200);
    newWindow.setHeight(existingWindow.getHeight());
    application.getChildren().add(newWindow);
  }
}
```

Zuletzt muss, wie zuvor das Modell-Fragment, über den gleichen Extension Point registriert werden (siehe Code Beispiel). Nach einem Neustart der Anwendung sollte das zweite Fenster geöffnet werden.

```
<extension id="id" point="org.eclipse.e4.workbench.model">
   <processor beforefragment="true"
      class="org.eclipse.example.e4.extension.Processor">
   </processor>
</extension>
```

Links & Literatur

[1] *http://eclipsesource.com/en/info/emf-tutorial/*

5 Das Programmiermodell

Die Anwendungsentwicklung mit einem Framework wie Eclipse bietet den wesentlichen Vorteil, dass viele Funktionen bereits vorhanden sind und nicht selbst implementiert werden müssen. Man kann sich also von Anfang an mehr auf die Umsetzung der eigenen Anforderungen fokussieren. Diese werden dann Schritt für Schritt, ähnlich wie Bausteine, in das bestehende Ganze eingefügt. Das Framework kümmert sich um das Erzeugen, das Befüllen, das Ausführen und auch das Abbauen eigener Objekte. Damit dieser Ansatz funktioniert, muss es jedoch eine definierte Schnittstelle zwischen dem Framework und den selbst implementierten Klassen geben. Das Eclipse Framework muss konkret wissen, welche Methoden eines eigenen Objekts zu welcher Zeit und mit welchen Parametern aufgerufen werden müssen. Dazu werden in Eclipse 4 im Wesentlichen zwei Konzepte angewandt: das Programmieren mit Annotationen sowie Dependency Injection. Beide Techniken werden in diesem Kapitel dargestellt.

5.1 Einführung

Objekte, die eine Schnittstelle für Eclipse bereitstellen, werden typischerweise in der Benutzeroberfläche angezeigt oder können von dort aufgerufen werden. Beispiele für derartige Objekte sind Views, die innerhalb von Parts in der Workbench angezeigt werden, oder Handler, deren Code nach einer Benutzerinteraktion ausgeführt werden soll. In beiden Fällen muss Eclipse bestimmte Methoden des eigenen Objekts aufrufen. Einfache Beispiele für solche Methoden sind die Initialisierung einer View, in der beispielsweise Listener registriert werden, oder umgekehrt das Schließen einer View, in der diese Listener wieder entfernt werden.

Im Beispiel eines Handlers muss Eclipse wissen, welche Methode das auszuführende Verhalten implementiert. Ein einfacher Weg für ein Framework, entsprechende Methoden zu definieren, ist die Verwendung von Interfaces. In Eclipse 3.x wurde beispielsweise für die meisten Elemente über Interfaces eine Methode dispose() vorgeschrieben, welche beim Abbau eines Objekts, etwa beim Schließen einer View, aufgerufen wird. Das Interface für die Implementierung von Handlern, also von Klassen, die über Menüs oder Toolbar-Einträge ausgeführt werden, definierte beispielsweise eine Methode execute(), in der der auszuführende Code untergebracht werden musste. Dieser Ansatz hatte seine Vorteile, denn er gibt dem Entwickler sehr genau vor, welche Implementierung das Framework von ihm erwartet. Dieser Vorteil ist gleichzeitig auch ein Nachteil. Zum einen müssen teilweise Methoden implementiert werden, obwohl sie gar nicht benötigt werden. Zum anderen sind Namen und Signaturen der Methoden fest vorgegeben. Dies macht Implementierungen komplizierter und vor allem deutlich schwieriger zu testen. Ein gutes Beispiel hierfür ist die Implementierung eines Handlers in Eclipse 3.x. Das Interface sieht für die Implementierung folgende Methode vor:

```
@Override

public Object execute(ExecutionEvent event) throws ExecutionException {
//Hier steht der eigentliche Handler-Code
}
```

Die Übergabe eines eigenen Eventtyps macht das Interface zwar für Erweiterungen flexibel genug, erfordert aber ein sehr umständliches „Auspacken" bei der Implementierung. Sollte beispielsweise die aktuelle Selektion abgefragt werden, waren nicht wenige Codezeilen notwendig:

```
ISelection selection = HandlerUtil.getCurrentSelection(event);

if(selection instanceof IStructuredSelection) {
  Object first = ((IStructuredSelection) selection).getFirstElement();
  MyObject myObject = (MyObject) firstElement;

}
```

Neben der umständlichen Verarbeitung des Events beeinträchtigen vorgegebene Interfaces auch immer die Testbarkeit negativ. Soll nun beispielsweise ein Handler mit JUnit getestet werden, muss zunächst ein ExecutionEvent erzeugt werden und in das benötigte Feld eingefüllt werden. Es entsteht somit doppelter Aufwand, auf der Seite der Implementierung und auf der Seite des Tests. Nicht zuletzt legt ein Interface auch die Verwendung des enthaltenen Source Codes fest, da es Abhängigkeiten auf das zugrunde liegende Framework erzeugt. Gerade im Falle von Handlern könnte der enthaltene Quellcode aber häufig auch in anderem Kontext, beispielsweise für einen programmatischen Aufruf einer Funktion wiederverwendet werden. Da die Wiederverwendung potenziell auch außerhalb einer Eclipse-Anwendung geschehen kann, ist eine Abhängigkeit auf Teile der Eclipse-Workbench schon immer ein Problem gewesen.

Eclipse 4 geht hier einen völlig neuen Weg und verzichtet fast vollständig auf die Vorgabe festgelegter Interfaces. Damit sind die Parameter einer eigenen Methode nicht mehr fest vorgeschrieben, vielmehr kann der Programmierer einer Methode selbst entscheiden, welche Parameter er zur Ausführung benötigt. Eclipse 4 füllt die gewünschten Objekte dann automatisch ein, vorausgesetzt natürlich, sie sind im jeweiligen Kontext vorhanden. Diese sogenannte Dependency Injection wird im nächsten Abschnitt detailliert beschrieben. Durch den Wegfall von festgelegten Interfaces muss es aber nun einen anderen Weg geben, dem Framework mitzuteilen, wann eine bestimmte Methode von außen aufgerufen wird. Dazu werden Methoden, die vom Framework aufgerufen werden sollen, über Annotationen markiert. Diese Annotationen geben im Wesentlichen an, wann das Framework eine bestimmte Methode aktiviert. Im vorherigen Beispiel eines Handlers muss die Methode, die den auszuführenden Code enthält, mit der Annotation @Execute markiert werden. Die Implementierung eines Handlers, der zur Ausführung ein bestimmtes Objekt benötigt, sieht in Eclipse 4 beispielsweise wie folgt aus:

```
@Execute
public void execute(MyObject myObject){
   // Hier steht der eigentliche Handler-Code
}
```

Der Handler muss nicht mehr ein generisches Event verarbeiten, sondern gibt direkt den Parametertyp an, den er zur Verarbeitung benötigt. Die Verwendung von Annotationen und Dependency Injection schafft also minimale Signaturen. Das bedeutet, Objekte und Methoden erwarten als Parameter idealerweise genau das, was sie zur Ausführung benötigen, nicht mehr. Dies verbessert deutlich die Wiederverwendbarkeit und Testbarkeit, da weniger Parameter erzeugt werden müssen. Im Beispiel genügt es nun, ein Objekt zu erzeugen, anstatt dieses aufwendig in ein Event zu verpacken.

Objekte können entweder in Felder einer Klasse, als Parameter des Konstruktors oder als Parameter einer Methode, die vom Framework aufgerufen wird, injziert werden. Im einfachsten Fall werden benötigte Objekte dabei über die Annotation @Inject markiert. Zusätzlich existieren eine Reihe von weiteren Annotationen, die das Verhalten und den Zeitpunkt einer Injection genauer steuern. Im vorherigen Beispiel spezifiziert die Annotation @Execute im Falle des Handlers, dass die markierte Methode bei der Ausführung des Handlers aufgerufen wird und gleichzeitig die dazu benötigten Parameter injiziert werden.

5.2 Der Eclipse Context

Die Verwendung von Dependency Injection scheint intuitiv und praktisch, lässt aber die Frage völlig offen, wo die injizierten Objekte eigentlich herkommen. Woher weiß also das Framework, welche Objekte es an welcher Stelle einfügen soll? Dazu gibt es in Eclipse 4 den sogenannten EclipseContext. Dieser ist eine Art Verzeichnis von Objekten, die zum Injizieren bereitstehen. Technisch gesehen ist dieser Context eine Map von Strings und Objekten. Ohne weitere Angaben wird ein Objekt unter seinem vollständigen Klassennamen gespeichert, beispielsweise org.eclipse.swt.Composite. Wird nun ein Objekt eines bestimmten Typs angefordert, wird der jeweils gültige Kontext durchsucht, ob er ein Objekt des geforderten Typs enthält (siehe Abbildung 5.1). Dieses Objekt wird dann für den Aufruf von Konstruktoren und Methoden oder zum Befüllen eines Feldes verwendet.

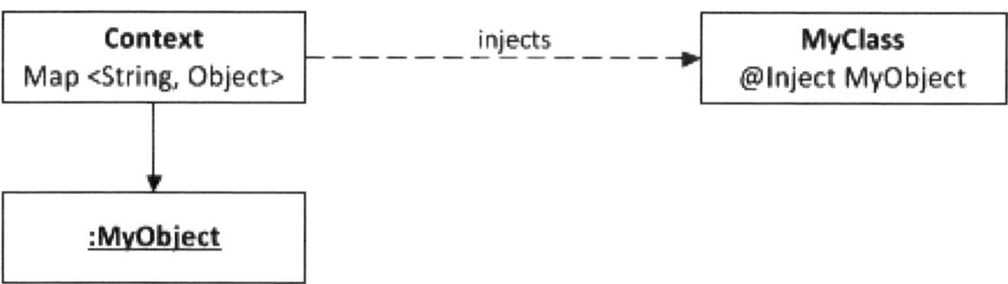

Abbildung 5.1: Dependency Injection mithilfe des EclipseContexts

In Eclipse 4 existiert aber nicht nur ein globaler Context, auf diese Weise wäre es sehr schwierig, das korrekte angeforderte Objekt auszumachen. Im klassischen Beispiel der View, die ein Composite als Parent benötigt, wäre so völlig unklar, welches Composite der Anwendung dies sein soll. Einige Elemente des Application Models haben daher zusätzlich ihren eigenen Context, beispielsweise ein Window, eine Perspective oder ein Part. Diese sind hierarchisch verknüpft: Kann beispielsweise im Context eines Parts kein passendes Objekt gefunden werden, wird an die Perspektive, an das Fenster, an den Workbench Context oder final an den OSGi Context verwiesen. Dieser enthält dann Objekte, die für die ganze Anwendung gültig sind, beispielsweise Services (siehe hierzu auch Kapitel 6).

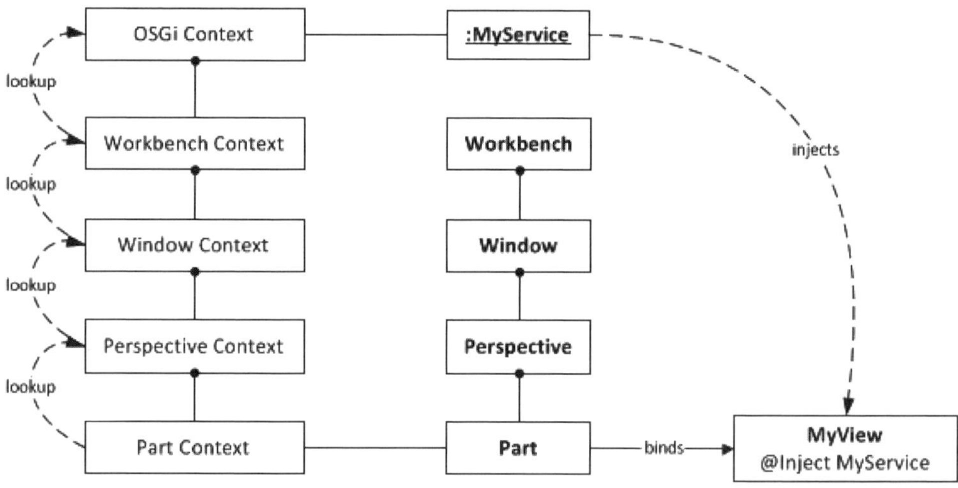

Abbildung 5.2: Der EclipseContext ist hierarchisch aufgebaut

Generell enthält der Context alle Elemente des Application Models, zugreifen kann man entlang der aufsteigenden Hierarchie. So kann man sich beispielsweise aus dem Context eines Parts das Fenster injizieren lassen, in dem der Part enthalten ist.

```
@Inject
public void myMethod(MWindow window) {


}
```

Weiterhin enthält der Context einige dem Application Modell assoziierte SWT-Elemente der jeweiligen Elements, beispielsweise das Composite eines Parts oder die Shell der laufenden Anwendung. Die Eclipse 4 Services sorgen auch dafür, dass bestimmte allgemein zugreifbare Objekte, wie beispielsweise die aktuelle Selection sowie die Eclipse Preferences, im Workbench Context verfügbar sind. Der oberste Context enthält schließlich alle OSGi Services, mehr dazu im Kapitel 6. Nicht zuletzt können auch eigene Objekte in den Context eingefügt werden, mehr dazu ebenso in Kapitel 6.

5.2.1 @Named

Will man nun nicht nur auf einen bestimmten Typ, sondern auf eine bestimmte Instanz eines Typs zugreifen, kann man bei der Injektion auch einen Namen angeben. Dies geschieht über die zusätzliche Annotation @Named, die in Kombination mit @Inject verwendet wird. @Named erlaubt die zusätzliche Angabe eines Strings, der den Namen des zu injizierenden Objekts angibt. In diesem Falle wird nicht mehr nach dem Typ des zu injizierenden Objekts gesucht, sondern nach dem entsprechenden String. Genauer gesagt ist eine Injection ohne @Named nur eine Kurzform, bei der der Typ eines Parameters als Name der zu injizierenden Variable angenommen wird. Umgekehrt werden Objekte im Context ohne weitere Angabe eines Names unter ihrem vollständigen Klassenpfad abgelegt. Im folgenden Beispiel hat @Named also keinen Effekt und kann daher weggelassen werden:

```
@Inject
@Named("org.eclipse.swt.widgets.Composite")
Composite parent;
```

Die in Eclipse 4 bereits enthaltenen Services legen bereits einige Objekte unter speziellen Name in den Context ab, die gültigen Namen finden sich im Interface IServiceConstants. Auf diese Weise kann beispielsweise die aktive Shell injiziert werden.

```
@Inject
@Named(IServiceConstants.ACTIVE_SHELL)
Shell shell;
```

Weiterhin ist es möglich, eigene Objekte unter einem bestimmten Namen im Context abzulegen, siehe dazu ab Abschnitt 5.5.

5.2.2 @Optional

Nun ist es natürlich immer möglich, dass kein Context ein passendes Objekt enthält, das injiziert werden kann. Der Dependency Injection Mechanismus von Eclipse 4 wird in diesem Fall einen Fehler anzeigen, konkret eine Exception werfen. Eine Klasse, die fehlende Parameter im Konstruktor einer Methode oder als Felder benötigt, die nicht injiziert werden können, kann in diesem Fall nicht korrekt initialisiert werden. Einige Parameter werden aber auch nicht in jedem Fall benötigt, beispielsweise die aktive Selection oder bestimmte Services. Für diese Parameter kann die Annotation @Optional verwenden werden. Ist ein so markiertes Objekt nicht im Context verfügbar ist, wird stattdessen „null" injiziert. Wichtig ist natürlich in diesem Falle vor einem Zugriff auf das injizierte Objekt, dieses auf „null" zu überprüfen.

5.2.3 @Active

In bestimmten Anwendungsfällen ist es notwendig, nicht nur auf einen bestimmten Typ eines Elements aus dem Application Model zuzugreifen, sondern auf das gerade aktive Element. Mit der Annotation @Active wird der gerade aktive Context für die Injection genutzt. So kann beispielsweise ein Handler auf den aktiven Part zugreifen.

```
@Execute
public void save(@Active MPart part) {
   partService.save(part);
}
```

5.3 Objekte injizieren

Im einfachsten Fall wird die Injection über die Annotation @Inject ausgelöst, diese kann vor einzelnen Parametern, vor Methoden, vor dem Konstruktor oder vor Feldern einer Klasse platziert sein. Markiert man eine Methode oder einen Konstruktor mit @Inject, werden alle ihre Parameter injiziert. Die Suche nach dem passenden Objekt richtet sich dabei, ohne weitere Angaben über @Named, nach dem entsprechenden Typ des Parameters oder Feldes. Alle weiteren, später vorgestellten Annotations steuern den genauen Zeitpunkt der Injection, verhalten sich aber prinzipiell wie @Inject.

Eine entscheidende Rolle spielt die Reihenfolge der Injektion. Wird eine Klasse instanziiert, beispielsweise eine View, wird zunächst der Konstruktor aufgerufen und dessen Parameter injiziert. Direkt im Anschluss werden Felder befüllt. Es kann also im Konstruktor noch nicht auf injizierte Felder zugegriffen werden. Parameter von Methoden werden injiziert, wenn diese Methoden vom Framework aufgerufen werden. Mit @Inject markierte Methoden werden zusätzlich beim Initialisieren des Objektes aufgerufen, also nach dem Konstruktor und den Feldern. Ändert sich das injizierte Objekt im Context, wird es erneut injiziert. Dabei werden Methoden erneut ausgeführt, wenn sich die injizierten Werte ändern.

5.3.1 Konstruktoren

Konstruktoren sollten Parameter enthalten, die für die Existenz eines Objekts essenziell sind. Jeder unnötige Parameter schränkt die Wiederverwendungsmöglichkeiten und vor allem die Testbarkeit eines Objekts ein. Insbesondere Initialisierungen eines Objekts sollten in eigene Methoden ausgelagert werden, die erst nach dem Konstruktor aufgerufen werden. Ein typisches Beispiel für Dependency Injection im Konstruktor ist das Injizieren des Parents für einen Part, wie es bereits in Kapitel 4 beschrieben wurde. Da die View im Context eines Parts aus dem Application Model initialisiert wird, ist die Angabe des Typs Composite in diesem Fall eindeutig.

```
@Inject
public void MyView(Composite parent){
  //Die View auf dem Parent implementieren


}
```

5.3.2 Felder

Nach dem Konstruktor einer Klasse werden deren Felder injiziert. Ein typischer Anwendungsfall ist das Injizieren von Services, die in der Klasse global verfügbar sein sollen. Ein Beispiel dafür ist der Selection Service, mit dem eine View die aktuelle Selektion setzen kann. Da Services üblicherweise nur einmal pro Anwendung existieren, ist auch in diesem Fall die Angabe des Typs ausreichend.

```
@Inject
ESelectionService service;


...


service.setSelection(mySelection);
```

Bei der Injection von Feldern ist zu beachten, dass diese nicht als final markiert sein dürfen. Final Felder müssen explizit durch den Konstruktor gesetzt und dort injiziert werden.

5.3.3 Methoden

Nach Konstruktor und Feldern werden beim Initialisieren einer Klasse alle mit @Inject annotierten Methoden nacheinander aufgerufen. Das gilt auch für Methoden, die keine Parameter besitzen. Ändert sich einer der injizierten Parameter einer Methode im Context, wird die Methode mit den neuen Parametern erneut aufgerufen. Ein gutes Beispiel für eine Injection in einer Methode ist die aktuelle Selection, auf die man häufig in einer View oder in einem Handler reagieren möchte. In diesem Fall reicht aber die Angabe des Typs des zu injizierenden Parameters nicht aus, der Parameter muss zusätzlich mit der Annotation @Named versehen werden. Außerdem wird im Beispiel @Optional verwendet, da beispielsweise zum Start der Anwendung noch keine Selection im Context vorhanden ist. Im folgenden Beispiel wird die Injection jedes Mal wiederholt, die Methode also erneut aufgerufen, wenn sich die Selektion ändert.

```
@Inject
public void setSelection(@Named(IServiceConstants.ACTIVE_SELECTION)@
Optional MyObject myObject) {
  //Selection verarbeiten
}
```

5.4 Annotationen

Für Konstruktoren und für Felder ist die Annotation @Inject in Kombination mit @Named und @Optional im Prinzip ausreichend, da der Zeitpunkt, an dem die Injection stattfinden soll, eindeutig ist. Werden Methoden mit @Inject markiert, können diese nach der Initialisierung aufgerufen werden sowie wenn sich einer der Parameter im Context ändert. In vielen Anwendungsfällen, insbesondere bei der Entwicklung von UI-Komponenten, gibt es aber noch andere interessante Events, auf die man als Programmierer reagieren möchte, beispielsweise wenn eine View fokussiert wird. In Eclipse 3.x wurde zu diesem Zweck per Interface eine Methode setFocus() definiert, die vom Framework entsprechend aufgerufen wurde. Da UI-Komponenten in Eclipse 4 jedoch reine POJOS sind, deren Methode frei benannt werden dürfen, müssen die aufzurufenden Methoden per Annotationen markiert werden, beispielsweise @Focus. Alle diese Annotationen sind Spezialisierungen von @Inject. Das bedeutet, dass alle Parameter von markierten Methoden injiziert werden. Einzig der Zeitpunkt des Aufrufs einer Methode lässt sich genauer steuern. Die Annotationen @ Inject und @Named sind im Standard JSR-330 (Dependency Injection for Java) definiert. @PostConstruct und @PreDestory dagegen sind im JSR-250 (Common Annotations fort the Java Platform) beschrieben. Eclipse 4 implementiert hier also Standards. Alle weiteren Annotationen entsprechen dagegen keinem Standard, sondern sind Eclipse-spezifisch. Hierzu gehören neben der bereits weiter vorne beschriebenen Annotation @Optional insbesondere alle nun folgenden Annotations. In Abschnitt 5.7 werden alle verfügbaren Annotationen mit ihrer Herkunft gelistet.

5.4.1 @PostConstruct und @PreDestroy

In vielen Fällen benötigen Objekte, beispielsweise Views, zusätzliche Initialisierungen, nachdem der Konstruktor aufgerufen wurde. Dies ist insbesondere relevant, da aufgrund der Reihenfolge der Dependency Injection im Konstruktor noch nicht auf Felder einer Klasse zugegriffen werden kann. Ein typisches Beispiel für so eine Initialisierung ist die Registrierung von Listeners. Diese müssen umgekehrt auch wieder abgemeldet werden, wenn ein Objekt nicht mehr benötigt wird. Eclipse 4 verwendet für diese Aufgaben die beiden Standard-Annotationen aus dem Package javax.annotation: @PostConstruct und @PreDestroy. Eine mit @PostConstruct markierte Methode wird aufgerufen, sobald eine Klasse über ihren Konstruktor initialisiert und alle Felder injiziert wurden. In beiden Fällen können zusätzlich benötigte Parameter angegeben werden, müssen aber nicht. Folgendes Code-Beispiel zeigt einen typischen Anwendungsfall, in dem eine Klasse bei einem Service als Listener registriert und anschließend wieder entfernt wird.

```
@Inject
MyService service;

@PostConstruct
public void postConstruct() {
   service.addListener(this);
}

@PreDestroy
public void preDestroy() {
   service.removeListener(this);
}
```

@PostConstruct und @PreDestroy sind für alle Klassen einsetzbar, die vom Eclipse Framework initialisiert werden.

5.4.2 @Focus

Für Oberflächenelemente, beispielsweise Parts, gibt es weitere relevante Events, auf die eine Implementierung reagieren muss. Eine Methode, die mit @Focus markiert ist, wird aufgerufen, wenn das entsprechende Oberflächenelement den Fokus erhält. Um ein korrektes Verhalten der Anwendung umzusetzen, wird der Fokus vom Programmierer an das zentrale SWT Control weitergegeben, im Falle eines Text-Editors beispielsweise an das SWT-Text-Element. Enthält eine View mehrere SWT-Controls, muss sich der Programmierer für das logisch erste entscheiden, in einer Eingabemaske typischerweise das erste Textfeld.

```
@Focus
public void onFocus() {
   text.setFocus();
}
```

5.4.3 @Persist

Die bereits in Kapitel 4 angesprochene Annotation @Persist markiert eine Methode in einem Part, die aufgerufen wird, wenn auf dem Part eine Speichern-Aktion ausgeführt wird. Im Falle eines Text-Editors kann beispielsweise der Inhalt des Text Controls in eine

Datei gespeichert werden. Der Aufruf der Methode geschieht am einfachsten über den Part Service.

```
@Execute
public void execute(@Active MPart part,EPartService partService) {
   partService.savePart(part, false);
}
```

5.4.4 @PersistState

Eine mit @PersistState annotierte Methode wird direkt aufgerufen, bevor das zugehörige Model-Element eines Objekts abgebaut wird, beispielsweise der Part einer View. Außerdem wird eine mit @PersistState annotatierte Methode stets vor der Annotation @PreDestroy bearbeitet. In dieser Methode kann der letzte Zustand eines Objekts persistiert werden.

5.4.5 @Execute und @CanExecute

Für Handler existieren zwei zusätzliche Annotationen. Mit @Execute wird die auszuführende Methode des Handlers markiert. Vorher wird über die Methode @CanExecute überprüft, ob ein Handler ausführbar ist. Die mit @CanExecute markierte Methode muss dazu einen Boolean zurückgeben. In beiden Fällen werden natürlich auch hier die benötigten Parameter injiziert. Bei der Implementierung der @CanExecute Methode ist darauf zu achten, dass sie auch durch den Context aufgerufen wird, sollte sich der Zustand des Handler ändern. Konkret bedeutet dies, dass die Aktivierung des Handlers von einem Wert im Context abhängen muss, der sich ändert, damit die Methode erneut aufgerufen wird. Klassische Beispiele für eine Implementierung der Methode ist die Überprüfung der aktuellen Selection oder der aktiven Perspektive, wie folgendes Beispiel zeigt:

```
@CanExecute
public boolean canExecute(@Named(IServiceConstants.ACTIVE_SELECTION)
                          @Optional Object selection) {


   if (selection!=null && selection instanceof MyObject)
      return true;
   return false;
}
```

5.4.6 Lifecycle-Annotationen

Zuletzt gibt es noch die Möglichkeit, in den Lifecycle der gesamten Anwendung einzugreifen. Ein registrierter LifeCycleHandler wird genau zu dem Zeitpunkt aufgerufen, wenn der initiale EclipseContext vom Framework erzeugt wurde. So kann beispielsweise ein Login-Dialog beim Starten der Anwendung realisiert werden. Für solche Anwendungsfälle muss der LifeCycleHandler per Extension Point registriert werden, der jedoch selbst als POJO implementiert ist.

```
<property name="lifeCycleURI"
value="platform:/plugin/net.teufel.e4.helloworld/
              net.teufel.e4.helloworld.LifecycleHandler">
```

In einem solchen LifeCycleHandler stehen dann folgende, spezielle Annotationen bereit, mit denen Methoden zur Ausführung markiert werden können.

@PostContextCreate

Die Methode wird aufgerufen, nach dem der Context der Applikation erzeugt wurde. So können beispielsweise Objekte in den Context eingefügt oder entfernt werden.

@ProcessAdditions und @ProcessRemovals

Mit diesen beiden Annotationen kann das Application Model bearbeitet werden, bevor es an den Renderer übergeben wird, der es zur Anzeige bringt. Auf diese Weise können noch vor dem eigentlichen Anwendungsstart zusätzliche Elemente in das Modell eingefügt, beziehungsweise entfernt werden.

@PreSave

Die Methode wird aufgerufen, bevor das Application Model gespeichert wird. Die Annotation erlaubt es, das Modell modifizieren, beispielsweise um bestimmte Änderungen nicht zu speichern.

5.5 Den Context erweitern

Natürlich können auch eigene Objekte in den Eclipse 4 Context eingebracht werden, die dann für die Injection bereitstehen. Der sauberste Weg dazu ist es, einen Service zu definieren und zu registrieren. Dieser steht dann automatisch im Context der Anwendung bereit. Wie ein Service definiert wird, beschreibt Kapitel 6. Ein zweiter indirekter Weg, den Context zu erweitern, ist, Klassen mit der Annotation @Creatable zu versehen: In diesem Fall werden Objekte bei Bedarf automatisch in den Context eingefügt. Zuletzt können Objekte auch manuell über die API des Eclipse Context eingefügt werden.

5.5.1 @Creatable

Seit der Version 4.2 unterstützt Eclipse die neue Annotation @Creatable, mit der das Verhalten des Contexts genauer gesteuert werden kann. Wurde eine bestimmte Klasse, beispielsweise vom Typ MyObject nicht im Context gefunden, versuchte Eclipse 4.1 noch selbstständig, das fehlende Objekt zu instanziieren. Dies funktionierte allerdings nur, wenn das entsprechende Objekt entweder einen leeren Konstruktor hatte oder dessen Parameter wiederum durch Dependency Injection aufgelöst werden konnten. Über dieses Verhalten wurde innerhalb der Community angeregt diskutiert. Letztlich wurde eine neue Annotation eingeführt, um das automatische Instanziieren zu steuern. Ab Version 4.2 werden also nur Klassen, die mit der Annotation @Creatable markiert sind, automatisch erzeugt, wenn sie sich nicht bereits im Context befinden. Die Konstruktoren dieser Klassen können weiterhin selbst mit der Annotation @Inject andere Objekte aus dem Context anfordern. Damit kann die Initialisierung sogar verkettet ablaufen. Im folgenden Code-Beispiel benötigt MyHandler die Klasse Class1. Ist diese nicht bereits im aktuellen Context abgelegt, wird Eclipse 4.2 versuchen, sie zu initialisieren, wozu wiederum Class2 benötigt wird. Class2 benötigt keine Parameter und kann initialisiert werden. Anschließend wird Class1 in den Konstruktor von Class2 injiziert und mit dem Ergebnis, einer Instanz von Class1, die execute() Methode des Handlers aufgerufen.

```
public class MyHandler {
   @Execute
   public void execute(Class1 class1) {
     //Handler Code ausführen
   }
}

public class Class1 {
   @Inject
   public Class1(Class2 class2) {
    // Handler Code ausführen
   }
   }
}

@Creatable
public class Class2 {
   public Class2(){
   }
}
```

Derartige Verkettungen von Initialisierungen sind natürlich ab einer gewissen Komplexität nur schwer zu überblicken und zu debuggen. Weiterhin ist zu beachten, dass die Annotation @Creatable nicht für Inner Classes funktioniert.

5.5.2 Objekte manuell in den Context einfügen

Für die dritte Möglichkeit, das manuelle Einfügen von Objekten in den Context, müssen vorab zwei Entscheidungen getroffen werden. Zum einen muss der richtige Context ausgewählt werden, steht das Objekt also für die gesamte Anwendung, oder nur für einen bestimmten Teil zur Verfügung. Zum anderen muss entschieden werden, ob ein bestimmter Name für das Objekt vergeben werden soll, oder ob das Objekt über seinen Typ bereits ausreichend identifiziert ist.

Der einfachste Weg, ein Objekt in den globalen Context einzufügen, ist,in Eclipse 4 ein Addon zu implementieren und dieses im Application Model zu registrieren (siehe hierzu auch Kapitel 4). Diese werden nach der Erzeugung des Application Contexts aufgerufen. Innerhalb des Addons, das in Eclipse 4 natürlich auch ein POJO ist, kann nun der Context selbst injiziert werden, um ihn zu bearbeiten. Um auf den Context zuzugreifen, ist eine Abhängigkeit auf „org.eclipse.e4.core.contexts" notwendig. Weiterhin wird die verwendete Methode im Addon mit der Annotation @PostConstruct versehen, damit sie vom Framework aufgerufen wird. In den Context können über die Methode set(...) nun Objekte eingefügt werden. Sollen Objekte über ihrem Typ identifiziert werden, übergibt man als ersten Parameter den vollen Klassennamen, sollen sie über eine andere ID identifiziert werden, kann ein beliebig anderer (eindeutiger) String angegeben werden. Das folgende Listing zeigt eine sehr einfache Addon-Implementierung, die zwei Objekte in den Context einfügt:

```
@PostConstruct
public void addSthToContext(IEclipseContext context){
   context.set(MyObject.class, new MyObject());
   context.set("MyID", new MyOtherObject());
}
```

Auf diese Weise kann der aktuelle Context an beliebiger Stelle der Anwendung bearbeitet werden. Injiziert wird dabei immer der für ein Objekt gültige Context, in eine View wird beispielsweise der Context des Parts injiziert. Über die Methode getParent() kann jedoch auch auf einen in der Hierachy höher liegenden Context zugegriffen werden.

Die API von IEclipseContext bietet noch weitere Methoden, beispielsweise um Objekte zu entfernen oder zu modifizieren. Fügt man ein Objekt statt wie zuvor über die Methode modify() ein, wird die Context-Hierachie nach oben durchsucht, ob sich ein entsprechendes Objekt (gleicher Typ oder gleiche ID) bereits im Context befindet und gegebenenfalls ersetzt. Wird kein zu modifizierendes Objekt gefunden, wird das Objekt nur in den aktuellen Context eingefügt.

Natürlich sollte man sich sehr gut überlegen, was in den Context eingefügt wird, beispielsweise weil sich Objekte gleichen Typs gegenseitig überschreiben. Weiterhin gibt es keine einfache Möglichkeit, alle in den Context manuell eingefügten Objekte aufzulisten. Programmatisch kann lediglich überprüft werden, ob sich eine bestimmte Klasse oder eine ID bereits im Context befindet:

```
context.containsKey("myKey");
```

Ein manuelles Erweitern des Context verbessert also nicht unbedingt die Übersicht beim Programmieren, sondern kann zur Verwirrung beitragen.

Ein guter Start, um potenzielle Objekte zu identifizieren, die im EclipseContext gut aufgehoben wären, ist, sich Zugriffe auf Singletons oder auf Manager-Klassen aus einem bestimmten Teil der Anwendung anzusehen, die von mehreren existierenden Klassen genutzt werden. Diese können einfach durch OSGi Services ersetzt werden, die dann automatisch im Context landen.

5.6 Die Injektion manuell durchführen

Ein großer Vorteil des neuen Programmiermodells von Eclipse 4, also der Verwendung von Dependency Injection und Annotationen, ist ganz klar die bessere Wiederverwendbarkeit und Testbarkeit eigener Objekte. Dies ist eine wesentliche Verbesserung im Vergleich zur API von Eclipse 3.x, in der häufig Singletons verwendet wurden. Will man nun eine Klasse testen, die auf ein Singleton zugreift, muss man dieses Singleton auch in der Testumgebung verfügbar machen. Wirkliche Unit Tests sind dadurch schon nicht mehr einfach möglich. Mit Dependency Injection definieren Klassen aber umgekehrt genau, was sie benötigen. Nur genau diese Objekte müssen für einen Test bereitgestellt werden. Idealerweise finden sich alle inital für das Objekt notwendigen Objekte im Konstruktor, alle für das Verhalten eines Objekts notwendigen Objekte in den Parametern der jeweiligen Methoden. Dieses Programmiermodell verbessert auch die Wiederverwendbarkeit von UI-Elementen. Wollte man beispielsweise in Eclipse 3.x eine View innerhalb eines Dialogs wiederverwenden, waren Umbauarbeiten notwendig, da die View das Interface ViewPart implementieren musste. In Eclipse 4 sind UI-Elemente, wie beispielsweise Views, reine POJOs und haben meistens lediglich eine Abhängigkeit zu SWT. Eine typische Eclipse-4-View kann damit fast beliebig wiederverwendet werden.

Hierzu gibt es zwei Möglichkeiten. Zum einen können Methoden einer Klasse manuell aufgerufen werden. Um beispielsweise eine typische Eclipse-4-View direkt in einem neuen Fenster zu öffnen, genügt folgendes, einfaches Java-Programm:

```
display = new Display();
Shell shell = new Shell(display);
shell.setLayout(new FillLayout());

MyView myView = MyView(shell);

shell.open();

while (!shell.isDisposed()) {
  if (!display.readAndDispatch()) {
    display.sleep();
  }
}
```

Durch den manuellen Aufruf des Konstruktors wird in diesem Beispiel, das sich in ähnlicher Form bereits in Kapitel 2 findet, der Dependency-Injection-Mechanismus einfach ignoriert. Alternativ wäre es möglich, die Injection manuell auszulösen. Dazu wird die Klasse ContextInjectionFactory genutzt. Das nachfolgende Beispiel erzeugt aus einem Handler heraus ein neues Fenster mit Part. Anschließend wird eine View unter Verwendung von Dependency Injection initialisiert. Bei der manuellen Injection wird der jeweils zu verwendende Context angegeben. Da im Beispiel der Context des neu erzeugten Parts verwendet wird, der dessen SWT Composite enthält, wird die View im neuen Fenster angezeigt werden.

```
@Execute
public void execute(MApplication application) {
  MWindow window = MBasicFactory.INSTANCE.createWindow();
  MPart part = MBasicFactory.INSTANCE.createPart();
  window.getChildren().add(part);
  application.getChildren().add(window);
  IEclipseContext context = part.getContext();
  ContextInjectionFactory.make(MyView.class, context);
}
```

Alternativ zur Verwendung eines bereits existierenden Contexts kann auch ein neuer Context erstellt werden. Dieses Vorgehen erlaubt beispielsweise das komfortable Testen von Objekten. Dazu wird ein „Test“-Context erstellt, der alle vom zu testenden Objekt benötigten Klassen enthält. Die im Test-Context enthaltenen Objekte sind in diesem Scenario, beispielsweise im Fall von Services, häufig Mock-Implementierungen, die das Verhalten des echten Objekts für den Test Case simulieren.

```
IEclipseContext context = EclipseContextFactory.create();
//Etwas in den Kontext einfügen


MyObject make = ContextInjectionFactory.make(MyObject.class, context);
```

Neben der Initialisierung von Objekten können auch mit Annotationen markierte Methoden aufgerufen werden. Zu injizierende Parameter werden dabei aus dem Kontext eingefügt. Folgendes Beispiel ruft die mit der Annotation @Persits markierte Methode des übergebenen Objekts auf und verwendet für die Injection eventuell benötigter Parameter aus dem übergebenen Context.

```
ContextInjectionFactory.invoke(myView, Persist.class, context);
```

5.7 Übersicht der Annotationen

Die beschriebenen Annotationen werden in mehreren unterschiedlichen Plugins definiert, einige sind sogar Java Standard. Die folgende Tabelle zeigt die Herkunft aller Annotationen. Sollen diese verwendet werden, benötigt das jeweilige Plugin eine Abhängigkeit, respektive einen Package Import.

@Active	org.eclipse.e4.core.contexts
@Creatable	org.eclipse.e4.core.di.annotations
@CanExecute	org.eclipse.e4.core.di.annotations
@Execute	org.eclipse.e4.core.di.annotations
@Inject	javax.inject
@Named	javax.inject
@Optional	org.eclipse.e4.core.di.annotations
@Persist	org.eclipse.e4.ui.di
@PersistState	org.eclipse.e4.ui.di
@PostConstruct	javax.annotation
@ProcessAdditions	org.eclipse.e4.ui.workbench.lifecycle
@ProcessRemovals	org.eclipse.e4.ui.workbench.lifecycle
@PostContextCreate	org.eclipse.e4.ui.workbench.lifecycle
@PreDestroy	javax.annotation
@PreSave	org.eclipse.e4.ui.workbench.lifecycle

6 Services

Einer der wesentlichen Vorteile der Anwendungsentwicklung mit Eclipse RCP war schon immer die Möglichkeit, zahlreiche Funktionen des Frameworks wiederzuverwenden. Typisches Beispiel hierfür ist die Möglichkeit, Einstellungen der Anwendung zu verwalten oder Strings zu lokalisieren. Auch Eclipse 4 bietet diese Unterstützung, allerdings wurden hier zwei wesentliche Überarbeitungen vorgenommen. In Eclipse 3.x waren viele nützliche Funktionen auf die API der Workbench verteilt und meist erfolgte der Zugriff durch Singletons. Darunter leidet, wie im letzten Kapitel beschrieben, die Testbarkeit. Außerdem ist es unmöglich, das Verhalten der Standarddienste zu verändern oder durch eigene Implementierungen auszutauschen. Sollten beispielsweise die Einstellungen einer Anwendung statt lokal im Workspace zentral in einer Datenbank abgelegt werden, musste dies in der eigenen Anwendung explizit zu Beginn der Entwicklung berücksichtigt werden. Eclipse 4 setzt bei der Umsetzung konsequent auf Services, auf die per Dependency Injection zugegriffen werden kann. Diese können bei Bedarf leicht durch eigene Implementierungen ersetzt werden. Außerdem sind die benötigten Funktionen durch die Kapselung in thematisch orientierte Services leichter aufzufinden. Ein zweites wesentliches Ziel der neuen Services war die Vereinfachung der angebotenen API. Dabei wurde einiges an Ballast abgeworfen, Eclipse 4 Services zeichnen sich durch schlanke Signaturen und damit eine hohe Wiederverwendbarkeit aus. Services in Eclipse sind genauer genommen OSGi Services. Diese konnten und wurden bereits in Eclipse 3.x für die modulare Anwndnungsentwicklung genutzt. Als einzige relevante Änderung in der Nutzung von OSGi Services in Eclipse sind diese automatisch im globalen OSGi-Kontext, in der Hierachie der höchste Kontext, abgelegt und können daher von jeder Klasse per Dependency Injection komfortabel benutzt werden.

Services bestehen immer aus einer Service Definition und beliebig vielen Implementierungen. Die Service Definition ist ein Java Interface, welches die zugreifbaren Methoden eines Services beschreibt. Dieses Interface wird dann von einem oder mehreren Servce-Implementierungen beerbt. Ein Nutzer eines Services gibt jedoch nur die Service Definition und nicht die konkrete Implementierung an. Durch entsprechende Konfiguration der Anwendung ist von den verfügbaren Implementierungen zur Laufzeit immer nur eie bBestimmte verfügbar. Dieses Konzept erlaubt es die Implementierung zentraler Funktionalität auszutauschen, ohne die davon abhängenden Programmteile anpassen zu müssen. Konkret lassen sich damit auch die bereits mit Eclipse 4 mitgelieferten Service ersetzen. Im Abschnitt 6.6 werden die Vorteile in der Verwendung von Services detailliert beschrieben.

Für einige in Eclipse 3.x verfügbare Services gibt es leider (noch) kein Äquivalent in Eclipse 4. Diese sind meist deshalb noch nicht umgesetzt, weil sich das Entwicklerteam aktuell natürlich auf die wichtigen Komponenten konzentriert. Einige Services werden sicher auch in Eclipse 4 nicht mehr in der gleichen Form verfügbar sein, insbesondere dann, wenn Funktionalitäten durch das Application Model einfacher als früher implementiert werden können. Eine vollständige Beschreibung aller verfügbaren Services wde n sicherlich den Rahmen dieses Buches sprengen. Aus diesem Grund werden in diesem Kapitel nur die wichtigsten Serices beschrieben. Der letzte Abschnitt beschreibt schließlich, wie ein eigener Service definiert werden kann.

6.1 Selection Service

Dieser Service erlaubt das Verwalten der aktiven Selection einer Anwendung. Selection Provider snd UI- Elemente, wie beispielsweise Tree Viewer, welche die Auswahl (Selection) von Elementen erlauben. Diese Objekte sind üblicherweise Domänenobjekte einer Anwendung. In eine Mail- Applikation kann man beispielsweise eie Mail, oder einen Eintrag im Adressbuch selektieren. Der Selection Provider gibt die Information, welches Element selektiert ist, an das Eclipse-Framework weiter. Damit können andere Teile der Anwendung auf das selektierte Element reagieren, diese nennt man Selection Consumer. Im Beispiel könnte die Funktion „Sende Mail" aktiviert werden, wenn ein Eintrag aus dem Adressbuch selektiet ist. -Wurde eine Mail ausgewählt, ist hingegen die Funktion „Antworten" aktiviert. Im folgenden Beispiel wird die Selection eines TreeViewers im SelectionService gesetzt. Die Implementierung des SWT Interfaces ISelectionChangedListener wird dabei lediglich benötigt, um auf eine Änderung im TreeViewer reagieren zu können.

```
@PostConstruct
public void init(){
   selectionChangeListener = new SelectionListener();
   viewer.addSelectionChangedListener(selectionChangeListener);
}


@Inject
ESelectionService selectionService;


private class SelectionListener implements ISelectionChangedListener {

   @Override
   public void selectionChanged(SelectionChangedEvent event) {

      Object first =
        ((IStructuredSelection)event.getSelection()).getFirstElement();
      selectionService.setSelection(firstElement);
   }
}
```

Um umgekehrt die aktuelle Selection abzufragen, gibt es zwei Möglichkeiten. So kann man beim Service einen sogenannten Selection Listener registrieren. Alternativ kann man sich die Selection auch direkt injizieren lassen. Damit kann auch die Überprüfung auf den Typ des selektierten Objekts entfallen, da der Parameter dank @Optional nur dann injiziert wird, wenn er vom angegebenen Typ ist.

```
@Inject
public void setSelection(
  @Named(IServiceConstants.ACTIVE_SELECTION)@Optional MyObject myObject){

   //Selection kann hier direkt verarbeitet werden

}
```

6.2 Preferences

Das Eclipse Preference Framework erlaubt die Verwaltung von beliebigenKey/Value-Paaren, die Anwendungs- und Benutzereinstellungen enthalten. Die Umsetzung ist zwar technisch gesehen kein wirklicher OSGi Service, kann jedoch über Dependency Injection ähnlich genutzt werden. Die Preferences in Eclipse werden in einer Baumstruktur abgelegt. Auf der obersten Ebene existieren zunächst drei verschiedene Scopes:

- Instance Scope: Die Einstellungen gelten nur für eine bestimmte laufende Instanz einer Anwendung. Wird die Anwendung zweimal ausgeführt, sind Änderungen an den Einstellungen in der ersten Instanz nicht für die Zweite gültig.
- Configuration Scope: Die Einstellungen gelten für alle Instanzen einer Anwendung.
- Default Scope: Hierbei handelt es sich um Standardeinstellungen, die nicht verändert werden können. Diese Einstellungen werden aus Konfigurationsdateien geladen.

Preferences können nun direkt innerhalb eines Scopes oder in einem Unterknoten abgelegt werden. Dazu kann direkt (per Singleton) auf den gewünschten Scope zugegriffen werden.

```
Preferences node = InstanceScope.INSTANCE.getNode("myNode");
node.put("key", " myValue ");
```

Alternativ kann der gewünschten Knoten zum Ablegen einer Einstellung über die Annotation @Preference direkt injiziert werden. Über den Parameter „nodePath“ wird dabei der Scope und der gewünschte Knoten spezifiziert. Folgendes Beispiel legt eine Einstellung innerhalb des Configuration Scopes im Unterknoten „myNode“ ab.

```
@Preference(nodePath="/configuration/myNode") IEclipsePreferences node


node.put("key", "myValue");
node.flush();
```

Durch de Aufruf flush(), werden die Änderungen gespeichert. Das Interface IEclipsePreferences bietet einige weitere Methoden zur Modifikation vn Einstellungen, sowie zur Navigation in existierenden Knoten. Eine Übersicht der unterstützten Features liefert an dieserStelle die API- Dokumentation.

Zur Abfrage von Preferences gibt es, ähnlich wie bei Selections, zwei Möglichkeiten. So kann der entsprechende Node injiziert werden, aus dem der gewünschte Wert benötigt wird. Darüber hinaus erlaubt das Interface IEclipsePreferences auch die Registrierung von Listenern, mit denen auf Änderungen reagiert werden kann. Alternativ können Preferences auch direkt injiziert werden. Dazu wird wie zuvr der Node Path, sowie der Name der gewünschten Einstellung angegeben. Eclipse durchsucht nun zunächst den Instance Scope, anschließend den Config und zum Schluß Schluss den Default Scope nach dem entsprechende Node mit der gewünschten Einstellung. Einstellungen im Instance Scope überschreiben damit die beiden anderen Scopes. Ändert sich der Wert dieser Einstellung, wird sie erneut injiziert. Dies gilt jedoch nicht für Einstellungen aus dem Default Scope, die üblicherweise auch nicht zu Laufzeit modifiziert werden. Einstellungen können als Felder und Parameter injiziert werden. Soll auf die Änderung einer Einstellung reagiert werden, bietet sich das Einführen einer eigenen Methode an. Folgendes Beispiel injiziert die zuvor abgelegte Einstellung als Feld und alternativ in eine Methode.

```
@Inject
@Preference(nodePath="configuration/myNode", value = "test") String pref;

@Inject
public void setPreference(@Preference(nodePath="configuration/myNode",
value = "test") String pref) {
   logger.info(pref);
}
```

6.3 Model Service und Part Service

Der Model Service bieten einige nützliche Hilfsmethoden für typische Operation auf dem Application Model, der Part Service dagegen spezifische Funktionen für Parts und Perspektiven an. Mit dem Model Service kann beispielsweise das Fenster abgefragt werden, in dem sich ein bestimmtes Element befindet.

```
modelService.getTopLevelWindowFor(part);
```

Eine häufig genutzte Funktion des Model Service ist das Auffinden von bestimmten Elementen innerhalb des Application Models. Dabei kann nach der ID eines Elements, ach dessen Klasse, sowie nach bestimmten Tags gesucht werden. Bei der Suche wird ein Root Element übergeben, das durchsucht werden soll. Will man ein Element in der gesamten Anwendung suchen, wird beispielsweise das Element MApplication als Root übergeben.

Folgender Handler durchsucht screent die gesamte Anwendung nach allen verfügbaren Perspektiven.

```
@Execute
void search(MApplication application, EModelService modelService){
  modelService.findElements(application, null, MPerspective.class, null);


}
```

Durch die Angabe von zusätzlichen Search Flags kann die Suche weiter eingeschränkt werden, beispielsweise auf die aktive Perspektive. Mit folgendem Aufruf kann etwa überprüft werden, ob sich in der aktiven Perspektive ein Part mit einer bestimmten ID befindet.

```
modelService.findElements(application,"myID",MPart.class,
  EModelService.IN_ACTIVE_PERSPECTIVE);
```

Der Part Service bietet spezifische Operationen für Parts und Perspektiven. In folgendem Handler wird durch den Part Service eine bestimmte Perpektive aktiviert, sowie alle Parts gespeichert.

```
@Execute
public void execute(EPartService partService) {
   partService.switchPerspective(perspective);
   partService.saveAll(true);
}
```

6.4 Event Broker

Eine besondere Rolle für die Kommunikation zwischen verschiedenen Komponenten spielt in Eclipse 4 der OSGi Event Broker. Er stellt eine zentrale Schnittstelle für das Event Handling dar. Dabei geht es um die Frage, wie sich Komponenten einer Anwendung gegenseitig über bestimmte Ereignisse benachrichtigen und darauf reagieren können. Früher löste man solche Anforderungen durch das klassische Observer Pattern: Dazu registrierten sich sogenannte Observer (Beobachter) direkt bei dem Objekt, über dessen Veränderungen sie benachrichtigt werden wollten. Dieses Konzept sorgte teilweise für komplizierte Verflechtungen, insbesondere dann, wenn mehrere Objekte die gleichen Events auslösen, auf die umgekehrt wiederum mehrere Objekte reagieren wollen. Ferner erzeugt die direkte Registrierung von Listenern unnötige Abhängigkeiten, da Observer das beobachtete Objekt kennen müssen.

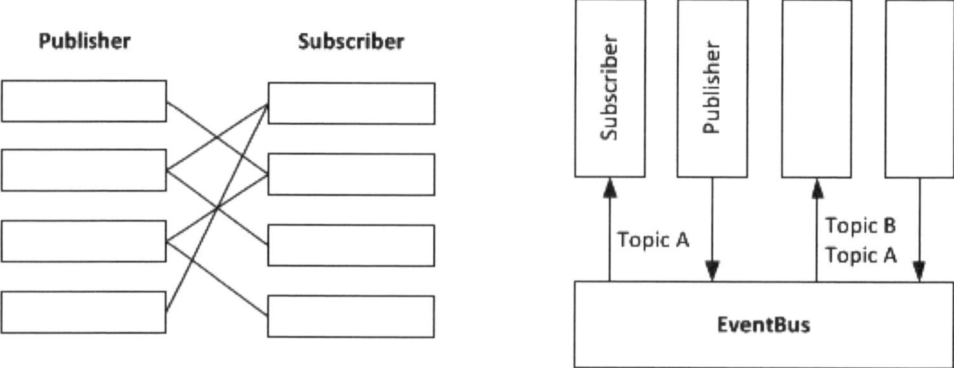

Abbildung 6.1: Vergleich zwischen traditionellem Observer Pattern mit und dem Bus-Modell des Event Brokers

Der OSGi Event Broker bietet hingegen einen zentralen und flexiblen Bus, auf dem das Event Handling entkoppelt abläuft. Das bedeutet, dass jede Komponeiner Anwendung kann beliebige Events in Richtung Bus schicken kann. Umgekehrt kann sich jede Komponente für bestimmte Events auf den Bus registrieren. Sender und Empfänger eines Events müssen sich also nicht gegenseitig kennen, sondern nur wissen, über welche Events sie kommunizieren. Damit jeder Empfänger nur diejenigen Events erhält, an denen er interessiert ist, erlaubt der Event Broker die Definition von Themen (Topics). Gibt man beim Versenden eines Events nun ein bestimmtes Topic an, werden nur die Empfenachrichtigt, welche die dieses Topic abonniert haben. Dies erspart beim Empfangen von Events langwierige Überprüfungen, ob das Event relevant für eine Reaktion ist.

6.4.1 Objekte an den Event Broker senden

Zum Senden von Events gibt es zwei Möglichkeiten. Die Methode post() sendet das Event asynchron. Das bedeutet, nach dem Aufruf wird der Code des Senders direkt weiter ausgeführt, auch wenn noch nicht alle Empfänger des Events vollständig benachrichtigt wurden. Die Methode send() dagegen führt die Benachrichtigchron aus, das heisst heißt, sie blockiert den Sender so lange, bis alle Empfänger vollständig benachrichtigt wurden. Neben der Art des Versendens, muss auch das Format des zu versendenden Events bestimmt werden. Dies kann ein primitiver Typ sein, ein selbst definierter Event-Typ oder eine Map, die verschiedene Werte enthält. Zuletzt muss beim Versenden ein Topic angegeben werden, unter diesem können sich Empfänger für eine Benachrichtigung registrieren. Das Topic ist ein String und erlaubt eine hierarchische Definition von Sub Topics. Dazu wird „/" als Trennzeichen verwendet, beispielsweise „Haupttopic/Subtopic". Wie alle Services wird auch der Event Broker injiziert. Das folgende Listing zeigt die verschiedenen Möglichkeiten, Events über den Broker zu versenden.

```
@Inject
IEventBroker broker;

(...)


//1. Asynchrones Event, primitiver Typ
broker.post("Haupttopic", "Message");

//2. Synchrones Event, eigener Eventtyp, Subtopic
broker.send("Haupttopic/Subtopic", new MyEvent());

//3. Asynchrones Event, mehrere Werte
Map<String, Object> map = new HashMap<String, Object>();
map.put("MESSAGE", "My Message");
map.put("EVENT", new MyEvent());
broker.post("Haupttopic", map);
```

6.4.2 Vom Event Broker benachrichtigt werden

Um Events zu empfangen und auf diese zu reagieren, gibt es wie beim Selection Service zwei Möglichkeiten. Eine Option ist, über die API des Event Brokers unter Angabe des gewünschten Topics einen EventHandler zu registrieren. Dieser wird immer dann aufgerufen, wenn eine Benachrichtigung vom Event Broker versendet wird und zu verarbeiten ist. Dabei muss das Topic angegeben werden, zu dem Events empfangen werden sollen. Um über alle Subtopics eines Haupttopics notifiziert zu werden, können auch Wildcards wie „/*"verwendet werden. Je nach Format des Events auf der Seite des Senders, muss das Event beim Empfangen unterschiedlich verarbeitet werden. Folgendes Beispiel zeigt einen Event Handler, der sich auf Events des vorher genutzten „Hauptopic" sowie all seinen Subtopics reagiert.

```
broker.subscribe("Haupttopic/*", new EventHandler() {
   @Override
   public void handleEvent(Event event) {
      //1. Primitiver Typ
      String message = (String)event.getProperty(IEventBroker.DATA);

      //2. Eigener Eventtyp
      MyEvent event = (MyEvent)event.getProperty(IEventBroker.DATA);

      //3. Mehrere Werte
      String message = (String)event.getProperty("MESSAGE");
      MyEvent myEvent = (MyEvent)event.getProperty("EVENT");
   }
});
```

Die zweite und komfortablere Option ist jedoch die Möglichkeit, Events direkt per Dependency Injection zu empfangen. Dazu stehen in Eclipse 4 zwei Annotationen bereit: @ EventTopic und @UIEventTopic. Beide erlauben die Angabe des Topics als Parameter. @ UIEventTopic stellt sicher, dass die markierte Methode im UI Thread ausgeführt wird, beispielsweise um ein Update in der Oberfläche durchzuführen. Injiziert wird nun entweder ein gesendetes Objekt oder ein Event, aus dem die verschiedenen Werte abgefragt werdenkönnen. Im nachfolgendenm Listing wird das Abfragen des Event Bus mit den zuvor beschriebenen Annotationem in Verbindung mitDependency Injection dargestellt.

```
//1. Primitiver Typ
@Inject
@Optional
public void handleEvent(@UIEventTopic("Haupttopic") String message) {

   //Message verarbeiten

}


//2. Eigener Eventtyp
@Inject
@Optional
public void handleEvent(@UIEventTopic("Haupttopic") MyEvent event) {

   //Event verarbeiten
}


//3. Mehrere Werte, Event: org.osgi.service.event.Event
@Inject
@Optional
public void handleEvent(@UIEventTopic("Haupttopic") Event event) {

   String message = (String) event.getProperty("MESSAGE");
   MyEvent myEvent = (MyEvent) event.getProperty("EVENT");
}
```

Eclipse 4 nutzt den Event Broker auch intern, daher können viele relevante Ereignisse aus der Plattform, insbesondere Änderungen im Application Model empfangen werden. Die Definitionen der relevanten Topics finden sich im Interface UIEvents und seinen Unter-Interfaces. Folgende Beispielmethode wird aufgerufen, wenn sich die Höhe des aktuellen Anwendungsfensters ändert, die neue Höhe wird entsprechend ausgegeben.

```
@Inject
@Optional
public void handleEvent(@UIEventTopic(UIEvents.Window.TOPIC_HEIGHT) Event
event) {
```

```
    if (event == null)
      return;

    int height = (Integer) event.getProperty(EventTags.NEW_VALUE);
    System.out.println("Neue Höhe des Fensters: " + height);
}
```

6.5 Translation Service

Soll eine Anwendung parallel in mehreren Sprachen ausgeliefert werden, müssen in der Oberfläche verwendete Strings internationlisirt werden. In Eclipse- 3.x- Anwendungen wurden diese Strings meist pro Package in Message-Klassen ausgelagert. Eine solche Klasse kann man jedes eigene Objekt über das Refactoring Source | Externalize Strings erzeugen. Die Übersetzungen liegen dann in Property-Dateien, eine pro Sprache. Ein ähnlicher Mechanismus existiert für die Internationalisierung von Strings in der plugin. xml und MANIFEST.MF. Ausführbar über einen Rechtsklick auf die Datei Plugin Tools | Externalize Strings. Die Strings des Bundles werden dann in der Datei OSGI-INF/l10n i/bundle.properties abgelegt. In diesem Verzeichnis findet sich bei mehrsprachigen Anwendungen dann, wie bereits erwähnt, jeeine Datei pro unterstützter Sprache.

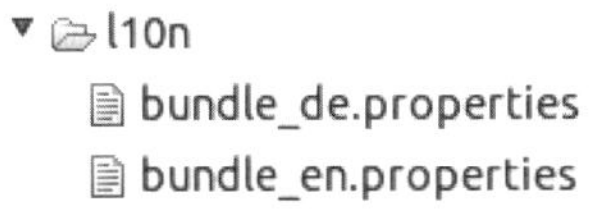

▾ l10n
  bundle_de.properties
  bundle_en.properties

Abbildung 6.2: Die Übersetzungen für jede Sprache sind in einer Properties-Datei abgelegt

Jede Property Datei besteht aus Key/Value-Paaren, beispielsweise:

```
myKey = MyUIString
```

In Eclipse 4 kann für die Internationalisierung auch der TranslationService verwendet werden. Dieser liefert unter Angabe eines entsprechenden Keys nach der aktuellen Sprache den übersetzten String aus den bundle.properties-Dateien des angegebenen Plugins.

```
@Inject
TranslationService service
...

String translate = service.translate("%myKey", "platform:/plugin/
myPlugin");
```

Die aktuell eingestellte Sprache der Anwendung (Locale) befindet sich übrigens selbst als Wert im EclipseContext:

```
@Inject
@Named(TranslationService.LOCALE)
String locale;
```

6.6 Eigene OSGi Services definieren

Nicht zuletzt ist es häufig sinnvoll, eigene Services zu verwenden. Ein Service besteht dabei immer aus zwei Teilen die Definition des Services, sowie eine oder mehrere alternative Implementierungen. Diese Architektur erlaubt es, eine bestimmte Funktionalität in unterschiedlichen Umgebungen bereitstellen zu können. Im Folgenden soll als Beispiel ein Userservice entwickelt werden, welcher eine Liste der für ein System verfügbaren Benutzer liefert. Die Definition des Service erfr ein Java-Interface, welches das über seine Methoden die Funktionalität des Services festlegt. Das folgende Listening zeigt diese Schnittstelle:

```
public interface UserService {
   public List<String> getUserNames();

}
```

Die Implementierung dieses Services ist nun je nach Einsatz-Szenario technologieabhängig. Denkbar sind beispielsweise Implementierungen für LDAP oder Active Directory. Wird die Anwendung zur Entwicklungszeit ausgeführt, könnte zusätzliche eine Test-Implementierung von Nutzen sein. Dadurch muss der Entwickler in seiner Umgebung kein LDAP oder Active Directory betreiben, kann die Anwendung aber trotzdem starten und die Funktionalität des Services mit Testdaten nutzen. Um diese Flexibilität zu ermöglichen, werden Definition und Implementierung von Services in unterschiedlichen Plugins abgelegt. Im Folgenden werden der Einfachheit halber kurze Plugin-Namen verwendet, die nicht dem Standardmuster, beispielsweise „net.teufel.*", folgen, sondern lediglich den letzten Teil des Namens angeben (z. B. „myplugin"). In einer realen Umsetzung sollten selbstverständlich entsprechende Prefixes verwendet werden.

Abbildung 6.3 auf der nächsten Seite zeigt ein Plugin, welches den Userservice definiert (usermanagement), und jeweils ein Plugin, in dem der Service für LDAP und Active Directory umgesetzt ist (usermanagement.ldap und usermanagement.activedirectory). Außerdem ist ein Plugin mit einer Test-Implementierung des Services (usermanagement.test) enthalten. Über Run- oder Produkt-Configurations kann nun gesteuert werden, welche Implementierung in einer Anwendungsinstanz verfügbar sein soll. Die Abbildung zeigt außerdem eine Übersicht der Architektur des Beispiels. Die Servicedefinition liegt im Plugin usermanagement, das keine Abhängigkeiten auf eine bestimmte Technologie enthält. Die Implementierungen des Service liegen in Plugins, die eine Abhängigkeit auf das Plugin usermanagement, sowie auf für die Implementierung des Service benötigte Komponenten halten. Damit später verschiedene Produkte auslieferbar sind, können die verschiedenen Implementierungen mit der Definition des Services zu Features zusammengefasst werden. Da die Test-Service-Implementierung nicht produktiv ausgeliefert werden soll, ist sie lediglich in einer für Entwickler zu nutzenden Run Configuration enthalten. Das Diagramm zeigt die Test- sowie die LDAP-Implementierung, eine alternative Active Directory-Implementierung verläuft analog.

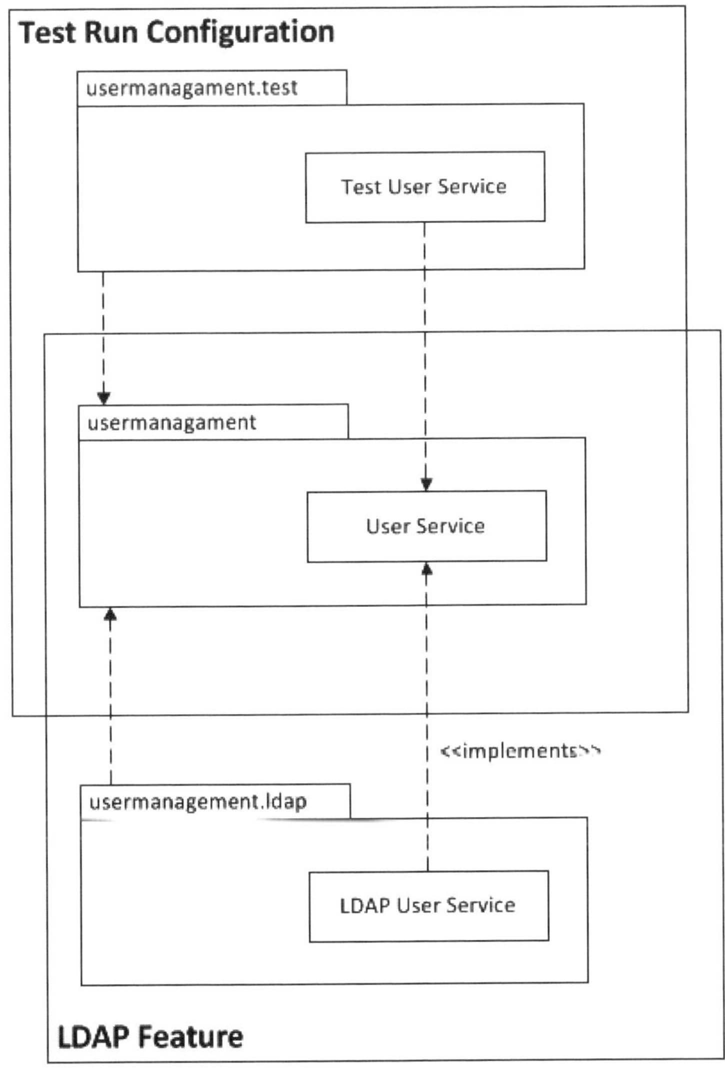

Abbildung 6.3: Für jeden Service können unterschiedliche Implementierungen bereitgestellt werden

Um das Beispiel nachzuvollziehen, wird zunächst ein neues Plugin „usermanagement" erzeugt. Die Implementierung eines Services ist eine Klasse, die das Interface der Service-Defintion implementiert. Das Plugin, das den Service implementiert, beispielsweise usermanagement.test, muss eine Abhängigkeit auf das Plugin, das die Service-Definition anbietet (usermanagement), erhalten. Damit das Service-Interface aus dem Plugin usermanagement auch nach außen hin sichtbar ist, muss es im Plugin usermanagement exportiert werden. Ein solcher Export wird in der Datei MANIFEST.MF im Reiter „Runtime" konfiguriert. In der textuellen Version der MANIFEST.MF lautet der entsprechende Eintrag wie folgt, wenn sich die Service-Definition im Root-Package befindet:

```
Export-Package: usermanagement
```

Nun kann der TestUserService im zweiten Plugin „usermanagement.test" implementiert werden. Für den Beispielservice könnte die Test-Implementierung wie folgt aussehen:

```
public class TestUserService implements UserService {

   @Override
   public List<String> getUserNames() {
      List<String> ret = new ArrayList<String>();
      ret.add("jhelming");
      ret.add("mteufel");
      return ret;
   }
}
```

Die Implementierungen eines LDAP oder Active Directory Services verlaufen analog, beinhalten jedoch die eigentliche Logik, um Zugriffe auf die entsprechenden Verzeichnisdienste auszuführen.

Damit die Implementierungen eines eigenen Services nun per Dependency Injection zur Verfügung stehen, müssen sie (im EclipseContext) registriert werden. Da Eclipse 4 alle OSGi Services per Dependency Injection bereitstellt, wird zur Registrierung eigener Services auch direkt der OSGi-Mechanismus verwendet. Service werden in OSGi entweder manuell oder deklarativ registriert. Ersteres Vorgehen ist, ähnlich dem manuellen Einfügen von Objekten in den Eclipse Context, nur in Spezialfällen sinnvoll. Ein manuelles Registrieren eines Service kann über die API des BundleContext vorgenommen werden, der beispielsweise im Activator eines Plugins in der Methode start() zur Verfügung steht. Folgendes Beispiel registriert die Test-Implementierung des Beispielservices beim Starten des Plugins.

```
public void start(BundleContext bundleContext) throws Exception {
   bundleContext.registerService(UserService.class,
                                 new TestUserService(), null);
}
```

6.6.1 OSGi Declarative Services

Das manuelle Registrieren von Service erlaubt allerdings keine gute Übersicht der vorhandenen Services eines Plugins. Daher sollten Service-Implementierungen in der Praxis besser deklarativ, also über eine Konfigurationsdatei registriert werden. Diese Konfigurationsdateien liegen per Konvention in einem Verzeichnis „OSGI-INF“ auf dem Root-Level des Plugins, welches die Service-Implementierung enthält. In diesem Verzeichnis wird nun über New | Other | Component Definition eine neue Konfigurationsdatei erzeugt.

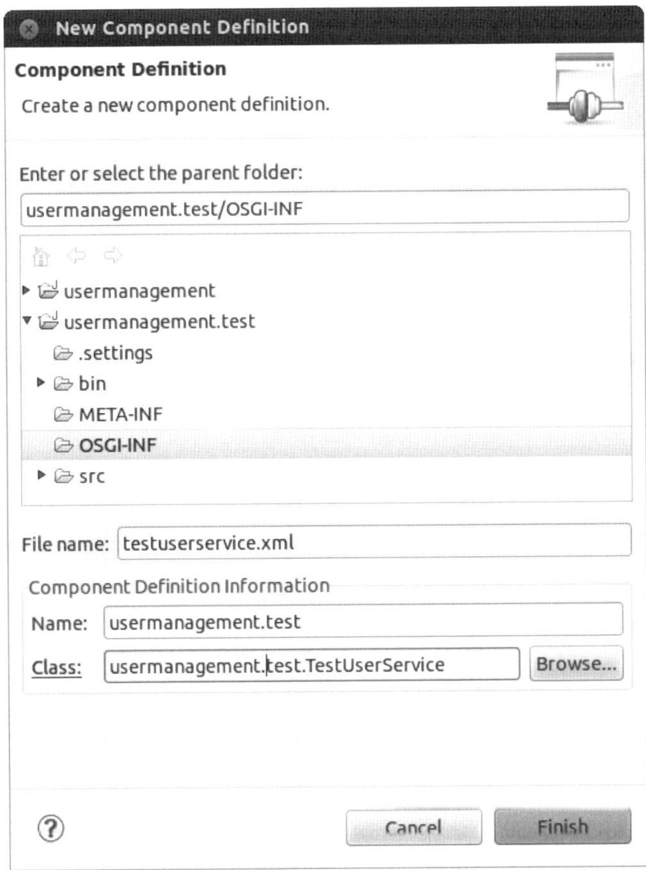

Abbildung 6.4: Im Wizard kann eine neue Komponente definiert werden

In Wizard werden ein Name für die Konfigurationsdatei, ein Name für die Komponente und die Klasse der Service-Implementierung angegeben. Der Name der Komponente muss dabei eindeutig n, e: Enthält ein Plugin mehrere Services, sollten diese als Suffix im Namen vorkommen. Anschließend wird die Datei, ähnlich wie eine plugin.xml, in einem Form-basierten Editor geöffnet. Hier kann die Service Registrierung konfiguriert werden. Zuvor sollten jedoch zwei Einträge kontrolliert werden. Die Component Definition muss in der Datei MANIFEST.MF registriert sein, dies geschieht automatisch, nutzt man zum Anlegen der Definition den gerade beschriebenen Wizard. Ein entsprechender Eintrag lautet wie folgt:

```
Service-Component: OSGI-INF/testuserservice.xml
```

Zweitens sollte das neu erstellte Verzeichnis OSGI-INF Teil des Builds sein, das bedeutet, es wird mit dem Plugin ausgeliefert. Dies kann im Reiter „Build" der plugin.xml konfiguriert werden. Die Datei build.properties sieht in diesem Fall wie folgt aus:

```
output.. = bin/
bin.includes = META-INF/,\
               .,\
               OSGI-INF/
source.. = src/
```

Sind beide Einträge korrekt vorhanden muss nun in der Component Defintion angegeben werden, welcher Service durch die Komponente angeboten wird, konkret, welches Interface sie implementiert. Über diese Angabe kann OSGi identifizieren, welcher Service von welchem Bundle angeboten wird, und diese beispielsweise bei Bedarf starten. Die geschieht auf dem zweiten Reiter „Services" der Component Definition im Feld „Provided Services", in dem das implementierte Interface UserService ausgewählt wird.

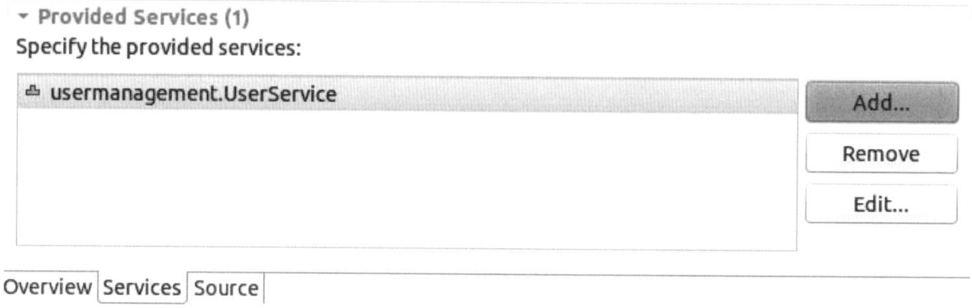

Provided Services (1)
Specify the provided services:
usermanagement.UserService
Add...
Remove
Edit...
Overview Services Source

Abbildung 6.5: Festlegung des implementierten Service-Interfaces

Die XML Repräsentation der Component Definition sollte nun wie folgt aussehen:

```
<scr:component xmlns:scr="http://www.osgi.org/xmlns/scr/v1.1.0"
name="usermanagement.test">
   <implementation class="usermanagement.test.TestUserService"/>
   <service>
      <provide interface="usermanagement.UserService"/>
   </service>
</scr:component>
```

Ist der eigene Service korrekt registriert, muss sichergestellt werden, dass das Plugin, welches die Service-Implementierung enthält, in der jeweiligen Anwendungsinstanz verfügbar ist. Da Plugins, die den Service nutzen, zwar eine Abhängigkeit auf dieService -Definition, nicht jedoch auf die Service-Implementierung haben, wird die Anwendung zwar ohne Fehlermeldung starten, ist keine Service-Implementierung vorhanden, wird es jedoch bei der Injection einen Fehlr gebe oder - - falls @Optional verwend w – Null null injiziert. Auch die Funktion „Add required" hilft in diesem Fall nicht weiter, das welches das die Service.Implementierung enthält, muss explizit in die jeweilige Product Configuration oder, falls der Service nur zur Entwicklung verwendet wird, zur Run Configuration hinzugefügt werden.

Sind alle Vorbereitungen abgeschlossen, wird der Service nun automatisch in den globalen OSGi Context auf oberster Ebene innerhalb des EclipseContext eingefügt und kann an jeder Stelle der Anwendung bequem per Dependency Injection abgefragt werden. Dabei wird nur das entsprechende Interface angegeben, der Nutzer des Services muss also nicht wissen, welche konkrete Implementierung zur Laufzeit verfügbar ist. Wird die Injection mit @Optional annotiert, kann die entsprechende Klasse auch ohne das Vorhandensein einer Service-Implementierung funktionieren. In diesem Fall sollte das Feld vor der Nutzung jedoch unbedingt auf null Null überprüft werden.

```
@Inject (@Optional)
UserService userService
```

Die deklarative Definition von Services über OSGi erlaubt noch eine Reihe von zusätzlichen Optionen. Beispielsweise können in der Component Definition in den Feldern „activate" und „deactivate" Methoden der Service-Implementierung angegeben werden, die beim Initialisieren und beim Beenden des Services ausgerufen werden sollen. Für einen tieferen Einblick in die Entwicklung von OSGi Services sei an dieser Stelle auf die entsprechende weiterführende Literatur verwiesen [1].

Links &Literatur

[1] *http://www.osgi.org/Links/Books*

7 CSS-Styling

Bei Cascading Stylesheets (CSS) handelt es sich um eine deklarative Sprache, mit der vor allem im Web-Umfeld eine HTML-ergänzende Formatierung von Web Seiten durchgeführt werden kann. Das bedeutet konkret, dass man HTML-Dokumente mit sogenannten „Dokumentvorlagen" (Stylesheets) verknüpft, welche die typografischen Informationen zum Erscheinungsbild der Seite enthalten. Damit kann im HTML-Dokument selbst der Fokus auf Struktur und Inhalt liegen, während das einheitliche Aussehen über CSS gesteuert wird. Durch diese Trennung können Änderungen am Erscheinungsbild schnell und problemlos, auch über mehrere HTML-Seiten hinweg, eingepflegt werden. Auf der anderen Seite werden die HTML-Seiten selbst schlanker und übersichtlicher, weil viel Code, der das Aussehen der Seite steuert, in den CSS-Bereich übergeht. Auch wenn CSS heute als Standard-Stylesheetsprache für Webseiten gilt, so ist das Web nur ein Bereich in dem CSS eingesetzt werden kann. Laut Wikipedia ist es mit CSS möglich, Darstellungen für verschiedene Ausgabemedien wie Bildschirm, Papier, Projektion und Sprache vorzugeben. Dieses Kapitel erklärt zunächst grundsätzlich, wie CSS in Verbindung mit der Eclipse 4 Application Platform funktioniert, wie man es verwendet und schließlich wie man eigene Themes baut, zwischen denen man zur Laufzeit umschalten kann und somit das Aussehen einer Anwendung im laufenden Betrieb ändert.

Obwohl CSS auch im Eclipse 4.2 SDK zum Einsatz kommt, bringen die Standardpakete zunächst keinerlei Unterstützung und Werkzeuge zum Erstellen von Cascading Stylesheets mit. Die e4-Tools, die separat erhältlich sind, bieten allerdings umfangreiche Unterstützung für CSS. Neben einem Editor für CSS-Dateien, der Syntax-Highlighting und Codevervollständigung anbietet, sind insbesondere auch Werkzeuge zum Debuggen, Ausprobieren und zur Analyse von CSS-Bestandteilen in Eclipse-4-Anwendungen enthalten. Eine detaillierte Beschreibung zu den e4-Tools und den darin enthaltenen Werkzeugen für CSS findet sich in Kapitel 3.

7.1 CSS und Eclipse 4.2

Zunächst stellt sich natürlich die Frage: Wenn sich mit Hilfe von CSS eine saubere und einheitliche Trennung zwischen dem fachlichen Teil und der Darstellung erreichen lässt, warum hat diese Technik noch nicht längst Einzug in die Anwendungsentwicklung gehalten? In Eclipse 3.x erfolgte die Steuerung des Aussehens einer Anwendung über das Presentation API, beziehungsweise über verschiedene Properties in den verwendeten Widgets. Abgesehen von der Tatsache, dass es statt einem einheitlichen hier eigentlich zwei verschiedene Wege zum Ziel gab, führt diese Vorgehensweise definitiv zur Vermischung von Layout-spezifischem und fachlichem Code. Dieses Problem erkannte man auch in der Eclipse Community recht früh und bald keimte die Idee, in Zukunft auf CSS zu setzen. CSS zur Gestaltung der Oberfläche entstand schließlich im Rahmen der Entwicklung der e4-Technologie, jedoch als eigenständige und unabhängige Komponente. Dies bedeutet, dass mit Eclipse 4 CSS zwar Einzug hält, die Komponente selbst sich jedoch auch herauslösen und genauso in Eclipse-3.x-Anwendungen verwenden lässt.

Gestaltet man eine e4-Anwendung mit CSS, legt man die eigentlichen Gestaltungsregeln typischerweise in einer separaten Stylesheet-Datei ab. Die Syntax orientiert sich am CSS-Standard. In einem Stylesheet werden Regeln für die verschiedenen Teile der Anwendung definiert, diese werden auch CSS-Regeln oder CSS Rules genannt. Eine solche Regel wird per Definition mit einem sogenannten „Selektor" eingeleitet, der auf das zu gestaltende Objekt oder eine Objektgruppe verweist. Darauf folgen die eigentlichen Gestaltungsmerkmale. Diese stehen zwischen geschweiften Klammern in einem Block und sind in der Form Attribut und Attributwert anzugeben, jeweils getrennt durch Doppelpunkt. Das folgende Listing zeigt am Beispiel eines Labels, wie ein solcher CSS-Block aussehen kann:

```
Label {
   font: Arial 10px;
   color: rgb(255,255,255);
}
```

Der Block wird durch den Selektor „Label" eingeleitet, was in diesem Fall bedeutet, dass die CSS-Regel für alle SWT-Elemente vom Typ „Label" gilt. Sie bezieht sich somit auf eine Objektgruppe. Innerhalb des Blocks sind die eigentlichen Gestaltungsmerkmale (Schriftart Arial in bestimmter Größe in weißer Farbe) definiert. Mit Selektoren hat man zusätzlich die Möglichkeit, verschiedene Bedingungen zu definieren, die auf ein Element zutreffen müssen, damit der nachfolgende Satz an CSS-Gestaltungsmerkmalen auf die jeweiligen Elemente angewendet werden. Die verschiedenen Arten von CSS-Selektoren werden in Abschnitt 7.2 näher beschrieben.

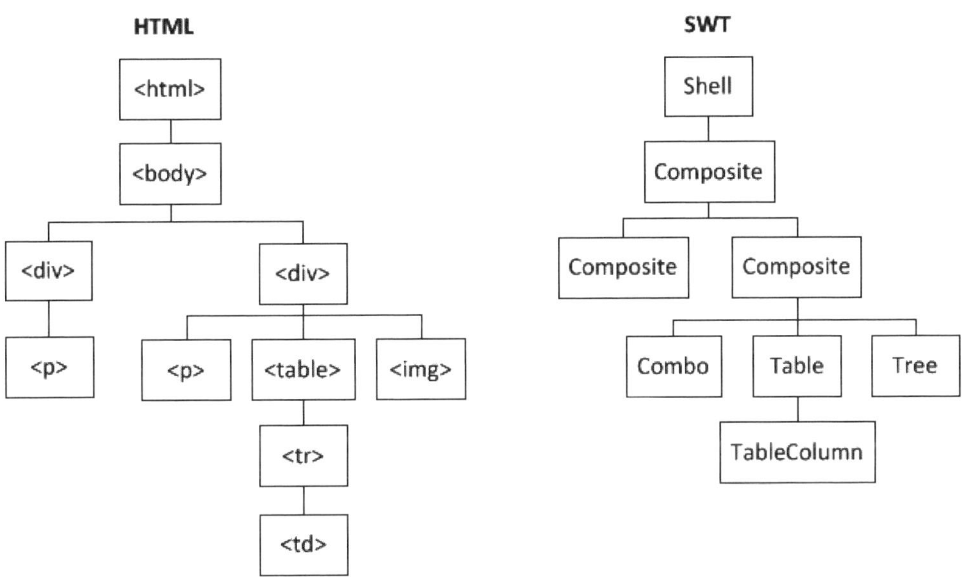

Abbildung 7.1: CSS kann bei der Gestaltung hierarchisch vorgehen

Die CSS-Komponente geht beim Anwenden eines Stylesheets auf die einzelnen SWT-Elemente hierarchisch vor. Wie in Abbildung 7.1 zu sehen ist, lässt sich CSS auf SWT genauso abbilden wie auf HTML. Wird als Selektor beispielsweise „Shell" ausgewählt, bezieht sich die nachfolgende CSS-Regel auf alle Shells in der Anwendung, nicht jedoch auf die in der Hierarchie folgenden Elemente (Composite, Combo und so weiter). Ein solches Miteinbeziehen darunterliegender Elemente erreicht man durch den Einsatz von Descendant Selectors oder Child Selectors. Hierbei handelt es sich um eine Sonderform von Selektoren, welche in Abschnitt 7.2.4 mit Beispielen beschrieben werden.

7.1.1 Das Aussehen der Eclipse 4 IDE mit CSS verändern

Bevor das Erzeugen und die Integration von individuellen CSS-Dateien in eigene Anwendungen beschrieben wird, soll zunächst gezeigt werden, wie man mit wenigen Handgriffen die CSS-Regeln einer laufenden Eclipse-IDE einsehen und verändern kann. Hierzu muss die Eclipse-IDE nicht verlassen werden. Über die Preference-Seite General | Appearance lässt sich nicht nur zwischen den einzelnen Themes umschalten, es werden auch die CSS-Regeln des gerade ausgewählten Themes angezeigt (Abbildung 7.2) wenn die e4-Tools installiert sind.

Abbildung 7.2: Sind die e4-Tools installiert, kann der CSS-Code des ausgewählten Themes sogar editiert werden

Diese werden in einem Editor mit Syntax-Highlighting dargestellt und können direkt verändert werden. Mit einem Klick auf den „Apply"-Knopf werden alle Änderungen gespeichert und sind sofort aktiv. Ändert man hier beispielsweise den Bereich, der mit dem Selector „.MPartStack" eingeleitet wird wie folgt, erhalten alle Reiter in der Workbench das klassische SWT-Design zurück, inklusive der schräg abgerundeten Reiter.

```
.MPartStack {
   swt-tab-renderer: null;
   font-size: 15;
   swt-simple: false;
}
```

In Kapitel 4 wurden PartStacks als eines der zentralen Layout-Elemente für Perspektiven vorgestellt, in der Eclipse Workbench kommen PartStacks überall dort zum Einsatz, wo Reiter dargestellt werden. Der CSS-Selector „.MPartStack" wählt alle Elemente vom Typ MPartStack aus. Der einleitende Punkt legt dabei fest, dass dieser Selektor auf alle Elemente vom angegebenen Typen (hier MPartStack) im Application Model wirken soll.

Zum modernen Design der neuen Eclipse 4-Workbench tragen auch die neugestalteten, in einem weißlichen Ton gehaltenen, Reiter bei. Dieses neue Aussehen wird durch einen eigenen, speziellen Renderer für das CTabFolder-Widget erreicht. Die erste Zeile in dem ausgewählten CSS Theme importiert dazu zunächst ein Basis-Stylesheet. Um dieses Basis-Stylesheet (e4_basestyle.css) im Preference-Editor zu betrachten, muss man lediglich das Theme „Default Theme" auswählen. Dort gibt es ebenfalls einen „.MPartStack"-Selektor, hier findet sich die Verknüpfung mit dem Eclipse 4-spezifischen CTab-Renderer :

```
.MPartStack {
   swt-tab-renderer:
         url('bundleclass://org.eclipse.e4.ui.workbench.renderers.swt/
              org.eclipse.e4.ui.workbench.renderers.swt.CTabRendering');
   ...
}
```

Im Listing weiter oben wird diese Default-Angabe mit dem Wert null überschrieben, somit kommt also wieder der Standard-Renderer zum Einsatz. Das Attribut swt-simple greift erst, wenn der Standard-Renderer wieder aktiv ist und sorgt dafür, dass die Reiter eckig dargestellt werden. Stellt man dieses Attribut auf false, erhält man die aus früheren Eclipse-Versionen bekannten abgerundeten Reiter. Änderungen an den CSS-Regeln, die über die Preference-Seite, wie hier beschrieben, vorgenommen wurden, lassen sich mit Hilfe des Knopfs „Restore Defaults" jederzeit wieder zurücknehmen. Abbildung 7.3 zeigt, wie sich die Eclipse-IDE mit Hilfe von CSS verändern lässt. Im oberen Ausschnitt kommt das mitgelieferte Standard-CSS mit dem bereits erwähnten Tab-Renderer zum Einsatz. Der untere Ausschnitt zeigt, wie sich die DIE verändert wenn man die weiter oben beschriebenen Veränderungen im Standard-CSS vornimmt.

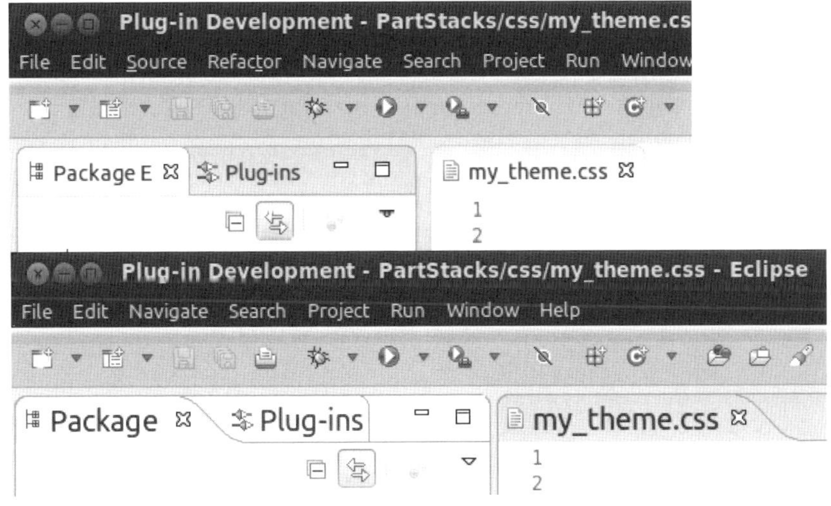

Abbildung 7.3: Das Aussehen der Eclipse-IDE mit CSS verändern

7.1.2 CSS in Eclipse-4-Anwendungen verwenden

Interessant ist jetzt natürlich die Frage, wie sich CSS-Styling in der eigenen Anwendung verwenden lässt. CSS lässt sich entweder fest, dynamisch oder programmatisch einbinden. Bei der festen Konfiguration wird die Anwendung mit einer CSS-Datei ausgestattet, die alle anzuwendenden Gestaltungsmerkmale enthält. Ein spezieller Parameter in der Datei plugin.xml legt in diesem Zusammenhang fest, welche CSS-Datei verwendet werden soll. Bei dynamischer Konfiguration können beliebig viele CSS-Dateien als sogenannte Themes eingebunden werden. Ein eigenes API (Theme Engine API) ermöglicht es dem Entwickler dann zur Laufzeit zwischen den einzelnen Themes umzuschalten. Unabhängig davon, ob CSS in fester oder dynamischer Weise aktiviert wird, müssen mindestens folgende Plugins in die Anwendung eingebunden sein:

- org.eclipse.e4.ui.css.core
- org.eclipse.e4.ui.css.swt

Selbstverständlich besitzen auch die soeben aufgeführten Bundles wiederum Abhängigkeiten zu anderen Bundles, diese lassen sich jedoch über die Product-Datei oder aus der Run Configuration des Projekts über den Knopf „Add Required“ auflösen. Erstellt man eine e4-Anwendung mit Hilfe des „Eclipse 4 Application Project“-Wizards (eine Beschreibung hierzu findet sich in Kapitel 3), dann wird das Projekt bereits für CSS-Styling vorbereitet. Dabei kommt die Variante der festen Konfiguration zur Anwendung.

Feste Konfiguration mit einer CSS-Datei

Wie bereits erwähnt, ist eine CSS-Datei mit den Gestaltungsmerkmalen als Grundlage für die CSS-Engine erforderlich. Diese muss der CSS-Engine bekannt gemacht werden. Hierzu bedient man sich im Rahmen der festen Konfiguration des Extension Points „org.eclipse.core.runtime.products“, eines Erweiterungspunkts, der ohnehin in nahezu jeder e4-Anwendung verwendet wird. Über diesen Extension Point wird eine e4-Anwendung als Produkt registriert. Weiterhin wird an diesem Extension Point mit Hilfe des Parameters „applicationXMI“ das initiale Application Model registriert. Auf ganz ähnliche Weise, durch den Parameter „applicationCSS“, erfolgt hier auch die Aktivierung der CSS-Datei:

```
<extension id="product" point="org.eclipse.core.runtime.products">
   <product name="PartStacks"
         application="org.eclipse.e4.ui.workbench.swt.E4Application">

      <property name="appName"
            value="PartStacks">
      </property>
      <property name="applicationXMI"
             value="PartStacks/Application.e4xmi">
      </property>
      <property name="applicationCSS"
```

```
            value="platform:/plugin/PartStacks/css/my_theme.css">
      </property>

    </product>
  </extension>
```

Der oben dargestellte Ausschnitt aus der plugin.xml zeigt, wie über den Parameter „applicationCSS" die Verknüpfung mit der CSS-Datei erfolgt und damit implizit die Aktivierung der CSS-Engine. Sobald diese Einstellung erfolgt ist und die entsprechende Datei vorliegt, wird beim nächsten Start der Anwendung dass CSS-Styling aktiv. Da es sich bei der CSS-Datei aus Eclipse-Sicht um eine Ressource handelt, ist die Datei-URI hier in der Platform-Notation anzugeben.

Das folgende Listing enthält die CSS-Regeln für die Datei „my_theme.css". Alle Attribute die mit „swt" beginnen, bezeichnen direkt Eigenschaften der darunterliegenden SWT-Komponenten. So verweist das Attribut „swt-tab-renderer" auf den Setter „setRenderer" des CTabFolder-Widgets und bewirkt, dass der angegebene Renderer an den Setter übergeben wird. Da es sich bei dem Renderer um eine Klasse handelt, muss die Angabe hier in der Bundleclass-Notation erfolgen. Auf den Unterschied zwischen Platform- und Bundleclass-Notation wurde in Kapitel 4 näher eingegangen.

```
.MPartStack {
   swt-tab-renderer:
         url('bundleclass://org.eclipse.e4.ui.workbench.renderers.swt/
               org.eclipse.e4.ui.workbench.renderers.swt.CTabRendering');
   swt-font-size: 12;
   swt-unselected-tabs-color: #F3F9FF #D0DFEE #CEDDED #CEDDED #D2E1F0
     #D2E1F0 #FFFFFF 20% 45% 60% 70% 100% 100%;
   swt-outer-keyline-color: #B6BCCC;
   swt-inner-keyline-color: #FFFFFF;
}

#MyTag {
  background-color: rgb(0,0,0);
  color: white;
}
```

Die Theme Engine API verwenden

Soll eine Eclipse-4-Anwendung mit einem festen Standard-Theme auskommen, reicht es, wenn man wie im vorangegangenen Abschnitt beschrieben vorgeht. Es gibt allerdings auch die Möglichkeit, mehrere Themes mit einer Anwendung auszuliefern und dem Anwender die Möglichkeit zu geben, zwischen diesen zu wechseln ohne die Anwendung neu starten zu müssen. Die Eclipse-IDE selbst ist ein gutes Beispiel für eine Anwendung, die mehrere Themes mitbringt. So gibt es zunächst für jedes Betriebssystem ein eigenes Look and Feel, außerdem kann man im Preference-Dialog, wie weiter oben bereits beschrieben, zwischen verschiedenen Themes umschalten. Technisch gesehen liegt jedes

Theme als CSS-Datei vor und muss in einem Ressourcen-Ordner innerhalb der Anwendung vorliegen. Damit die Platform die verschiedenen Themes erkennt, müssen diese registriert werden. Hierzu stellt Eclipse 4 den speziellen Extension Point „org.eclipse.e4.ui.swt.theme“ zur Verfügung. An diesem Extension Point ist jedes Theme anzumelden, das in der Anwendung aktiviert werden können soll. Die Theme Engine API ermöglicht später das Umschalten zwischen den einzelnen Themes. Damit dieser Extension Point sowie die zugehörige Theme Engine API zur Verfügung steht, ist zusätzlich das folgende Bundle (als required Plug-In) in die Datei MANIFEST.MF des Projekts aufzunehmen:

- org.eclipse.e4.ui.css.swt.theme
- Im Folgenden soll die Vorgehensweise zum Einbinden von Themes anhand von zwei sehr einfachen Themes durchgespielt werden. Die Anwendung soll dabei in die Lage versetzt werden zwischen einer normalen Ansicht (Standard Theme) und einer Ansicht mit besonders großen Schriften (Big Fonts Theme) umschalten zu können. Die beiden Themes sind in zwei CSS-Dateien hinterlegt:
- standard.css (Standard Theme)
- bigfonts.css (Big Fonts Theme)

Wie bereits erwähnt, müssen die beiden Themes zunächst am weiter vorne erwähnten Extension Point registriert werden. Themes sind nicht Bestandteil des Application Models. Die Registrierung erfolgt von daher auf dem Standardweg über die Datei plugin.xml:

```
<extension
   point="org.eclipse.e4.ui.css.swt.theme">
   <theme
      basestylesheeturi="css/standard.css"
      id="net.teufel.themes.standard"
      label="Standard Theme ">
   </theme>
   <theme
      basestylesheeturi="css/bigfonts.css"
      id="net.teufel.themes.bigfonts"
      label="Big Font Theme">
   </theme>
</extension>
```

Bei der Registrierung wird eine ID angegeben, über die das Theme eindeutig identifizierbar ist. Danach folgt ein Label, das man beispielsweise in der Anwendung zur Auswahl des aktuell gültigen Themes anzeigen kann. Der Parameter „basestylesheeturi“ gibt den Pfad zur CSS-Datei an, die das Theme beinhaltet. Alle drei Angaben sind verpflichtend. Alle weiteren Angaben dagegen optional. Die optionalen Angaben, die man beim Anmelden eines Themes beim Theme Manager noch machen kann, beschreiben zum Beispiel, für welches Betriebssystem das Theme geeignet ist, und genauer für welche Betriebssystem-Version (Parameter „os“ und „os_version“). Lässt man diese Angaben leer, geht die Eclipse 4 Application Platform davon aus, dass das betreffende Theme auf jedem Betriebssystem eingesetzt werden kann. Schließlich kann man noch angeben, wenn sich ein Theme nur auf ein bestimmtes Windowing-Toolkit, etwa GTK unter Linux, bezieht (Parameter „ws“).

Im vorangegangenen Abschnitt wurde schon beschrieben, wie man mit Hilfe der Property „applicationCSS“ im Extension Point „org.eclipse.core.runtime.products“ ein festes CSS Theme für eine Anwendung vorgeben kann. Diese Property wird bei Verwendung der Theme Engine API nicht mehr beachtet. An seine Stelle tritt nun der Parameter „cssTheme“ um zunächst einmal festzulegen, welches der registrierten Themes das Standard-Theme darstellt. Theoretisch kann man diesen Parameter auch als Alternative zu „applicationCSS“ verwenden. In diesem Fall muss das Theme, auch wenn nur dieses eine ausgeliefert wird, trotzdem beim Extension Point „org.eclipse.e4.ui.swt.theme“ angemeldet werden. Damit das Standard-Theme über die Property „cssTheme“ angezogen wird, ist die Produktkonfiguration in der plugin.xml wie nun folgt zu ändern:

```
<extension
   id="product"
   point="org.eclipse.core.runtime.products">
   <product
      name="PartStacks"
      application="org.eclipse.e4.ui.workbench.swt.E4Application">
      <property
         name="appName"
         value="PartStacks">
      </property>
      <property
         name="applicationXMI"
         value="PartStacks/Application.e4xmi">
      </property>
      <property
         name="cssTheme"
         value="net.teufel.themes.standard">
      </property>
   </product>
</extension>
```

Zu beachten bei diesen beiden Listings ist, dass die Angabe des Datei Pfads zum Theme im relativen Format erfolgt. Die Angabe des Standard-Themes beim Produkt selbst (letztes Listing über Parameter „cssTheme“) erfolgt jedoch über dessen Theme-ID!

Damit sind alle Basis-Einstellungen erledigt: Die in der Anwendung zur Verfügung stehenden Themes sind registiert und das Standard-Theme ist festgelegt. Jetzt fehlt noch die Möglichkeit, zur Laufzeit zwischen diesen beiden Themes umzuschalten. Für den Umgang mit Themes bietet die Eclipse 4 Application Platform dazu den Service „IThemeEngine“ an, den man sich mit Hilfe von Dependency Injection übergeben lassen kann. Eine der zentralen Methoden, die dieser Service anbietet, ist setTheme(). Ruft man diese Methode auf und übergibt die ID eines Themes, führt dies dazu, dass dieses Theme aktiv wird und alle Gestaltungsregeln aus der dahinterliegenden CSS-Datei sofort auf alle Komponenten der laufenden Anwendung wirken. Das folgende Listing zeigt, wie man beispielsweise aus einem Handler heraus auf das „Big Fonts“-Theme umschalten kann:

```
public class SwitchThemeHandler {
   @Execute
   public void switchToBigFonts(IThemeEngine themeEngine) {
      themeEngine.setTheme("net.teufel.themes.bigfonts ",true);
   }
}
```

In diesem Beispiel wird der ThemeEngine-Service implizit über Dependency Injection in den Handler übergeben. Durch Aufruf der Methode setTheme() und unter Angabe der ID des Themes, auf den umgeschaltet werden soll, wird der eigentliche Wechsel ausgelöst. Der zweite Parameter, der an die Methode setTheme() übergeben wird, bestimmt, ob diese Einstellung gespeichert werden soll. Der Wert true legt also fest, dass dieses Theme als neues Standard-Theme gespeichert und bei einem Neustart der Anwendung wiederverwendet wird.

Der ThemeEngine-Service bietet noch weitere interessante Methoden an. Eine Zusammenfassung findet sich in Tabelle 7.1.

Methode	Beschreibung
setTheme(themeid, true/false)	Legt das aktuelle Theme fest. Es muss hier eine vorher beim Extension Point „org.eclipse.e4.ui.css.swt.theme“ angemeldete Theme-ID angegeben werden. Der zweite Parameter steuert, ob diese Einstellung gespeichert werden soll, so dass beim Neustart das zuletzt eingestellte Theme wiederhergestellt werden kann.
registerTheme(themeid, label, basestylesheeturi, osVersion)	Alternativ zum Registrieren von Themes über den Extension Point besteht mit dieser Methode die Möglichkeit, Themes optional auf programmatische Weise beim System anzumelden.
getActiveTheme()	Liefert das aktuell eingestellte Theme zurück. Es wird ein Objekt vom Typ ITheme zurückgeliefert, welches alle Informationen zum Theme (ID, Label, URI, usw) kapselt.
getThemes()	Liefert eine Liste aller registrierten Themes vom Typ List<ITheme>. Damit können beispielsweise Menüs zum Umschalten zwischen den verfügbaren Themes erzeugt werden.

Tabelle 7.1: Hilfreiche Methoden des ThemeEngine-Services im Überblick

Es ist auch möglich, sich informieren zu lassen, wenn ein Theme-Wechsel über die Theme Engine API stattgefunden hat. Hierzu sendet die Theme Engine ein Event an den Event Broker. Das zugehörige Topic ist in folgendem Interface notiert:

```
IThemeEngine.Events.THEME_CHANGED
```

Mit Hilfe der @EventTopic-Annotation kann man sich also beim Event Broker anmelden und bekommt dann, vorausgesetzt man hat sich mit dem oben angegebenen Topic registriert, alle wichtigen Information zum Theme-Wechsel in einem Event-Objekt geliefert. Es kann abgefragt werden, auf welches Theme gewechselt wurde, das betreffende Display wird geliefert und schließlich wird mitgeteilt, auf welchem Wert das Restore-Flag beim Aufruf von setTheme() gesetzt wurde. Das folgende Beispiel registriert sich beim Event Broker und schreibt alle Informationen auf die Konsole, sobald das Theme gewechselt wird:

```
@Inject @Optional
public void
 handleEvent(@EventTopic(IThemeEngine.Events.THEME_CHANGED) Event event){
   System.out.println("Topic: " + event.getTopic());
   System.out.println("Theme: " +
     event.getProperty(IThemeEngine.Events.THEME));
   System.out.println("Device: " +
     event.getProperty(IThemeEngine.Events.DEVICE));
   System.out.println("Restore: " +
     event.getProperty(IThemeEngine.Events.RESTORE));
}
```

Beim Wechsel des Themes sollte das oben abgebildete Listing zu folgender Ausgabe führen:

```
Topic: org/eclipse/e4/ui/css/swt/theme/ThemeManager/themeChanged
Theme: Theme [id=net.teufel.themes.bigfonts, label='Big Font Theme',
osVersion=null]
Device: org.eclipse.swt.widgets.Display@30114
Restore: true
```

Tiefer gehende Informationen zum Event Broker und dem in der Eclipse 4 Application Platform enthaltenden Event System finden sich in Kapitel 6.

CSS programmatisch einbringen

Beim Einlesen von CSS-Dateien zur Gestaltung von SWT-Oberflächen verwendet Eclipse intern die Klasse org.eclipse.e4.ui.css.swt.CSSSWTEngineImpl.

Diese Klasse implementiert das generische Interface org.eclipse.e4.ui.css.core.engine. CSSEngine. Auch wenn mit dem Eclipse 4.2 SDK zur Zeit nur die oben erwähnte Implementierung für SWT ausgeliefert wird, so sind CSSEngine-Implementierungen auch für andere UI-Toolkits wie etwa Swing oder JavaFX denkbar. Manchmal kann es sinnvoll sein, CSS-Regeln manuell ins Programm einzustreuen, also programmatisch hinzuzufügen beziehungsweise bestehende Regeln neu zu definieren oder zu verändern. Zu diesem

Zweck kann man die CSSSWTEngine auch manuell bedienen. Das folgende Listing zeigt, wie mit ein paar Zeilen Programmcode die CSS-Regel für Label verändert werden kann:

```
CSSEngine engine = new CSSSWTEngineImpl(parent.getDisplay());
engine.parseStyleSheet(new StringReader(
   "Label { background-color: orange }"));
engine.setErrorHandler(new CSSErrorHandler() {
  public void error(Exception e) {
    e.printStackTrace();
  }
});
engine.applyStyles(parent.getShell(),true);
```

Im Beispiel wird die CSSSWTEngineImpl manuell instanziiert. Auf der Eclipse 4 Application Platform kann man sich diese selbstverständlich via Dependency Injection bereitstellen lassen. Mit Hilfe der Methode parseStyleSheet() wird der anzuwendende CSS-Code übergeben, hier unter Zuhilfenahme eines StringReaders. Optional kann man einen Error Handler an die CSSEngine binden, welcher benachrichtigt wird, wenn beispielsweise beim Parsen des CSS-Codes ein Fehler aufgetreten ist. Mit der Methode applyStyles() werden die Änderungen schließlich aktiv. Der erste Parameter bestimmt, ab wo in der Hierarchie der SWT-Komponenten die entsprechende CSS-Regel angewendet werden soll. Im Beispiel wird die Shell angegeben, was zur Folge hat, dass die neue CSS-Regel auf alle Elemente (vom Typ Label) der Shell angewendet wird. Der zweite Parameter legt fest, ob die neuen Regeln auch auf alle Kind-Elemente wirken sollen. Wenn ja (true), läuft die CSSEngine hierarchisch durch alle Kind-Elemente und setzt die Gestaltungsregeln bis auf die unterste Ebene der Hierarchie durch.

Theoretisch ist es möglich auch ganz auf CSS-Dateien zu verzichten und die CSS-Regeln komplett auf Basis der Klasse CSSSWTEngineImpl zu setzen. Hiervon wird aber dringend abgeraten, denn durch diese Vorgehensweise vermischen sich CSS-Regeln mit Programmcode. Dadurch wird die Wartung der Anwendung nicht nur erschwert, ein ganz wesentlicher Vorteil von CSS, nämlich die Trennung von Gestaltungsregeln und Programmcode geht dabei verloren.

7.1.3 Farben und Gradienten

Farben

CSS-Stylesheets für e4-Anwendungen werden wie Stylesheets für Webseiten definiert. So gibt es, dem CSS-Standard folgend, bei Farben die Möglichkeit diese in verschiedenen Schreibweisen zu definieren. In den vorangegangenen Listings wurden bereits verschiedene Varianten verwendet. Am häufigsten werden Farben in hexadezimaler Schreibweise, also zum Beispiel #FFFFFF für Weiß, angegeben. Die ersten beiden Zeichen geben dabei den Hexadezimalwert für den Rot-Anteil, gefolgt von zwei Zeichen für den Grün-Anteil und schließlich zwei Zeichen für den Blau-Anteil der Farbe vor. Will man nicht mit dem

Hexadezimalsystem arbeiten, kann man alternativ auch das Schlüsselwort rgb verwenden, womit die einzelnen Farbanteile in dezimaler Schreibweise angegeben werden können. Die Farbe Weiß würde man dann mit rgb(255,255,255) definieren. Schlussendlich legt der CSS-Standard selbst schon einige Farbkonstanten fest, die auch im Eclipse-4-Umfeld verwendet werden können. Tabelle 7.2 listet die verfügbaren Farbkonstanten auf.

Farbkonstante	Hexadezimal	RGB
white	#FFFFFF	rgb(255,255,255)
silver	#C0C0C0	rgb(192,192,192)
gray	#808080	rgb(128,128,128)
black	#000000	rgb(0,0,0)
lime	#00FF00	rgb(0,255,0)
green	#008000	rgb(0,128,0)
navy	#000080	rgb(0,0,128)
blue	#0000FF	rgb(0,0,255)
aqua	#00FFFF	rgb(0,255,255)
teal	#008080	rgb(0,128,128)
yellow	#FFFF00	rgb(255,255,0)
orange	#FFA500	rgb(255,165,0)
red	#FF0000	rgb(255,0,0)
maroon	#800000	rgb(128,0,0)
olive	#808000	rgb(128,128,0)
purple	#800080	rgb(128,0,128)
Fuchsia	#FF00FF	rbg(255,0,255)

Tabelle 7.2: Die CSS-Standard-Farbkonstanten stehen auch in e4 zur Verfügung

Gradienten

Neben der Möglichkeit Komponenten mit einer festen Farbe zu versehen, bietet die Styling Engine auch die optionale Möglichkeit, mit Farbverlaufen (Gradienten) zu arbeiten. Es werden lineare und radiale Farbverläufe unterstützt. Um solche Gradienten zu verwenden, bedient man sich anstelle der Angabe des Farbwerts einer speziellen Syntax aus der die Engine erkennt, dass ein Farbverlauf gezeichnet werden soll. Die Syntax für Farbverläufe lautet wie folgt:

```
[gradient] [linear/radial] Farbe1 Farbe2 [FarbeN] [ProzentN]
```

Alle in eckigen Klammern geschriebenen Parameter sind optional. Der erste Parameter (gradient) gibt an, dass ein Farbverlauf gezeichnet werden soll. Da für Gradienten aber mehr Parameter als nur eine Farbangabe benötigt werden, kann die Styling Engine anhand der Tatsache, dass mehrere Parameter angegeben sind, erkennen, dass ein Farbverlauf gezeichnet werden soll. Aus diesem Grund ist dieser erste Parameter optional. Der zweite Parameter kann entweder „linear" oder „radial" heißen. Wird dieser Parameter weggelassen, dann gilt als Standardeinstellung „linear". Linear bedeutet, dass ein geradliniger Farbverlauf erzeugt wird, bei der Angabe „radial" dagegen wird ein runder Farbverlauf gezeichnet. Die nächsten zwei Parameter (Farbe 1 und Farbe 2) sind mindestens erforderlich, denn mit diesen Angaben wird der Styling Engine mitgeteilt, dass ein Farbverlauf von Farbe 1 zu Farbe 2 zu zeichnen ist.

```
Shell {
   background-color: white black;
}
```

Diese Anweisung erzeugt einen linearen Farbverlauf von Weiß nach Schwarz. Der Farbverlauf beginnt im obersten Bereich der Komponente mit Weiß und ist am untersten Rand vollständig in der Zielfarbe Schwarz übergegangen. Man könnte diese Anweisung auch so schreiben:

```
Shell {
   background-color: linear white black 100%;
}
```

Ändert man den Wert 100% beispielsweise auf 50%, führt dies dazu, dass der Farbverlauf sich nicht über die gesamte Komponente zieht, sondern bereits auf halber Höhe vollständig vollzogen ist.

Es können beliebig viele Farbwerte angegeben werden. In diesem Fall werden entsprechend viele Farbverläufe jeweils von Farbe zu Farbe erzeugt. Sind beispielsweise vier Farbwerte angegeben, beginnt die Styling Engine im oberen Bereich der Komponente mit Farbe 1 und zeichnet einen Farbverlauf zu Farbe 2. Als Nächstes wird ein Farbverlauf zu Farbe 3 gezeichnet und so weiter. Für jede Farbe, die angegeben wird, darf optional ein Prozent-Wert mitgegeben werden, welcher angibt, wie viel Prozent der Gesamthöhe der Komponente der aktuelle Farbverlauf korrespondierend zur Farbe einnehmen darf. Sind drei Farben angegeben und als Prozent-Werte 25%, 25% und 50%, bewirkt dies, dass die beiden ersten Farbverläufe zusammen die Hälfte der Komponenten-Höhe einnehmen, während der letzte Farbverlauf die gesamte zweite Komponenten-Hälfte in Anspruch nimmt.

```
Shell {
   background-color: linear green black yello 25% 25% 50%;
}
```

Soll ein kreisrunder Farbverlauf gezeichnet werden, ist lediglich der Parameter „linear" durch „radial" zu ersetzen.

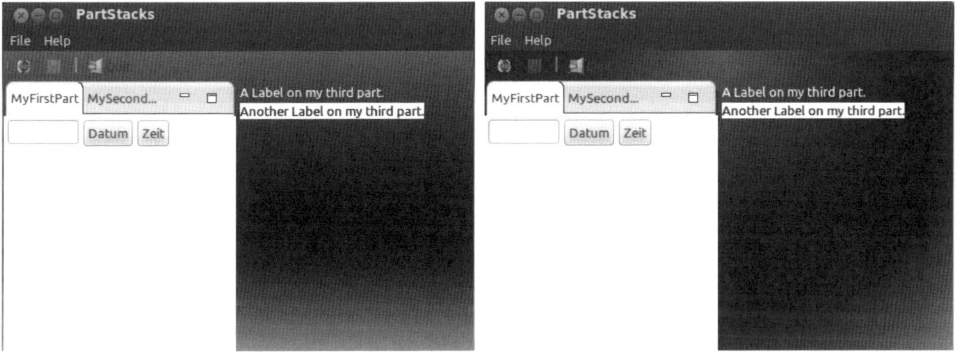

Abbildung 7.4: Lineare und radiale Gradienten im Vergleich

7.2 CSS-Selektoren

Eine einzelne Gestaltungsregel wird im Eclipse-4-Umfeld genaugenommen eigentlich nicht als CSS Rule bezeichnet. Häufiger findet hier der Begriff „CSS-Selector“ Anwendung, weil eine Gestaltungsregel im Sinne von e4 stets durch einen Selektor eingeleitet wird. Darauf folgt der eigentliche Gestaltungsblock in geschweiften Klammern. Selektoren sind Filterkriterien, mit denen die CSS Engine die passenden Oberflächenelemente findet um das Styling durchzuführen. CSS-Selektoren erlauben es, SWT-Widgets anhand ihres Typs, einer ID oder einer Klasse zu referenzieren.

7.2.1 CSS-Selektoren nach Typ

Das Aufbauen eines Selektors auf Basis eines Typs bedeutet, den Klassennamen des Widgets (zum Beispiel Button oder Label) anzugeben, auf welchem die folgenden Gestaltungsmerkmale angewendet werden sollen. Das folgende Beispiel sorgt dafür, dass alle Labels in der gesamten Anwendung bei Aktivierung von CSS Styling mit schwarzem Hintergrund und weißer Schrift auf dem Bildschirm erscheinen:

```
Label {
   background-color: black;
   color: white;
}
```

7.2.2 CSS-Selektoren nach ID

Mit einer ID hat man die Möglichkeit Unterscheidungen zu treffen. Im letzten Beispiel waren alle Labels der laufenden Anwendung betroffen. Will man jedoch nur bestimmte Labels ansprechen, könnte man den Block wie folgt umschreiben:

```
Label#SchwarzWeiss {
   background-color: black;
   color: white;
}
```

Auf Anhieb greift dieser CSS-Selektor nun nicht mehr. Damit die CSS Engine die Label finden kann, auf die dieser Selektor angewendet werden soll, müssen die entsprechenden Widgets auch im Code mit der entsprechenden ID markiert werden. Hierzu bietet die Eclipse 4 Application Platform einen weiteren Service (IStylingEngine) an, auf dem man mit Hilfe von Dependency Injection zugreifen kann. Das folgende Beispiel zeigt eine einfache Part-Implementierung mit zwei Labels und wie mit Hilfe der StylingEngine die ID zu dem Label hinzugefügt werden kann, damit der obige CSS-Selektor wirkt.

```
public class MyPart {
   @Inject
   public MyPart(Composite parent, IStylingEngine stylingEngine) {
      Composite composite = new Composite(parent, SWT.NONE);
      composite.setLayout(new RowLayout(SWT.HORIZONTAL));
      Label label = new Label(composite, SWT.NONE);
      label.setText("A Label on my part.");
      Label anotherLabel = new Label(composite, SWT.NONE);
      anotherLabel.setText("Another Label on my part.")
      stylingEngine.setId(anotherLabel, "SchwarzWeiss");
   }
}
```

Wie man sieht, lässt sich der CSS-Selektor somit problemlos im Part mit einem speziellen Label assoziieren. Allerdings kann der Selektor nun nur Oberflächenelemente vom Typ Label auswählen. Alternativ könnte man den Selektor auch ohne Angabe des Typs schreiben, was den Vorteil hätte, dass die ID damit mit jedem Widget-Typ verwendet werden kann.

```
#SchwarzWeiss {
   background-color: black;
   color: white;
}
```

7.2.3 CSS-Selektoren nach Klasse

In Kapitel 4 wurde beschrieben, dass eine Eclipse-4-Anwendung intern durch das Applikationsmodell verwaltet wird. Alle Änderungen die an diesem Modell vorgenommen werden, sind sofort auf der Oberfläche sichtbar. Spezielle Renderer sind hierfür verantwortlich. Einen ganz wesentlichen Anteil des Applikationsmodells bilden die sogenannten visuellen Elemente wie Fenster, Parts, Areas und so weiter. Alle diese Elemente stehen für visuelle Bestandteile der Anwendung und werden intern durch Modell-Klassen repräsentiert, so werden Fenster durch die Klassen MWindow beziehungsweise MTrimmedWindow vertreten. Die CSS Styling Engine lässt das Gestalten aller oder einzelner Modell-Elemente zu. Der zugehörige CSS-Selektor wird mit einem Punkt eingeleitet, gefolgt von der Modell-Klasse, die man gestallten möchte:

```
.MPart {
   Background-color: green;
}
```

Dieses einfache Beispiel sorgt dafür, dass alle Parts, die im Applikationsmodell definiert sind, mit einem grünen Hintergrund dargestellt werden. Die Angabe der Klasse wirkt sich immer auf alle Elemente dieses Typs im Applikationsmodell aus. Soll die CSS-Regel dagegen nur auf ein bestimmtes Part-Element im Modell angewendet werden, verwendet man eine Kombination aus ID und Klasse. Jedes Element, dass im Applikationsmodell definiert wird, lässt sich durch das Attribut „elementId" identifizieren. Soll also nur ein bestimmter Part im Application Model adressiert werden, hängt man dem Klassennamen einfach den entsprechenden elementId-Wert des gewünschten Parts als ID an. Klassenname und elementId werden durch das Hashzeichen (#) getrennt.

```
.MPart#suche {
   Background-color: green;
}
```

7.2.4 Forgeschrittene Selektoren

In den vorangegangenen Abschnitten wurde gezeigt, wie man mit Hilfe grundlegender CSS-Selektoren die Bereiche im UI identifizieren kann, auf die eine bestimmte CSS-Regel angewendet werden soll. Mit den bisher beschriebenen Selektoren lässt schon viel erreichen, doch der CSS-Standard definiert noch eine ganze Reihe erweiterter Selektionen, die auch auf der Eclipse 4 Application Platform verwendet werden können. Mit diesen erweiterten Filtermöglichkeiten ist man in der Lage, komplexere Filterkriterien zu definieren und Selektoren zusammenzufassen. Dies kann zum Beispiel dann interessant sein, wenn man etwa alle Elemente eines bestimmten Typs finden möchte, die sich in einem bestimmten Bereich befinden oder man Elemente in Abhängigkeit ihres Status unterschiedlich gestalten will. In diesem Abschnitt sollen die folgenden fortgeschrittenen Selektoren betrachtet werden:

- Compound Selectors
- Descendant Selectors
- Child Selectors
- Attribute Selectors
- Pseudo Classes

Compound Selectors

Mit Hilfe des Compound-Selektors ist der Entwickler in der Lage, eine CSS-Regel auf mehrere Selektoren anzuwenden und Gruppierungen zu erreichen. Die einzelnen Selektoren werden durch Komma getrennt. Möchte man beispielweise eine bestimmte Hintergrundfarbe auf alle Comboboxen und Textboxen anwenden, müsste man hierfür die Regel eigentlich zwei Mal definieren:

```
Label {
   Background-color: green;
}
Text {
   Background-color: green;
}
```

Mit Compound-Selektoren können die beiden Typ-Selektoren Label und Text zusammengefasst werden, die Regel gilt dann für beide Selektoren. Compound Selectors helfen somit, Selektoren zusammenzufassen und geben dem Entwickler die Möglichkeit kompakteren CSS-Code zu schreiben.

```
Label, Text {
   Background-color: green;
}
```

Descendant Selectors

Ein CSS-Selektor kann eine Kette von einem oder mehreren Selektoren sein. In diesem Fall spricht man von einem zusammengesetzten Selektor oder Compound Selector, wie im vorangegangenen Abschnitt bereits angedeutet wurde. Beim Descendant Selector handelt es sich ebenfalls um einen zusammengesetzten Selektor mit dem Elemente angesprochen werden können, die sich innerhalb eines anderen Elements befinden. Die gefundenen Unter-Elemente sind somit Nachfahren (Descendants) des Haupt-Elements. Ein Leerzeichen zwischen zwei Selektoren kennzeichnet den Descendant Selector.

```
Composite Label {
   background-color: red
   color: white;
}
```

Alle Labels, die sich innerhalb des Composites befinden, erhalten die entsprechende Formatierung. Der Descendant Selector entsteht durch das Leerzeichen zwischen „.Composite“ und „Label“.

This label is a direct child of the composite...
Tab1
Tab2
This label is a child of the CTabItem...

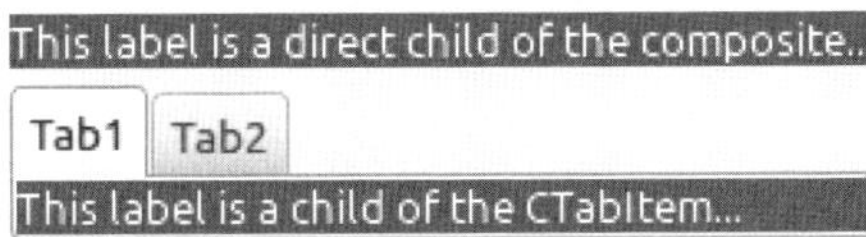

Abbildung 7.5: Der Descendant Selector selektiert alle Labels des Composites

Child Selector

Beim Child Selector handelt es sich erneut um einen zusammengesetzten Selektor, mit dem alle Elemente angesprochen werden können, die direkte Nachfahren eines anderen Elements sind. Damit die CSS Engine den Child Selector von den anderen zusammengesetzten Selektoren unterscheiden kann, werden die Selektoren hier durch schließende, spitze Klammern (>) getrennt. Das folgende Beispiel färbt alle Labels gemäß der angegebenen CSS-Gestaltungsregel, die direkt an das Composite gebunden sind:

```
Composite > Label {
   background-color: red
   color: white;
}
```

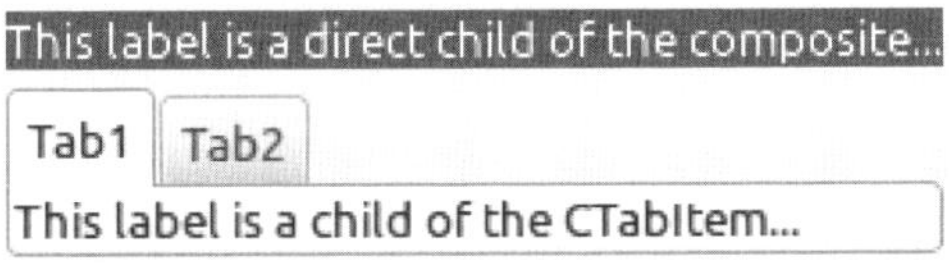

This label is a direct child of the composite...
Tab1
Tab2
This label is a child of the CTabItem...

Abbildung 7.6: Der Child Selector dagegen bezieht sich nur auf direkte Kinder von Composite

Der Unterschied zwischen Descendant Selector und Child Selector ist, dass mit Descendant Selectors alle Unterelemente eines Element angesprochen werden können, wohingegen beim Child Selector nur das jeweils direkte Unterelement selektiert wird. Die Abbildungen 7.5 und 7.6 zeigen beide Selektortypen im Vergleich.

Attribute Selectors

Mit Hilfe von Attributselektoren lassen sich SWT-Widgets anhand von Attributen und Attributwerten selektieren. Die Notierung erfolgt dabei in eckigen Klammern und funktioniert nur im Zusammenspiel mit SWT-Komponenten sinnvoll. Abbildung 7.2 zeigt die prinzipielle Schreibweise von Attributselektoren. Attribut und Attributwert werden in eckiger Klammer geschrieben. Es stehen außerdem zwei Vergleichsoperatoren zur Verfügung, mit denen entweder exakt nach dem Attributwert gesucht werden kann (=) oder nur nach einem Teil des Werts (~=).

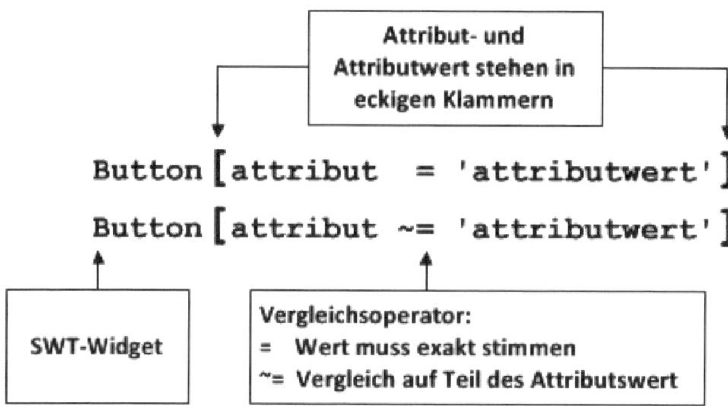

Abbildung 7.7: Notation von Attributselektoren

Mit Hilfe vorgegebener Attribute können entweder Style-Bits einzelner Widgets abgefragt oder nach deren Klassenname gesucht werden. Durch Angabe eigener Attribute, kann man schließlich ganz individuell nach Widgets suchen. Jedes SWT-Widget bietet die Methode setData() an. Über diese können die individuellen Attribute und Attributwerte gesetzt werden, so dass diese im Rahmen von Attributselektoren identifiziert werden können. Die Attribute, die angegeben werden können, sind somit folgende:

- style
- title
- swt-container-class
- benutzerdefinierte Attribute

Im Anschluss folgen zum besseren Verständnis einige Beispiele für die einzelnen Attributmöglichkeiten. Den Beginn machen Style-Bits. Checkboxen sind, genauso wie Radiobuttons, in SWT als Instanzen der Klasse Button implementiert. Diesen wird beim Instanziieren über ein sogenanntes „Style-Bit" im Konstruktor mitgeteilt, in welchem Stil der Button auf dem Bildschirm dargestellt werden soll. Solche Style-Bits gibt es nicht nur Buttons, dieses Konzept zieht sich durch die gesamte SWT-Komponentenbibliothek. Alle verfügbaren Style-Bits sind dabei als Kontanten in der Klasse org.eclipse.SWT notiert. Im folgenden Listing wird der Styling Engine über das Attribut „style" mitgeteilt, dass nur die SWT-Buttons selektiert werden sollen, die vom Typ SWT.CHECK sind.

```
Button[style~='SWT.CHECK'] {
   background-color: green;
}
```

Speziell für SWT-Shells gibt es noch die Möglichkeit, diese anhand ihres Titels zu unterscheiden. Das zugehörige Attribut ist „title" und nur in Verbindung mit Shells möglich. Das folgende Beispiel färbt die Shell mit dem Titel „PLZ-Suche" gelb ein:

```
Shell[title~="PLZ-Suche"] {
   background-color: yellow;
}
```

Im nächsten Beispiel werden mit Hilfe Attribut-Typs „swt-container-class“ alle Dialoge vom Typ org.eclipse.jface.dialogs.Dialog selektiert und die Hintergrundfarbe eingestellt. Das Beispiel zeigt, dass man mit Hilfe des Attributs „swt-container-class“ alle Widgets eines bestimmten Typs selektieren kann, solange sie von einem SWT-Widget abgeleitet sind:

```
Shell[swt-container-class~='org.eclipse.jface.Dialog'] {
   background-color: yellow
}
```

Ganz individuell abfragen lassen sich SWT-Widgets schließlich anhand von Attributen und Werten in Verbindung mit der Methode setData() auf dem Widget. Der folgende Zweizeiler erzeugt ein Label und setzt ein Attribut „foo“ mit dem Wert „bar“:

```
Label label = new Label(composite, SWT.NONE);
label.setData("foo","bar")
```

In der CSS-Definition kann man nun mit Hilfe von Attributselektoren alle Labels nach dem Attribut „foo“ durchsuchen und gestalten. Die erste CSS-Regel im folgenden Listing sucht zunächst alle Label vom Typ „foo“, die mit „bar“ anfangen und färbt deren Hintergrund rot. Die zweite CSS-Regel pickt sich anhand des exakteren Vergleichsoperators speziell nur die Labels heraus, bei denen der Attributwert „bar“ lautet und färbt diese grün ein:

```
Label[foo~='ba'] {
   background-color: red
}

Label[foo='bar'] {
   background-color: green
}
```

Ein Attributselektor kann übrigens auch mit der Wildcard * anstelle des Widget Typs eingeleitet werden. Dann werden alle SWT-Widget einbezogen. Die folgende CSS-Regel selektiert alle SWT-Widgets, unabhängig davon welcher konkrete Typ, nach dem entsprechenden Attribut:

```
*[foo='bar'] {
   background-color: yellow
}
```

Pseudo Classes

Mit Pseudoklassen lassen sich SWT-Elemente anhand ihres Zustands identifizieren. Ein solcher Zustand kann zum Beispiel der Moment sein, wenn man mit der Maus über ein SWT-Element fährt (hover). Ein anderer Zustand wiederum kann der Moment sein, an dem ein Element aktiv wird und den Fokus erhält. Diese Zustände lassen sich mit der CSS StylingEngine im Rahmen von Pseudoklassen eingrenzen. Die Pseudoklasse wird mit einem Doppelpunkt eingeleitet, also in der Form „Widget:Zustand".

So könnte man zur besseren Benutzerführung eine spezielle CSS-Regel einführen, welche dafür sorgt, dass ein Textfeld mit einer eigenen Hintergrundfarbe markiert ist, solange hier eine Eingabe möglich ist. Mit anderen Worten, solange dieses Eingabefeld den Fokus besitzt soll eine gesonderte CSS-Regel gelten:

```
Text:focus {
   background-color: yellow
}
```

In Tabelle 7.3 sind alle auf der Eclipse 4 Application Platform verfügbaren Pseudoklassen mit einem Beispiel zusammengefasst. Die Spalte „SWT-Widget" gibt dabei an, auf welchen Typ von SWT-Control die entsprechende Pseudoklasse angewendet werden kann. Da in SWT alle Widgets von der Oberklasse Control abgeleitet sind, gelten die unter Control gelisteten Pseudoklassen für alle in SWT verfügbaren Widgets

SWT-Widget	Pseudoklasse	Beispiel
Control	:focus	Combo:focus { background-color: red; }
Control	:visible	Shell:visible { background-color: red; }
Control	:enabled	Text:enabled { background-color: red; }
Control	:disabled	Text:disabled { background-color: red; }
Control	:hover	Label:hover { background-color: red; }
Shell	:active	Label:hover { background-color: red; }
Shell	:swt-parented	Shell:swt-parented { background-color: red; }
Shell	:swt-unparented	Shell:swt-unparented { background-color: red; }
Button	:checked	Button:checked { background-color: red; }
CTabFolder	:selected	CTabFolder:selected { background-color: red; }
TableItemElement	:odd	TableItemElement:odd { background-color: white; }
TableItemElement	:even	TableItemElement:even { background-color: yellow; }

Tabelle 7.3: Übersicht über die verfügbaren Pseudoklassen

Die meisten Pseudoklassen erklären sich von selbst und werden daher nicht weiter im Detail beschrieben. Lediglich die Pseudoklassen „swt.parented" und „swt-unparented", die auch nur auf Shells angewendet werden können, erschließen sich nicht sofort. Aus diesem Grund an dieser Stelle der Hinweis, dass mit Hilfe dieser beiden speziellen Pseudoklassen bestimmt werden kann, ob eine Shell das Kind einer darüber liegenden Shell ist oder nicht. Werden diese beiden Pseudoklassen verwendet erfolgt intern ein Vergleich auf die SWT-Methode getParent() der jeweiligen Shell. Die Beispiele in Tabelle 7.2 färben somit alle Shells rot ein, die Parent-Shells sind (swt-parented) oder umgekehrt (swt-unparented).

Wenn SWT-Tables oder JFace-TableViewer in der Anwendung zum Einsatz kommen, lassen sich mit Hilfe der Pseudoklassen „odd" und „even" alternierende CSS-Regeln für die Zeilen in der Tabelle (TableItemElement) definieren. Die beiden CSS-Beispiele in Tabelle 7.3 sorgen dafür, dass die einzelnen Tabellenzeilen abwechseln einmal in Weiß und einmal in Gelb dargestellt werden.

8 Build und Deployment

Das Bauen und Ausliefern ist ein wichtiger Bestandteil im Entwicklungsprozess von RCP-Anwendungen. Das manuelle Exportieren eines Produkts direkt aus der Entwicklungsumgebung ist dagegen nicht mehr Stand der Dinge. In modernen und agilen Projekten wird das Bauen von Anwendungen entkoppelt und auf einem Integrations- beziehungsweise Build-Server im Rahmen von Continious Integration (CI) automatisiert. Der Vorteil solcher sogenannter Headless Builds ist, dass diese Build-Prozesse ohne Entwicklungsumgebung auskommen, also nicht von einem bestimmten Entwicklungsrechner beziehungsweise einer Konfiguration abhängig sind. Headless Builds können jederzeit, etwa über ein Skript von der Kommandozeile oder besser über einen CI-Server wie Hudson, gestartet werden. Der Einsatz von automatisch ablaufenden Builds bietet unter anderem die folgenden Vorteile:

- Headless Builds benötigen keine IDE. Bleibt das Bauen von geschäftskritischen Anwendungen einer bestimmten Entwicklungsumgebung vorbehalten, besteht die Gefahr, dass bei der kleinsten Änderung in der Konfiguration der IDE selbst, der bis dahin funktionierende Build-Prozess, verändert wird und somit möglicherweise fehlerhafte oder keine Builds erzeugt werden. Weiterhin kann der Build-Prozess aus der IDE nur schwer automatisch angestoßen werden.
- Headless Builds lassen sich beliebig oft wiederholen und reproduzieren. Wird die Anwendung aus der IDE heraus gebaut, kann nicht genau festgelegt werden, welche Version des Quelltexts zum Bauen der Anwendung herangezogen wird. Ein Build soll aber immer einen definierten Stand der Sourcen, beispielsweise die aktuellste Version, oder eine für ein Release „getaggte" Revision verarbeiten. Headless Builds lassen sich automatisieren und können so eingestellt werden, dass zum Bauen eine bestimmte Version, beispielsweise der jeweils aktuelle Stand, aus der Quellcodeverwaltung ausgecheckt wird, bevor der eigentliche Build-Prozess beginnt. So lassen sich Headless Builds beliebig oft wiederholen und basierend auf bestimmten Versionen reproduzieren. Es ist damit ganz im Sinne agiler Methoden zu jedem Zeitpunkt möglich, die aktuelle, wie auch vergangene Versionen einer Software auszuliefern oder zu testen.
- Headless Builds laufen automatisch. Man benötigt keinen Entwickler, der den Build-Prozess manuell startet. Ist der Build-Job einmal eingerichtet, läuft das Bauen der Anwendung regelmäßig und nachvollziehbar ab. Entwickler werden direkt über das Ergebnis des Builds benachrichtigt, insbesondere wenn Probleme auftreten. Der Build Server ist damit ein wichtiges Integrations- und Qualitätssicherungsinstrument. Werden beispielsweise beim Committen von Änderungen Klassen übersehen und der Build schlägt dadurch fehl, kann der Entwickler diesen Fehler zeitnah korrigieren. Außerdem lässt sich ein Build-Pro-

zess beliebig erweitern und ausbauen. Typischerweise führt der Build Server Unit- und Integrationstests aus, analysiert den Quellcode sowie die Testabdeckung und generiert die Software-Dokumentation. Im Falle von fehlerhaften Testfällen werden erneut die Entwickler benachrichtigt, damit auch diese Fehler bereinigt werden können. Mit Analysewerkzeugen, beispielsweise zur Überprüfung von Codestyles können außerdem allgemeine Konventionen eines Projekts kontinuierlich überwacht und durchgesetzt werden.

8.1 Build-Werkzeuge

Zum Bauen von Anwendungen mit Eclipse haben sich in den letzten Jahren viele unterschiedliche Frameworks und Methoden entwickelt, beispielsweise Ant, PDE-Build, Buckminster, Maven, Tycho und einige mehr.

8.1.1 Apache Ant

Zu Beginn wurden Eclipse-Anwendungen nur mithilfe von Skripten gebaut, doch relativ früh wurde mit dem PDE-Build die erste explizite Unterstützung zum Exportieren von RCP-Anwendungen in Eclipse eingeführt. Der PDE-Build basiert auf Apache Ant und ist bis heute in Eclipse enthalten. Das Athena-Projekt bietet Hilfe und ist eine Beispielkonfiguration im Umgang mit PDE-Build. Das Ziel des Eclipse-Projekts Buckminster war die Ablösung von PDE-Build. Das Framework bietet umfangreiche Funktionen für das Materialisieren und Bauen von Eclipse-Projekten sowie das Management von Abhängigkeiten. Buckminster ist auch heute noch in einigen Eclipse-Projekten im Einsatz. Allerdings ist die Weiterentwicklung des Projekts im Wesentlichen auf Wartung beschränkt. Den neuesten Ansatz bietet das Eclipse Projekt Tycho, welches eine Maven-Integration für Eclipse Builds bietet. Da Tycho mittlerweile von der Eclipse Foundation als Basis der Common Build Infrastructure ausgewählt wurde, auf der in Zukunft alle Eclipse-Projekte basieren werden, wird in diesem Kapitel die Konfiguration eines Build mit Maven und Tycho beschrieben.

8.1.2 Apache Maven

Maven ist jenseits von Eclipse ein sehr populäres Build-Werkzeug. Im Gegensatz zu Ant handelt es sich bei Maven nicht um ein reines Build-Tool. Stattdessen liegt mit Maven ein Werkzeug vor, das einen kompletten, standardisierten Entwicklungsprozess abbildet und durchsetzt. Maven stellt dem Entwickler einen Standardprozess zur Verfügung, der vom Abhängigkeitsmanagement über Kompilieren, Testen, Packen bis hin zum Verteilen von Softwarekomponenten reicht. Ein großer Vorteil von Maven ist das enthaltene Management von Abhängigkeiten. Damit kann man ganz genau festlegen, welche Bibliotheken in welcher Version zum Kompilieren herangezogen werden sollen. Dazu werden alle Abhängigkeiten in einem sogenannten POM-File vermerkt. Dieses POM (Project Object Model) ist die grundlegende Konfigurationsdatei, auf dessen Basis Maven arbeitet. Die

Abhängigkeitsverwaltung als ein Kernkonzept von Maven stellte im Zusammenspiel mit Eclipse lange Zeit ein Problem dar. Eclipse-Anwendungen, konkret die darin enthaltenen OSGi Bundles, bringen schon ein eigenes Abhängigkeitsmanagement mit. Maven ist umgekehrt nicht in der Lage, Abhängigkeiten aufzulösen, die in den Manifest-Dateien der zugrunde liegendenOSGi Bundles vermerkt sind. Um Eclipse-Anwendungen mit Maven zu bauen, hätte der Inhalt der Manifest-Dateien in POM-Dateien redundant gehalten werden müssen. Tycho löst dieses Problem und bietet eine explizite Integration von Maven mit OSGi Bundles. Bei Minvera handelt es sich schließlich um ein bei Github gehostetes Beispielprojekt, das zeigen soll, wie man Maven und Tycho im Zusammenspiel mit dem Bau unterschiedlicher Eclipse-Artefakte verwenden kann. Was Athena für Apache Ant und PDE-Build darstellt, ist Minerva somit für Maven und Tycho.

Im Rahmen der sogenannten Common Build Infrastructure (CBI) sollen zukünftig alle auf eclipse.org verfügbaren Projekte mit Maven Tycho vereinheitlicht und standardisiert gebaut werden. Aus diesem Grund besteht eine gute Chance, dass sich das Gespann zum Standard-Build-Werkzeug im Eclipse-Umfeld entwickeln könnte und den mittlerweile etwas angestaubten PDE-Build sowie Buckminster über kurz oder lang ablöst.

8.2 Tycho

Bei Tycho handelt es sich um einen Satz von Maven-Plugins, mit denen sich unterschiedliche Eclipse-Artefakte bauen lassen. Die zentrale Konfiguration liegt in einem Project Object Model (POM). Der Build kann über Maven direkt auf der Kommandozeile oder auf einem CI-Server ausgeführt werden. Maven Tycho unterstützt das Bauen von Eclipse-Plugins beziehungsweise OSGi Bundles im Allgemeinen und Features, Update Sites, P2 Repositories und ganze RCP-Anwendungen (Products) im Besonderen. Darüber hinaus können mit Maven und seinen zahlreichen Plugins (MOJOS) JUnit-Tests ausgeführt und verschiedene zusätzliche Analysen ausgeführt werden.

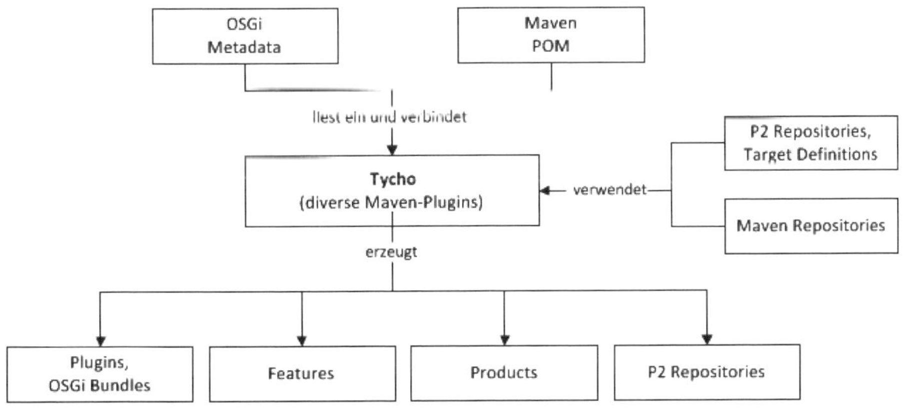

Abbildung 8.1: Maven Tycho im Überblick

8.2.1 Tycho bringt OSGi-Metadaten mit dem POM zusammen

In einem Eclipse-Projekt finden sich die für den Build-Prozess relevanten Informationen in unterschiedlichen Dateien und Strukturen. Im OSGi Bundle Manifest findet sich neben der Version und dem Namen eines Bundles vor allem auch das Abhängigkeitsmanagement. Das bedeutet, alle Bundles, die vom aktuellen Bundle verwendet werden, sind hier mit den jeweils benötigten Versionen eingetragen. Diese Informationen würden in einem regulären Maven-Projekt im POM-File (pom.xml) stehen. Tycho fungiert an dieser Stelle als Vermittler und bringt beide Welten zusammen: Im Rahmen des Build-Prozesses werden alle relevanten Informationen aus den Metadaten der zugrunde liegenden OSGi Bundles entnommen und mit dem POM zusammengeführt. Mithilfe dieses auch als „Manifest-First" bezeichneten Ansatzes müssen keine Informationen doppelt gehalten werden: Das POM bleibt weiterhin die steuernde Einheit und verfügt beim Build jederzeit über alle relevanten Informationen aus den OSGi-Metadaten, weil diese immer zuerst geladen werden.

Damit der Build mit Maven funktioniert, benötigt Maven jedoch noch weitere Informationen aus den Projekt-Metadaten. Tycho ist daher in der Lage, Information aus folgenden Eclipse-spezifischen Konfigurationsdateien zu übernehmen:

- OSGi Bundle Manifest (META-INF/MANIFEST.MF)
- build.properties
- feature.xml
- .product-Dateien
- .target-Dateien
- category.xml (site.xml)

Speziell zum Bauen von Plugins und Produkten werden neben dem Manifest Product-Dateien beziehungsweise die Dateien feature.xml und build.properties herangezogen. Hier finden sich wichtige Informationen zum Aufbau der resultierenden Eclipse-Anwendung. So muss Maven wissen, wo die Java-Quellen der einzelnen Plugins liegen, damit diese kompiliert werden können. Und damit Maven das Product schließlich bauen kann, muss es außerdem wissen, aus welchen Bundles und Komponenten die Anwendung an sich besteht. Alle diese Informationen finden sich in der Product-Datei beziehungsweise dem Feature. Maven übernimmt weiterhin VM-Parameter aus der Product-Datei beziehungsweise dem Feature.

Damit Maven die Eclipse-Artefakte bauen kann, muss es Abhängigkeiten auflösen können. Dies erfolgt jedoch nicht gegen ein typisches Maven-Repository, sondern über eine sogenannte Target Platform. Hier sind alle Artefakte und Abhängigkeiten enthalten, die benötigt werden, um das resultierende Bundle oder Product zu bauen. Solche Target Definitions sind in Target-Dateien gespeichert und speziell auf Eclipse zugeschnitten. Tycho kann auf diese zugreifen oder alternativ so konfiguriert werden, das Abhängigkeiten aus einem oder mehreren P2-Repositories aufgelöst werden. Verwendet man P2-Repositories anstelle von Target Defintions, werden diese im Rahmen des Build-Prozesses heruntergeladen und im lokalen Maven-Repository zwischengespeichert. Beim ersten Mal kann ein Maven-Tycho-basierter Build daher durchaus etwas mehr Zeit in Anspruch nehmen, weil zuerst die benötigten Daten aus dem Internet geladen werden. Beim wiederholten Ausführen sollte der Build-Prozess jedoch deutlich schneller starten, weil Tycho sich dann aus den zwischengespeicherten Artefakten im lokalen Maven- Repository bedienen kann.

Maven/Tycho ist jedoch nicht nur in der Lage, P2-Repositories als Quelle von Abhängigkeiten zu verwenden, man ist damit auch imstande, P2-Repositories zu erzeugen und Artefakte, die im Rahmen des Build-Prozesses anfallen (Plugins, Product Builds), darin abzulegen. Ein P2-Repository erzeugt Tycho auf einem Update Site-Projekt, in dem es die Konfiguration aus der Datei category.xml einliest und verarbeitet.

Da Tycho sämtliche Metadaten lediglich aggregiert und die Original-Konfiguration an seinem ursprünglichen Ort belässt, ist man weiterhin in der Lage, sämtliche Eclipse-spezifischen Konfigurationsdateien in gewohnter Art und Weise mit den von Eclipse bereitgestellten Werkzeugen, Editoren und Wizards weiterzubearbeiten.

8.2.2 Tycho installieren und einrichten

Die Installation von Tycho beschränkt sich im Wesentlichen auf die Installation von Maven 3 selbst. Da Tycho als Satz von Maven-Plugins implementiert ist, lädt Maven die benötigten Plugins automatisch aus dem zentralen Maven-Repository herunter, wenn zum ersten Mal eine Tycho-Konfiguration in einem POM gefunden wird. Da der Download der Tycho-Erweiterungen in das lokale Maven-Repository erfolgt, wird Tycho folglich bei zukünftiger Verwendung aus diesem lokalen Cache gestartet. Installiert man sich die „Maven Integration for Eclipse" (M2E) aus dem Juno-Release-Train, erhält man nicht nur erstklassige Maven-Unterstützung direkt in der Eclipse-IDE, man bekommt außerdem eine vollständige Maven 3-Basis-Installation mitgeliefert. Damit Eclipse die Tycho-spezifischen POM-Erweiterungen erkennen und verarbeiten kann, müssen außerdem die sogenannten „Tycho Configurators for Eclipse" installiert werden. Diese sind ausschließlich im M2E-Marketplace erhältlich, der allerdings erst zugänglich ist, wenn man M2E erfolgreich installiert hat. Ferner empfiehlt es sich, außerdem die e4-Tools installiert zu haben, eine detaillierte Beschreibung hierzu findet sich in Kapitel 3.

Maven Integration for Eclipse (M2E) installieren

Zur Installation von M2E öffnet man zunächst über Help | Install new Software... den Installationsdialog. Das Angebot an Software, das hier zur Verfügung steht, kommt grundsätzlich aus P2-Repositories. Jedes Eclipse-Projekt, das am Juno-Release-Train teilgenommen hat, findet sich im Juno-Repository. Hierzu gehört auch M2E. Das Juno-Repository ist standardmäßig im Eclipse 4.2 SDK eingerichtet und kann aus der Liste „Work with" ausgewählt werden. Da diese Installationsquelle sehr umfangreich ist, wurden die einzelnen Installationskomponenten zu Kategorien zusammengefasst. Das M2E-Package findet sich in der Kategorie „Collaboration". Nach der Installation steht der POM-Editor mit Syntax-Highlighting, Code-Vervollständigung und grafischer Ansicht von POM-Dateien zur Verfügung. Projekte können um Maven-Unterstützung erweitert werden, außerdem lassen sich Maven-Builds direkt aus der Eclipse-IDE heraus starten. In den Preferences finden sich unter dem Stichwort „Maven" umfangreiche Einstellungsmöglichkeiten, selbstverständlich können auch externe Maven-Installationen eingebunden. Im Standard wird jedoch die eingebettete Maven-3-Installation verwendet. Schließlich kann man den Ort des lokalen Maven-Repository festlegen.

Einstellung	Standardwert	Beschreibung
User Settings	$USER_HOME/.m2/ settings.xml	Konfigurationsdatei für Maven.
Local Repository	$USER_HOME/.m2/ repository	Zwischenspeicher für Maven. Hier werden alle Artefakte abgelegt, dazu gehört Maven Tycho selbst, andere Maven-Plugins, sowie alle sonstigen Abhängigkeiten. Tycho nutzt dieses Repository außerdem als lokalen Cache für Daten, die es aus P2-Repostories herunterlädt.

Tabelle 8.1: Die wichtigsten Einstellungen von M2E

Tycho Configurators for Eclipse

Tycho erweitert Maven um zusätzliche Packaging Types. Damit die verschiedenen Eclipse-Artefakte, die mit Tycho gebaut werden, auch im POM-Editor richtig dargestellt werden können, sollten die Tycho Configurators installiert werden. Sind diese nicht vorhanden, wird M2E beim Hinzufügen vom Packaging Type „eclipse-plugin" einen Fehler im POM-Editor anzeigen. Für den Betrieb von Tycho selbst sind die Tycho Configurators nicht erforderlich.

Die Installation erfolgt über den M2E Marketplace. Dieser steht allerdings erst zur Verfügung, wenn man M2E installiert hat. M2E scheint keinen Menüeintrag zur Eclipse 4-IDE hinzuzufügen, sodass man den M2E Marketplace nicht direkt öffnen kann. Die einzige Möglichkeit, diesen zu starten, bestand (zumindest zum Zeitpunkt als dieses Buch geschrieben wurde) darin, den entsprechenden Command über die Quick Access-Box zu suchen (siehe Abbildung 8.1) und den Marketplace auf diese Weise zu aktivieren.

Abbildung 8.2: Den M2E Marketplace-Command suchen und starten

Im Marketplace führt eine Suche nach „tycho" zu dem zu installierenden Tool (siehe Abbildung 8.3.) Sobald die Installation durchgeführt ist, sollte ein Neustart des Eclipse SDK durchgeführt werden.

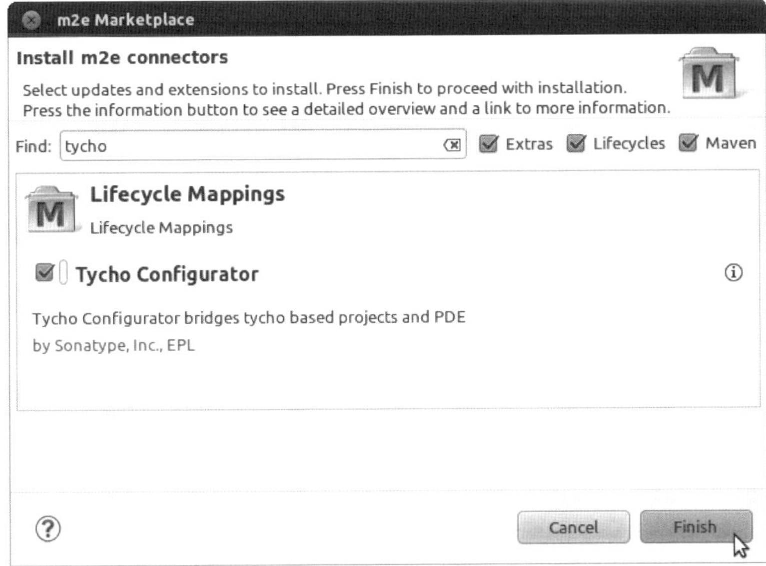

Abbildung 8.3: Tycho Configurator installieren

8.3 Packaging Types

Mit Maven lässt sich eine Vielzahl von Java-Projekten bauen und unterschiedlich paketieren. So unterstützt Maven von Haus aus die Java-Standard-Formate JAR, WAR und EAR. Auch wenn OSGi-Anwendungen im Wesentlichen auch nur aus JAR-Dateien bestehen, enthalten diese jedoch zusätzliche Dateien, wie beispielsweise die Manifest-Datei selbst. Damit Maven Eclipse-Anwendungen bauen kann, führt Tycho deshalb zusätzliche Packaging Types ein. Diese sind speziell zugeschnitten für den Bau der diversen Eclipse-Artefakte.

Packaging Type	zum Bau von
eclipse-plugin	Eclipse Plug-in und Plug-in Fragment Projekte
eclipse-test-plugin	Eclipse Plug-in Projekte mit JUnit-Tests
eclipse-feature	Eclipse Feature Projekte
eclipse-repository	P2-Repositories

Tabelle 8.2: Die verschiedenen Packaging Types im Überblick

8.3.1 eclipse-plugin

Mit diesem Package-Type weist man Tycho an, ein Eclipse-Plugin zu bauen. Außerdem kann man eclipse-plugin verwenden, wenn es darum geht, Fragment-Projekte zu bauen. Bei diesem Projekttyp handelt es sich um Software-Komponenten, die optionale Teile eines sogenannten Host-Plugins enthalten, aber dennoch völlig unabhängig von diesem sind. Fragmente können auf unterschiedliche Weise eingesetzt werden. Beispielsweise kann ein Fragment Tests enthalten, das an das zu testende Plugin andockt. Bei der Auslieferung der Anwendung müssen die Testklassen nicht enthalten sein, in diesem Fall liefert man das Fragment einfach nicht mit aus. Ein Beispiel, wie man Tests in Fragmente verpackt und diese mit Maven Tycho im Rahmen des Build-Prozesses ausführt, folgt in Abschnitt 8.3.2 weiter hinten in diesem Kapitel. Für jedes Plugin, das gebaut werden soll, muss mindestens ein POM vorhanden sein, das folgende Informationen enthält:

```
<project xmlns="http://maven.apache.org/POM/4.0.0"
    xmlns:xsi="http://www.w3.org/2001/XMLSchema-instance"
    xsi:schemaLocation="http://maven.apache.org/POM/4.0.0
    http://maven.apache.org/maven-v4_0_0.xsd">

  <modelVersion>4.0.0</modelVersion>
  <groupId>net.teufel.e4.mybundle</groupId>
  <artifactId>net.teufel.e4.mybundle</artifactId>
  <version>1.0.0-SNAPSHOT</version>
  <packaging>eclipse-plugin</packaging>

</project>
```

Im Rahmen des Build-Prozesses kompiliert Maven Tycho alle Java-Klassen ausgehend von den Angaben in der Datei build.properties. Damit POM und OSGI-Metadaten in Beziehung zueinander gebracht werden können, müssen die Einträge „artifactId“ und „version“ in POM und MANIFEST.MF übereinstimmen. Da Tycho die Projektabhängigkeiten aus den OSGi-Metadaten (oder besser der Datei MANIFEST.MF) liest, ist es nicht erforderlich, im POM die Abhängigkeiten nochmals mithilfe von <dependency> zu definieren. Tycho würde diese Angaben ohnehin ignorieren. Tabelle 8.3 zeigt, wie die Werte in der Manifest-Datei und im POM angegeben sein müssen, damit Tycho den Zusammenhang erkennt. Dabei fällt auf, dass die Versionsnummer in den beiden Umgebungen unterschiedlich ist. Der Unterschied ist jedoch lediglich in unterschiedlichen Namenskonventionen begründet. Maven Tycho interpretiert den Tag „.qualifier" gleichbedeutend mit „SNAPSHOT". Tycho enthält weiterhin ein zusätzliches Plugin (tycho-versions-plugin), mit dem sich die Versionsnummern in beiden Dateien (Manifest und POM) einheitlich pflegen lassen.

OSGi (MANIFEST.MF)	Maven Tycho (pom.xml)
Bundle-SymbolicName: net.teufel.e4.mybundle	<groupId>net.teufel.e4.mybundle</groupId> <artifactId>net.teufel.e4.mybundle </artifactId> oder <groupId>net.teufel.e4</groupId> <artifactId> net.teufel.e4.mybundle </artifactId>
Bundle-Version: 1.0.0.qualifier	<version>1.0.0-SNAPSHOT</version>
-	<packaging>eclipse-plugin</packaging>

Tabelle 8.3: Bundle-SymbolicName und artifactId müssen übereinstimmen

Nachfolgend werden alle Package Types anhand eines Beispiels durchgespielt. Am besten beginnt man mit dem Aufsetzen eines neuen Projekts mithilfe des Eclipse 4 Application Project-Wizards aus den e4-Tools. Hierzu wählt man File | New | Project... und selektiert im Bereich „Eclipse 4" den entsprechenden Eintrag (Eclipse 4 Application Project) aus. Nach dem man mithilfe des Wizards das Bundle, hier „net.teufel.e4.mybundle", erstellt hat, sollte sich dieses über die automatisch angelegte Product-Datei ohne Probleme starten lassen. Um dieses Bundle nun mithilfe von Maven Tycho bauen zu lassen, ist zunächst ein POM erforderlich. Dieses kann man entweder manuell erstellen oder das tycho-pomgenerator-plugin benutzen. Hierzu startet man eine Konsole und wechselt in das Projektverzeichnis, in das das POM generiert werden soll. Folgender Maven-Aufruf erzeugt das POM, das auf der vorangegangenen Seite abgedruckt ist:

```
mvn org.eclipse.tycho:tycho-pomgenerator-plugin:generate-poms
 -DgroupId=net.teufel.e4.mybundle
```

Nach einer Aktualisierung der Projektstruktur in Eclipse, erscheint das POM auch in der IDE. Um das Plugin zu bauen, sind noch zwei weitere Schritte notwendig:

- Projekt in ein Maven-Projekt konvertieren
- tycho-maven-plugin einbinden

Projekt in ein Maven-Projekt konvertieren

Damit man aus der Eclipse-Umgebung heraus einen Maven-Build ausgehend von einem Projekt starten kann, muss das Projekt in ein Maven-Projekt konvertiert werden. Hierzu öffnet man mit der rechten Maustaste das Kontextmenü des Projekts und wählt Configure | Convert to Maven Project. Das Projekt wird dadurch mit einer sogenannten Maven Nature ausgestattet, was dazu führt, dass Eclipse nun POM-Dateien im Projekt erkennt und Zusatzfunktionen wie etwa das Starten von Build-Prozessen aus dem Run-Kontextmenü heraus anbieten kann. Die Projektstruktur sollte nach diesem Schritt aussehen wie in Abbildung 8.3: Das POM ist vorhanden, und der Decorator (kleines blaues M) im Projekt-Icon zeigt an, dass es sich bei dem Projekt gleichzeitig um ein Maven-Projekt handelt.

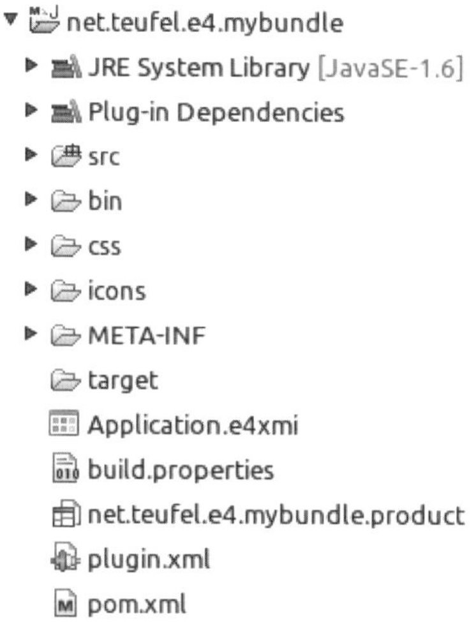

```
▼ net.teufel.e4.mybundle
  ▶ JRE System Library [JavaSE-1.6]
  ▶ Plug-in Dependencies
  ▶ src
  ▶ bin
  ▶ css
  ▶ icons
  ▶ META-INF
    target
    Application.e4xmi
    build.properties
    net.teufel.e4.mybundle.product
    plugin.xml
    pom.xml
```

Abbildung 8.4: Projektstruktur mit pom.xml und Maven-Nature

tycho-maven-plugin einbinden

Bis jetzt steht im POM lediglich allgemeine Konfiguration. Aus dieser kann Maven zunächst nur entnehmen, was gebaut werden soll, wie die Artefakte heißen und wie die aktuelle Version lautet. Maven weiß aber noch nicht, wie gebaut werden soll. Maven muss explizit mitgeteilt werden, dass das Projekt mit Tycho gebaut werden soll. Hierzu muss das tycho-maven-plugin eingebunden werden. Es gibt zwei Möglichkeiten, dieses Plugin im POM zu verwenden: Entweder man bindet das tycho-maven-plugin direkt im Bereich <build> ein oder man setzt ein Maven-Multi-Module-Projekt auf. In einem solchen Projekt gibt es ein projektweites POM, das generelle Einstellungen enthält, sowie POMs für die einzelnen Komponenten des Builds, die spezifischen Konfigurationen enthalten. Im globalen POM wird das Tycho-Plugin einmal zentral eingebunden und in allen darunter hängenden POMs wiederverwendet. Beide Möglichkeiten werden im Verlaufe dieses Kapitels beschrieben. Zunächst wird das zugehörige Plugin direkt ins POM eingetragen. Hierzu erweitert man das Plugin wie folgt:

```
<properties>
  <tycho-version>0.14.1</tycho-version>
</properties>
<build>
  <plugins>
    <plugin>
      <groupId>org.eclipse.tycho</groupId>
      <artifactId>tycho-maven-plugin</artifactId>
      <version>${tycho-version}</version>
      <extensions>true</extensions>
    </plugin>
  </plugins>
</build>
```

Die Zeilen sind unter dem Tag <project> einzufügen. Mithilfe der Property <tycho-version> (der Name dieser Property ist frei wählbar) kann man die Version des zu verwendenden Tycho-Plugins bestimmen. Zum Zeitpunkt als dieses Kapitel geschrieben wurde, war die Version 0.14.1 aktuell. Einen Überblick über die verfügbaren Tycho-Versionen erhält man unter http://wiki.eclipse.org/Category:Tycho.

Um den Build zu starten, öffnet man nun mit der rechten Maustaste das Kontextmenü auf dem POM-File, wählt Run | Maven build... und gibt, wie Abbildung 8.4 zeigt, als Goals „clean install" ein.

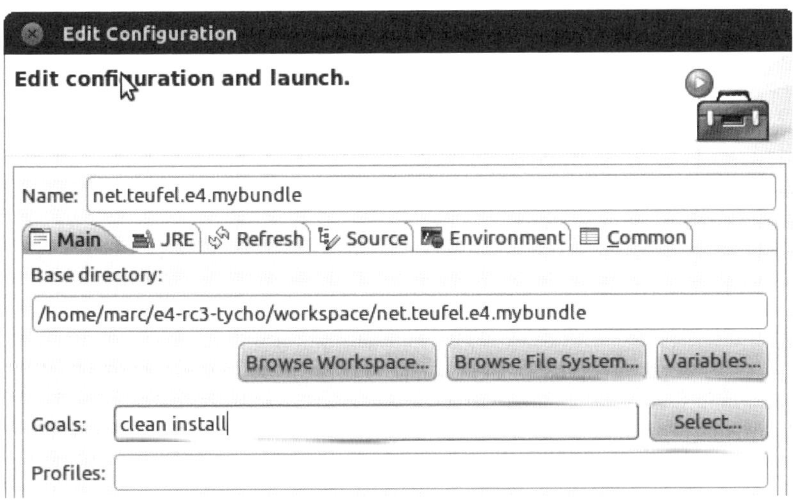

Abbildung 8.5: Den Build-Prozess starten

Damit werden im Rahmen des Build-Prozess alte Build-Artefakte zunächst bereinigt (clean), im Anschluss neu gebaut und das Ergebnis im target-Verzeichnis (wird im Projektverzeichnis angelegt) abgelegt. Das Goal „install" sorgt schließlich dafür, dass die Build-Artefakte nach dem Bauen automatisch ins lokale Maven Repository installiert werden.

In der aktuellen Konfiguration wird der Build zunächst noch fehlschlagen. Der Fehler weist darauf hin, dass Maven im Rahmen des Builds Abhängigkeiten auflösen wollte, aber diese nicht gefunden hat.

```
[ERROR] Cannot resolve project dependencies:
[ERROR]   Software being installed: net.teufel.e4.mybundle
   1.0.1.qualifier
[ERROR]   Missing requirement: net.teufel.e4.mybundle 1.0.1.qualifier
   requires 'bundle javax.inject 1.0.0' but it could not be found
```

Maven versucht Abhängigkeiten zunächst aus dem lokalen Maven Repository aufzulösen. Sind die Abhängigkeiten dort nicht vorhanden, wird Maven versuchen, diese entweder von einem vorgelagerten Maven-Proxy wie Sonatype Nexus oder Apache Archiva zu laden oder besorgt sich diese direkt aus dem Internet. Das Problem ist aber, dass im Beispiel oben das OSGi Bundle „javax.inject" in der Version 1.0.0 in keinem Maven Repository vorhanden ist, es steht in einem P2-Repository bei Eclipse zur Verfügung. Damit Tycho diese Abhängigkeit auflösen kann, muss es auf das entsprechende P2-Repository zugreifen können, um die Abhängigkeiten in das lokale Maven Repository herunterzuladen. Das Juno-Repository enthält die benötigten Komponenten und sollte daher wie folgt in die POM Datei aufgenommen werden:

```
<repositories>
  <repository>
    <id>juno</id>
    <layout>p2</layout>
    <url>http://download.eclipse.org/releases/juno/</url>
  </repository>
</repositories>
```

Startet man den Build erneut, holt sich Maven die benötigten Dateien aus dem (Juno-) P2-Repository bei eclipse.org, legt diese im lokalen Maven Repository ab und ist im Anschluss in der Lage, das Bundle erfolgreich zu bauen. Beim wiederholten Start des Builds wird Tycho von nun an das heruntergeladene P2-Repository verwenden und nicht jedes Mal aus dem Internet laden. Zum Schluss findet man das gebaute Bundle als JAR-Datei im target-Verzeichnis im Projekt und außerdem im lokalen Maven Repository, wie Abbildung 8.5 zeigt.

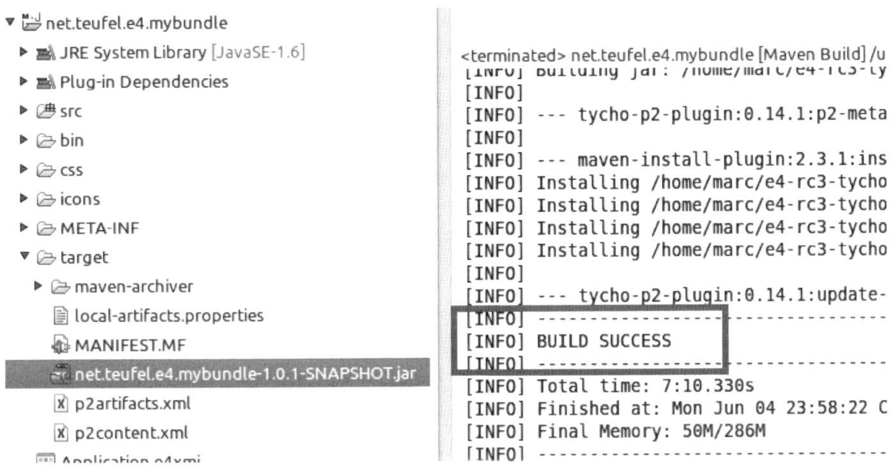

Abbildung 8.6: Der erste Build mit Maven Tycho war erfolgreich

8.3.2 eclipse-test-plugin

In typischen Java-Projekten befinden sich JUnit-Testklassen meist in einem speziellen Ordner im gleichen Projekt. In Plugin-Projekten sollten die Testklassen jedoch nicht im gleichen Bundle untergebracht werden, in dem sich die zu testenden Klassen befinden. Ansonsten würden die Testklassen beim Build zusammen mit der Anwendung zwangsläufig ausgeliefert werden. Stattdessen werden Tests häufig in eigenen Bundles untergebracht, wie Abbildung 8.7 zeigt.

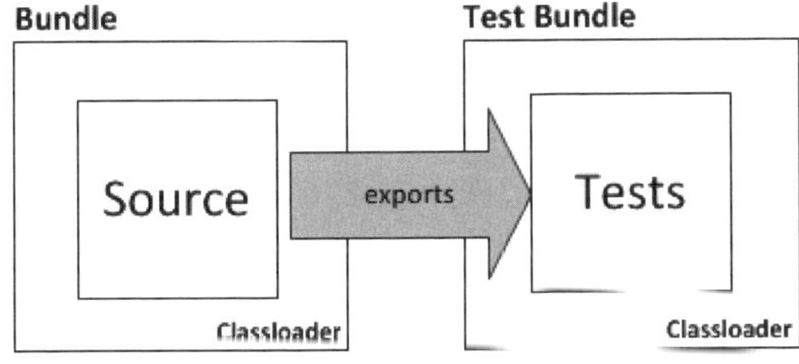

Abbildung 8.7: In Eclipse-Anwendungen lagert man Unit-Test in eigene Bundles aus

Das Auslagern von Tests in eigene Bundles hat den Vorteil, dass beim Ausliefern der Anwendung die Test-Bundles außen vor bleiben können. Der Nachteil bei dieser Vorgehensweise ist aber, dass beim Ausführen der Tests beide Bundles, also das zu testende Bundle und das Test-Bundle selbst, jeweils von einem separaten Classloader geladen werden. Dies wiederum hat zur Folge, dass man im Test-Bundle nur auf die vom zu testenden

Bundle exportierten Klassen zugreifen kann. Ein Zugriff etwa auf Non-public-Methoden ist dagegen nicht oder nur sehr schwer möglich.

Erschwerend kommt hinzu, dass Bundles meist so programmiert werden, dass oft nur ein ganz kleiner Teil an Klassen als API nach außen exportiert und bereitgestellt werden. Die meiste Logik bleibt jedoch im Inneren des Bundles versteckt und ist somit auch nicht für die Testumgebung im Zugriff. Das Problem dabei ist, dass man sich beim Unit-Testing jedoch nicht nur auf einen kleinen Anteil beschränken möchte, sondern vielmehr bestrebt ist, eine möglichst hohe Testabdeckung zu erreichen.

Aus diesem Grund hat sich ein weiteres Verfahren für Unit-Testing von Plugins beziehungsweise Bundles im Eclipse-Umfeld etabliert: Das Auslagern der Testklassen zwar immer noch mit einem eigenen Bundle zu realisieren, allerdings in einer Sonderform, dem Fragment. Fragmente sind optionale Teile von Bundles, alle enthaltenen Klassen sind zur Laufzeit an ein sogenanntes Host-Plugin gebunden. Da sowohl Host-Plugin als auch Fragment von ein und demselben Classloader geladen werden, wird der Code des Fragments Bestandteil des Host-Plugins, wie Abbildung 8.8 auf der nächsten Seite zeigt.

Damit sind alle Einschränkungen im Zusammenhang mit Sichtbarkeit und Zugriff aufgehoben, und die gesamte Logik aus dem zu testenden Bundle steht zur Verfügung. Mit diesem Vorgehen kann eine höhere Testabdeckung erreicht werden.

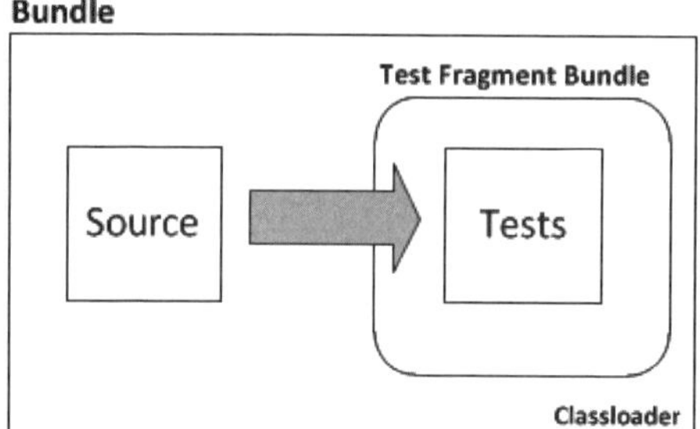

Abbildung 8.8: Mit Fragmenten testen

Mithilfe des Packaging Types eclipse-test-plugin lassen sich Unit-Tests im Rahmen des Maven-Build-Prozesses automatisiert ausführen. Führt man einen auf Tycho basierenden Build-Prozess auf einem Integrationsserver wie Hudson oder Jenkins aus, lässt sich also nicht nur die Anwendung selbst bauen, sondern im gleichen Vorgang durch die Tests auch qualitätssichernde Maßnahmen. Damit wird ein frühes Feedback über den aktuellen Zustand der Entwicklung ermöglicht.

Test-Fragment erstellen

Zum Bauen von regulären Bundles und Fragmenten ohne Unit-Testing verwendet man den Packaging Type eclipse-plugin, bei Test-Fragmenten kommt der Typ eclipse-test-plugin zum Einsatz. Um beispielweise ein Test-Fragment für das im vorangegangenen

Abschnitt erstellte Bundle zu erzeugen, navigiert man ins Menü File | New | Project... und dort in den Bereich „Plugin Development". Hier wählt man „Fragment Project" als neuen Projekttyp aus, die folgenden Wizard-Seiten zum Anlegen des neuen Projekts sind in weiten Teilen identisch mit dem Wizard zum Anlegen eines normalen Plugins. Auf der letzten Wizard-Seite gibt man schließlich das Host-Plugin an. Wird, wie in Abbildung 8.9 dargestellt, ein Fragment-Projekt an das angegebene Host-Plugin gebunden, erhält das Fragment und somit alle darin enthaltenen Bestandteile vollen Zugriff auf alle Sourcen des Host-Plugins. Die Verbindung zum Host-Plugin stellt auch sicher, dass beide Plugins zur Laufzeit im selben Classloader geladen werden.

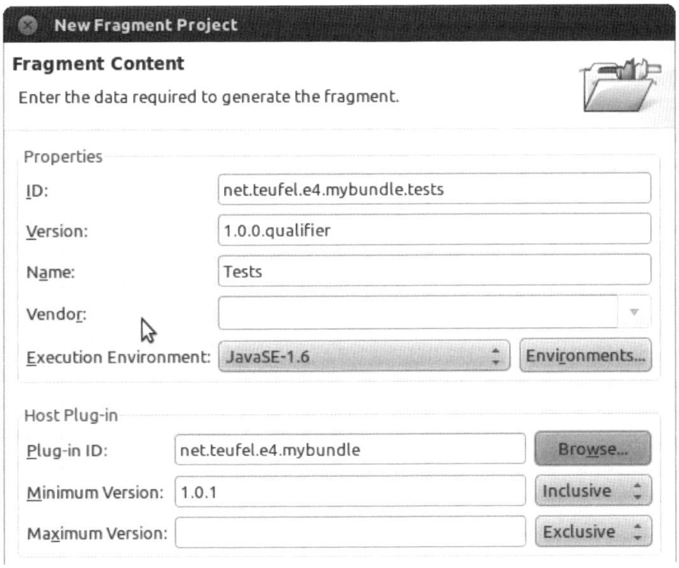

Abbildung 8.9: Fragmente hängen sich an ein sogenanntes Host Plugin

Ist das Fragment-Projekt angelegt, können in diesem die JUnit-Testklassen untergebracht werden. Da das Fragment noch keinerlei Konfiguration enthält, die das Projekt zu einem JUnit Test machen, empfiehlt es sich, die ersten Unit-Tests mit den Wizards und Helfern zu erstellen die Eclipse anbietet. Verwendet man diese, wird implizit auch das Fragment-Projekt selbst mit den notwendigen Abhängigkeiten und Einstellungen ausgestattet, um Tests auf Basis von JUnit ausführen zu können. Als Beispiel könnte man einen Unit-Test für die Klasse QuitHandler aus dem Bundle „net.teufel.e4.mybundle" (erstellt im vorangegangenen Abschnitt) erzeugen, indem man diese Klasse im zunächst Quellcode-Editor öffnet und hier den String „Confirmation" markiert und diesen über die Refactoring-Funktion Refactor | Extract Method... in eine neue Funktion getConfirmation() auslagert. Somit erhält man eine testbare Methode. Um zu demonstrieren, dass das Test-Fragment später auch auf Non-public-Methoden zugreifen kann, definiert man die neue Methode getConfirmation() in diesem Zusammenhang private. Das nachfolgende Listing zeigt die Klasse QuitHandler mit der getConfirmation()-Methode nach dem Refactoring:

```
public class QuitHandler {

   @Execute
   public void execute(IWorkbench workbench, IEclipseContext context,
  @Named(IServiceConstants.ACTIVE_SHELL) Shell shell) throws
         InvocationTargetException, InterruptedException {
      if (MessageDialog.openConfirm(shell, getConfirmation(),
                                    "Do you want to exit?")) {
         workbench.close();
      }
   }


   private String getConfirmation() {
      return "Confirmation";
   }
}
```

Jetzt kann man sehr leicht mithilfe des Neuanlage-Wizards unter File | New | Other | JUnit | JUnit Test Case eine neue Testklasse im Fragment-Projekt anlegen. Über den Wizard hat man die Möglichkeit Test-Cases für JUnit 3 oder 4 anzulegen, die entsprechenden Abhängigkeiten fügt der Wizard beim Anlegen der Testklasse automatisch in das Projekt ein. Interessant ist an dieser Stelle der Browse-Knopf im Bereich „Class under test" des Wizards. Obwohl der neue Test-Case im Fragment-Projekt angelegt wird, stehen nach dem Drücken des Browser-Knopfes alle Klassen des Host-Plugins zur Verfügung. Der vom Wizard automatisch erzeugte Testfall auf Basis von JUnit 4 sieht zunächst wie folgt aus:

```
package net.teufel.e4.mybundle.tests;
import static org.junit.Assert.*;
import org.junit.Test;


public class QuitHandlerTest {
   @Test
   public void testGetConfirmation() {
      fail("Not yet implemented");
   }
}
```

Führt man diesen Test nun direkt aus der Eclipse-IDE als JUnit-Plugin-Test aus, wird dieser erwartungsgemäß fehlschlagen. Trotzdem soll der Test nun im Kontext von Maven Tycho ausgeführt werden. Damit der Test unter Tycho laufen kann, muss das Test-Fragment zu einem Maven-Projekt werden. Dazu wird das Kontext-Menü des Test-Fragment mit rechter Maustaste geöffnet und dort Configure | Convert to Maven Project ausgewählt. Den folgenden Dialog kann man zunächst ohne Änderung akzeptieren, das resultierende POM wird im Nachgang manuell angepasst.

Multi-Module-Projekt erstellen

Aktuell besteht das Projekt aus zwei voneinander völlig unabhängigen Projekten: das eigentliche Bundle und die zugehörigen Tests im Fragment. Professionelle Eclipse-Anwendungen setzen sich in aller Regel aus einer Vielzahl von Bundles zusammen, von denen viele zusätzlich über entsprechende Test-Fragmente verfügen. Damit Maven das zu resultierende Produkt aus all diesen Einzelprojekten bauen und dabei auch sämtliche Tests auszuführen kann, können Projekte in einem sogenannten Maven-Multi-Module-Projekt zusammengefasst werden. Ein solches Multi-Module-Projekt besteht in der Regel aus einem globalen POM, in dem alle Unterprojekte referenziert werden und die allgemeine Konfiguration Platz findet. Jedes Unterprojekt verfügt weiterhin über ein eigenes POM, erbt aber alle Eigenschaften des Eltern-POMs aus dem Multi-Module-Projekt. In Maven selbst sorgt dann die Reactor-Komponente dafür, dass alle Unterprojekte in der richtigen Reihenfolge kompiliert und gebaut werden. Das M2E-Plugin bringt einen einfachen Wizard zum Erzeugen von Maven Projekten mit. Über das Menü File | New | Other... | Maven | Maven Project kann man auch ein Maven-Multi-Module-Projekt anlegen. Hierzu ist auf der ersten Wizard-Seite zunächst die Checkbox „Create a simple project" zu deaktivieren. Dies sorgt dafür, dass auf der folgenden Seite die initialen Werte für das resultierende POM selbst eingetragen werden können. Da ein Multi-Module-Projekt lediglich aus einem Maven-POM besteht, ist es an dieser Stelle nicht erforderlich, dieses Projekt mithilfe von Maven-Archetypes zu bauen. Der Name des resultierenden Projekts sollte der gleiche sein wie die ArtifactId. Damit Maven das Projekt als Multi-Module-Projekt erkennt, ist es außerdem erforderlich, den Packaging Type „pom" zu wählen, wie Abbildung 8.10 anzeigt.

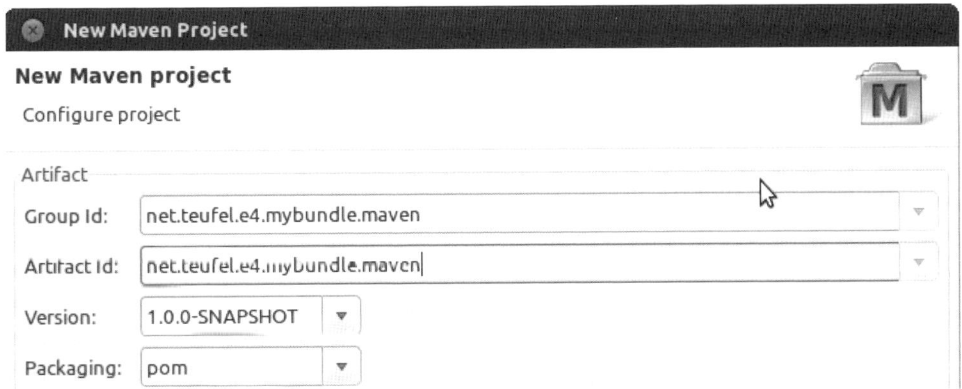

Abbildung 8.10: Multi-Module-Projekt anlegen

Der gerade erwähnte Packaging Type allein ist jedoch nur die halbe Miete. Damit das Projekt zu einem vollständigen Multi-Module-Projekt wird, sind im POM über die Sektion <modules> alle die Projekte zusammenzufassen, die zum Build-Prozess gehören sollen. Außerdem werden die allgemeinen Sektionen, die den Build steuern, aus den Unter-POMs in das Multi-Module POM übernommen, zum Beispiel die Einbindung des Tycho-Plugins:

```
<project xmlns="http://maven.apache.org/POM/4.0.0"
  xmlns:xsi="http://www.w3.org/2001/XMLSchema-instance"
  xsi:schemaLocation="http://maven.apache.org/POM/4.0.0
                      http://maven.apache.org/xsd/maven-4.0.0.xsd">
  <modelVersion>4.0.0</modelVersion>
  <groupId>net.teufel.e4.mybundle.maven</groupId>
  <artifactId>net.teufel.e4.mybundle.maven</artifactId>
  <version>1.0.0-SNAPSHOT</version>
  <packaging>pom</packaging>

  <modules>
    <module>../net.teufel.e4.mybundle</module>
    <module>../net.teufel.e4.mybundle.tests</module>
  </modules>


  <properties>
   <tycho-version>0.14.1</tycho-version>
  </properties>


  <repositories>
    <repository>
      <id>juno</id>
      <layout>p2</layout>
      <url>http://download.eclipse.org/releases/juno/</url>
    </repository>
  </repositories>

  <build>
    <plugins>
      <plugin>
        <groupId>org.eclipse.tycho</groupId>
        <artifactId>tycho-maven-plugin</artifactId>
        <version>${tycho-version}</version>
        <extensions>true</extensions>
      </plugin>
    </plugins>
  </build>
</project>
```

Dass sich das Maven-Multi-Module-Projekt als eigenes Projekt im selben Workspace befindet, werden die Unterprojekte im Bereich <modules> über relative Pfade referenziert. In diesem Bereich können beliebig viele Projekte eingefügt werden, welche dann in den Build-Prozess einbezogen werden.

Über den Bereich <properties> kann man individuelle Parameter hinterlegen, die dann in allen angeschlossenen POMs zur Verfügung stehen. Hier wird die Variable ${tycho-version} mit der zu verwendenden Tycho-Version vorbelegt. Überall dort, wo Maven-Tycho-Plugins referenziert werden, wird nun anstelle der Versionsangabe diese Variable verwendet. Das hat den Vorteil, dass man beim Wechsel auf eine höhere Version von

Tycho nur diese eine Variable anpassen muss. Die Namen der Variablen, die man im Bereich <properties> definieren kann, sind frei wählbar. Damit das Projekt mitsamt seiner Unter-POMs über Tycho gebaut werden kann, wird über die Sektionen <repositories> und <build> der eigentliche Build-Prozess auf Basis des tycho-maven-plugin konfiguriert. Ganz so, wie im vorangegangenen Abschnitt erklärt wurde.

Multi-Module-Projekt mit Tests konfigurieren und starten

Bedingt durch die Tatsache, dass das Multi-Module-POM nun alle generischen Konfigurationen enthält, werden die POMs der einzelnen am Build beteiligten Projekte entsprechend kürzer. Sie enthalten im Prinzip nur noch die GroupId, die ArtifactId und den Packaging Type. Die Verknüpfung mit dem darüberlegenden POM erfolgt über den Bereich <parent>. Das POM für das Programm-Bundle ändert sich daher wie folgt:

```
<project xmlns="http://maven.apache.org/POM/4.0.0"
   xmlns:xsi="http://www.w3.org/2001/XMLSchema-instance"
   xsi:schemaLocation="http://maven.apache.org/POM/4.0.0
                       http://maven.apache.org/xsd/maven-4.0.0.xsd">


   <modelVersion>4.0.0</modelVersion>
      <parent>
         <groupId>net.teufel.e4.mybundle.maven</groupId>
         <artifactId>net.teufel.e4.mybundle.maven</artifactId>
         <version>1.0.0-SNAPSHOT</version>
         <relativePath>../net.teufel.e4.mybundle.maven/</relativePath>
       </parent>

   <artifactId>net.teufel.e4.mybundle</artifactId>
   <packaging>eclipse-plugin</packaging>
   <version>1.0.1-SNAPSHOT</version>
</project>
```

Bevor Maven Tycho das Bundle baut, prüft es die Versionen und stellt sicher, dass die Versionsangabe in POM und Bundle-Manifest identisch sind. Ist dies nicht der Fall, wird der Build-Vorgang mit einem Fehler abgebrochen. Ist im POM die Version lediglich im Bereich <parent> angegeben, geht Tycho davon aus, dass die Bundle-Version die gleiche ist. Unterscheiden sich jedoch die Versionen und man möchte für jedes Bundle eine eigene Versionsnummer vergeben, so ist diese, wie im Listing oben dargestellt, ein zweites Mal außerhalb des Parent-Bereiches explizit anzugeben.

Das POM für das Test-Bundle ist ähnlich aufgebaut, es unterscheidet sich lediglich durch den Packaging Type:

```
<project xmlns="http://maven.apache.org/POM/4.0.0"
   xmlns:xsi="http://www.w3.org/2001/XMLSchema-instance"
   xsi:schemaLocation="http://maven.apache.org/POM/4.0.0
                       http://maven.apache.org/xsd/maven-4.0.0.xsd">
```

```
    <modelVersion>4.0.0</modelVersion>
    <parent>
      <groupId>net.teufel.e4.mybundle.maven</groupId>
      <artifactId>net.teufel.e4.mybundle.maven</artifactId>
      <version>1.0.0-SNAPSHOT</version>
      <relativePath>../net.teufel.e4.mybundle.maven/</relativePath>
     </parent>

    <artifactId>net.teufel.e4.mybundle.tests</artifactId>
    <packaging>eclipse-test-plugin</packaging>
</project>
```

Startet man den Build-Vorgang nun über das Multi-Module-Projekt, wird Tycho beim ersten Ausführen einige Zusatz-Plugins und Abhängige aus den einzelnen Repositories herunterladen, die allesamt im lokalen Maven Repository zwischengelagert werden. Danach sortiert der Reactor die einzelnen Bundles, kompiliert diese und führt zum Schluss die Tests durch, sofern welche vorhanden sind. Von der Kommandozeile würde man den Build aus dem Multi-Module-Projekt-Verzeichnis heraus wie folgt starten:

```
marc@ubuntu:~/workspace/net.teufel.e4.mybundle.maven$ mvn clean install
```

Aktuell wird der Build noch fehlschlagen, wie man an der Maven-Ausgabe in Abbildung 8.11 erkennen kann.

```
-------------------------------------------------------
 T E S T S
-------------------------------------------------------
Running net.teufel.e4.mybundle.tests.QuitHandlerTest
Tests run: 1, Failures: 1, Errors: 0, Skipped: 0, Time elapsed: 0.886 sec <<< FAILURE!

Results :

Failed tests:   testGetConfirmation(net.teufel.e4.mybundle.tests.QuitHandlerTest): Not yet implemented

Tests run: 1, Failures: 1, Errors: 0, Skipped: 0

[INFO] ------------------------------------------------------------------------
[INFO] Reactor Summary:
[INFO]
[INFO] net.teufel.e4.mybundle.maven ...................... SUCCESS [0.701s]
[INFO] net.teufel.e4.mybundle ............................ SUCCESS [6.907s]
[INFO] net.teufel.e4.mybundle.tests ...................... FAILURE [45.793s]
[INFO] ------------------------------------------------------------------------
[INFO] BUILD FAILURE
[INFO] ------------------------------------------------------------------------
```

Abbildung 8.11: Maven Build über Multi-Module-Projekt läuft, Tests schlagen aber noch fehl

Der Test ist im Moment so implementiert, dass er explizit fehlschlägt. Folgende Änderung in der Test-Klasse lassen den Build im Anschluss erfolgreich laufen:

```
public class QuitHandlerTest {
   @Test
   public void testGetConfirmation() {
      assertEquals(new QuitHandler().getConfirmation(), "Confirmation");
   }
}
```

Erweiterte Konfiguration über tycho-surefire-plugin

Auch beim Ausführen der Tests erfindet Tycho das Rad nicht neu. Wird im Rahmen des Build-Vorgangs der Packaging Type eclipse-test-plugin entdeckt, verwendet Tycho intern das Plugin tycho-surefire-plugin, um die Tests zu starten. Dieses Plugin setzt wiederum auf dem Maven Surefire-Plugin auf, mit welchem die meisten Maven-Projekte ihre Unit-Tests ausführen. Surefire führt nicht nur die Tests aus, sondern erzeugt auch Reports, welche die Testergebnisse dokumentieren. Im Regelfall muss das Plugin tycho-surefire-plugin als Mittler zwischen Tycho und Surefire nicht explizit in das Maven-POM aufgenommen werden. Lediglich wenn speziellere Einstellungen wie etwa die Übergabe spezieller VM-Argumente oder das Setzen von Start-Level einzelner, am Build-Prozess beteiligter Bundles erforderlich ist, muss das tycho-surefire-plugin in die POM-Konfiguration aufgenommen werden. Sind solche Spezialkonfigurationen erforderlich, kann man das tycho-surefire-plugin entweder global im Multi-Module-POM hinterlegen, dann gelten die Einstellungen global für alle darunterliegenden Test Fragmente/Bundles. Alternativ kann man tycho-surefire-plugin auch für jedes Test Bundle einzeln konfigurieren, indem man die entsprechende Konfiguration direkt in das POM des betreffenden Bundles schreibt. Um eine spezielle Konfiguration vorzunehmen, fügt man das tycho-surefire-plugin als weiteres Element in den Bereich <plugins> innerhalb von <build>. Die eigentliche Konfiguration erfolgt dann ganz Maven-typisch innerhalb des <configuration>-Bereichs. Folgendes Beispiel, eingefügt in die POM-Datei des Test Bundles, sorgt dafür, dass beim Ausführen von Tests das entsprechende VM-Argument übergeben wird:

```
<build>
   <plugins>
      <plugin>
         <groupId>org.eclipse.tycho</groupId>
         <artifactId>tycho-surefire-plugin</artifactId>
            <configuration>
               <argLine>-Xmx512m</argLine>
            </configuration>
      </plugin>
   </plugins>
</build>
```

In Tabelle 8.4 sind die wichtigsten Parameter zusammengefasst, mit denen das Surefire Plugin konfiguriert werden kann. Das tycho-surefire-plugin unterstützt außerdem Maven Toolchains. Damit lässt sich definieren, mit welchem JDK die Tests ausgeführt werden. Das bedeutet, auch wenn der Maven Build selbst bereits auf Basis von JDK 7 läuft, so lassen sich die Tests auch mit einer anderen Java-Version ausführen. Damit dies funktioniert, muss die zu verwendende JDK-Version auf dem System installiert sein und das maven-toolchains-plugin in die POM-Konfiguration aufgenommen werden. Maven Toolchains sind kein Feature von Tycho, umgekehrt ist Tycho jedoch in der Lage, Maven Toolchains zu integrieren. Auf der Maven-Tycho-Seite auf apache.org findet sich ein detailliertes Beispiel, wie man Toolchains integriert.

Parameter	Beispiel innerhalb von <configuration>	Beschreibung
testSuite	<testSuite> net.teufel.e4. mybundle.tests </testSuite>	Parameter, mit dem man explizit das Bundle mit den Testklassen angeben kann. Diese Einstellung ist nicht erforderlich, wenn man mit dem Packaging Type eclipse-test-plugin arbeitet.
testClass	<testClass> net.teufel.e4. mybundle.tests. QuitHandlerTest </testClass>	Hiermit kann man bei Bedarf einen voll qualifizierten Klassennamen angeben, der Tests enthält. Bei der Verwendung von JUnit 4 und dem Packaging Type eclipse-test-plugin wird diese Einstellung nicht benötigt.
argLine	<argLine> -Xms256m –Xmx512m </argLine>	Übergabe von VM-Argumenten.
appArgLine	<appArgLine> -nl de </appArgLine>	Übergabe von Programm-Argumenten an die zu testende Anwendung.
bundleStartLevel	<bundleStartLevel> <bundle> <id>org.eclipse.equinox. ds</id> <level>1</level> <autoStart>true</ autoStart> </bundle> </bundleStartLevel>	Ermöglicht das Einstellen benutzerdefinierter Start-Level für abhängige Bundles während des Tests.

Tabelle 8.4: Optionale Parameter für tycho-surefire-plugin

Testergebnisse dokumentieren

Da das tycho-surefire-plugin die eigentliche Arbeit an das Surefire-Plugin delegiert, stehen natürlich auch alle Annehmlichkeiten, die Surefire selbst bietet, auch beim Build von Eclipse-Anwendungen zur Verfügung. Eine interessante Funktion ist die Dokumentation von Testergebnissen. Surefire speichert die Testergebnisse in der Standardkonfiguration bereits in Form einer XML- und Textdatei in den Unterordner surefire-reports im Target-

Verzeichnis des Builds. Gerade wenn man einen webbasierten CI-Server wie Hudson baut, ist es natürlich interessant, diese Testergebnisse in Form von HTML abzulegen. Neben den Testergebnissen kann Surefire auch einem Report über die Testabdeckung generieren. Auch wenn das Surefire-Plugin nicht in direktem Zusammenhang mit Maven Tycho steht, zeigt es die Vorteile der Verwendung von Maven und seiner umfangreichen Infrastruktur. Um den besagten Report zur erhalten, wird das benötigte Plugin wie folgt in die <plugins>-Auflistung innerhalb <build> eingefügt:

```
<plugin>
   <groupId>org.apache.maven.plugins</groupId>
   <artifactId>maven-surefire-report-plugin</artifactId>
   <version>2.12</version>
   <configuration>
     <showSuccess>true</showSuccess>
   </configuration>
</plugin>
```

Das Attribut <showSuccess> legt dabei fest, ob der Report nur im Fehlerfalle generiert werden soll (false) oder grundsätzlich (true). Damit die Reports generiert werden, gibt man als Goal zusätzlich surefire-report:report an. Auf der Kommandozeile lautet der Aufruf wie folgt:

```
marc@ubuntu:~/workspace/net.teufel.e4.mybundle.maven$ mvn clean install
surefire-report:report
```

Abgelegt wird der Report, wie grundsätzlich in Maven üblich, im Target-Verzeichnis des Projekts, von dem es ausgeführt wurde. Hier findet sich im neuen Unterordner site die entsprechende HTML-Datei mit dem Report.

Source Bundles erstellen mit tycho-source-plugin

Wenn man nicht nur die Anwendung selbst, sondern auch den Quelltext distributieren und veröffentlichen möchte, kann man das tycho-source-plugin verwenden. Dieses bietet die Möglichkeit, neben den ausführbaren Bundles sogenannte Source-Bundles zu erzeugen. Hierbei handelt es sich um JAR-Dateien mit der gleichen Struktur wie die ausführbaren Bundles, nur dass sie statt den kompilierten .class-Dateien die Quelldateien enthalten. Das tycho-source-plugin lässt sich nur im Multi-Module-POM konfigurieren und erstellt während des Build-Vorgangs für jedes Unterprojekt vom Packaging Type eclipse-plugin oder eclipse-test-plugin ein entsprechendes Source-Bundle. Das Plugin aktiviert man, indem man es in die <plugins>-Auflistung innerhalb von <build> im Multi-Module-POM aufnimmt:

```
<plugin>
   <groupId>org.eclipse.tycho</groupId>
   <artifactId>tycho-source-plugin</artifactId>
   <version>${tycho-version}</version>
   <executions>
      <execution>
         <id>plugin-source</id>
         <goals>
            <goal>plugin-source</goal>
         </goals>
      </execution>
   </executions>
</plugin>
```

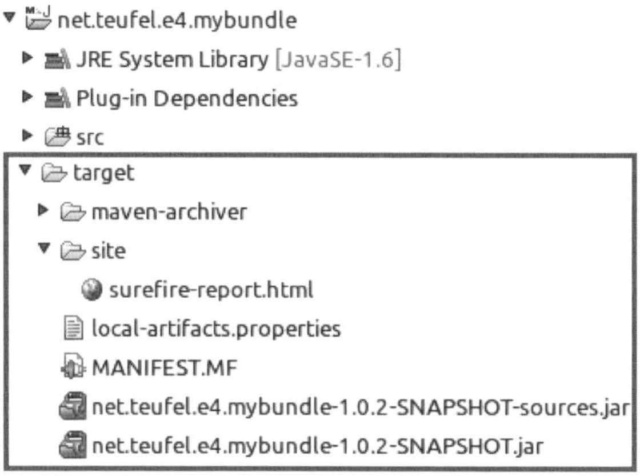

net.teufel.e4.mybundle
JRE System Library [JavaSE-1.6]
Plug-in Dependencies
src
target
maven-archiver
site
surefire-report.html
local-artifacts.properties
MANIFEST.MF
net.teufel.e4.mybundle-1.0.2-SNAPSHOT-sources.jar
net.teufel.e4.mybundle-1.0.2-SNAPSHOT.jar

Abbildung 8.12: Im Target-Verzeichnis finden sich nach dem Build-Vorgang der Surefire Report und das Source Bundle

8.3.3 eclipse-feature

Beim Bauen von Eclipse-Anwendungen muss man zunächst unterscheiden, ob man eine bestimmte Anzahl Plugins als Produkt exportieren möchte oder ob man bestimmte Plugins gruppieren, bauen und zum Installieren in ein bestehendes Produkt bereitstellen möchte. Das direkte Exportieren von Produkten kann mithilfe von Produktkonfigurationen erfolgen. Hierbei handelt es sich um eine Konfigurationsdatei (.product-Datei), in der alle zum Produkt gehörigen Plugins samt Abhängigkeiten inklusive Versions-Nummer vermerkt sind. Produktkonfigurationen eignen sich gut zum Entwickeln und Testen der Anwendung und kommen oft beim direkten Exportieren aus der Eclipse-IDE zum Einsatz. Für den automatischen Product Build mithilfe von Maven Tycho eignen diese sich jedoch nicht. Bei der schon erwähnten zweiten Kategorie von Builds werden zusammengehörige Plugins zu einem sogenannten Feature zusammengefasst. Ein Feature besteht aus einem oder mehreren Plugins, die zusammen eine bestimmte Funktion implementieren. Diese können in einem P2-Repository vorgehalten und bei Bedarf in ein bestehendes

Produkt installiert werden kann. In einem Feature kann man aber auch ein komplettes Produkt beschreiben. Features werden in Eclipse in einem eigenen Projekt verwaltet. Die Definition des Features erfolgt innerhalb dieses Feature-Projekts über die Datei feature.xml. Maven Tycho unterstützt den Product-basierten Build nicht. Es ist also völlig egal, ob man ein Feature nur über ein P2-Repository vertreiben will oder ein ganzes Produkt exportieren möchte, an Features kommt man nicht vorbei.

Feature Projekt erstellen

Um ein Feature-Projekt zu erstellen, wählt man File | New | Other... | Plugin Development und hier den Feature-Projekttyp. Auf der ersten Wizard-Seite reicht es, wenn man den Projekt-Namen des Features festlegt, etwa „net.teufel.e4.mybundle.feature". Der Wizard ist so schlau und leitet die wichtigsten Felder im Bereich „Feature Properties" aus dem eigenen Projekt-Namen ab, das heißt, zunächst sind hier keine Änderungen erforderlich. Wesentlich interessanter ist die zweite Wizard-Seite, die auch in Abbildung 8.13 zu sehen ist. Hier kann initial festgelegt werden, aus welchen Plugins das Feature bestehen soll.

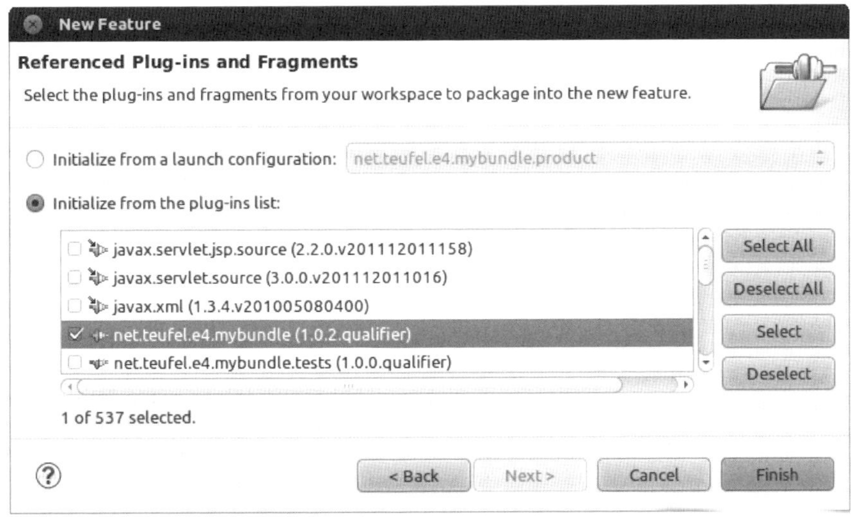

Abbildung 8.13: Plugins für Feature auswählen

Wie die Abbildung zeigt, kann man entweder aus einer Liste von Plugins auswählen, alternativ besteht auch die Möglichkeit, eine existierende Produktkonfiguration auszuwählen. Der Neuanlage-Wizard für das Feature-Projekt ermittelt in diesem Fall alle Plugins, aus denen das Produkt besteht und übernimmt sie entsprechend in das neue Feature.

Das Feature-Projekt enthält neben der Datei feature.xml, die das Feature selbst beschreibt, noch die Datei build.properties mit der gesteuert werden kann, welche Dateien zusätzlich in den Build mit aufgenommen werden sollen.

Feature Projekt in die Maven-Konfiguration aufnehmen

Im letzten Schritt und damit wäre die Definiton des Features als Grundlage für den Export des Features in ein P2-Repository oder in ein eigenes Produkt auch schon erledigt, muss das Feature-Projekt Teil des Maven-Builds werden. Hierzu ist zunächst das Projekt in ein Maven-Projekt zu konvertieren, dies erledigt man wieder mit der rechten Maustaste auf das Feature-Projekt und dort Configure | Convert to Maven Project. Mithilfe des folgenden Dialogs wird die POM-Datei generiert. Da diese im Zuge der Integration mit dem Multi-Module-Projekt ohnehin angepasst werden muss, reicht es, den Dialog mithilfe des Finish-Knopfes direkt zu bestätigen. In die Datei pom.xml ist ein Verweis auf das Parent-POM einzufügen. Da es in einem Feature-Projekt keine Manifest-.Datei gibt, ist sicherzustellen, dass ArtifactId und FeatureId aus der Datei feature.xml gleich sind. Auch die Versionsnummer aus der feature.xml muss mit der Versions-Nummer im POM identisch sein. Zu Berücksichtigen ist hier, dass in der Eclipse-Welt oft „.qualifier" als Suffix an die Versionsnummer angehängt wird, wogegen auf Maven-Seite meist „-SNAPSHOT" anzutreffen ist. Folgendes Listing zeigt die angepasste POM-Datei im Feature-Projekt:

```
<project xmlns="http://maven.apache.org/POM/4.0.0"
   xmlns:xsi="http://www.w3.org/2001/XMLSchema-instance"
   xsi:schemaLocation="http://maven.apache.org/POM/4.0.0
                       http://maven.apache.org/xsd/maven-4.0.0.xsd">

   <modelVersion>4.0.0</modelVersion>
   <parent>
      <groupId>net.teufel.e4.mybundle.maven</groupId>
      <artifactId>net.teufel.e4.mybundle.maven</artifactId>
      <version>1.0.0-SNAPSHOT</version>
      <relativePath>../net.teufel.e4.mybundle.maven/</relativePath>
    </parent>


   <artifactId>net.teufel.e4.mybundle.feature</artifactId>
   <packaging>eclipse-feature</packaging>
</project>
```

Damit auch das Feature im Rahmen des Multi-Module-Projekts gebaut wird und beim Erzeugen von P2-Repositories beziehungsweisen beim Exportieren von Produkten genutzt werden kann, muss das Feature-Projekt ebenso in das Parent POM (Projekt „net.teufel.e4.mybundle.maven") eingetragen werden. Hierzu ist im Bereich <modules> entsprechend zu erweitern:

```
<modules>
   <module>../net.teufel.e4.mybundle</module>
   <module>../net.teufel.e4.mybundle.tests</module>
   <module>../net.teufel.e4.mybundle.feature</module>
</modules>
```

8.3.4 eclipse-repository

Mit diesem Packaging Type erstellt man in erster Linie P2-Repositories. Über ein P2-Repository können Features bereitgestellt werden. Darüber hinaus gibt es speziell für Eclipse-Anwendungen APIs, um auf P2-Repositories zuzugreifen und Bundles nachträglich installieren zu können. Alternativ kann man die P2-Technologie auch nutzen, um eigene Anwendungen automatisch mit Updates zu versorgen.

In älteren Tycho-Versionen gab es noch die Packaging Types eclipse-application und eclipse-update-site, diese sind aber mittlerweile in eclipse-repository aufgegangen. Das bedeutet im Umkehrschluss, dass, um Produkte zu bauen, ebenso der Packaging Type eclipse-repository verwendet wird. Die klassische Update Site gibt es heutzutage nicht mehr, diese wurden durch P2 ersetzt, insofern ist es ein logischer Schritt, dass es keinen expliziten Packaging Type mehr gibt, um Update Sites zu bauen. Ein P2-Repository kann Features, (Programm-)Bundles und Produkt Definitionen enthalten.

Darüber hinaus lässt sich der Inhalt eines solchen Repositories in Kategorien unterteilen. Welche Features zu einem Repository gehören, wird in der Datei category.xml definiert. In der gleichen Datei lässt sich auch die Kategorisierung vornehmen. Um Produkt-Konfigurationen in ein Repository aufzunehmen, kopiert man die betreffende Produkt-Konfiguration in Form der .product-Datei an das gleiche Verzeichnis, in dem auch die category.xml liegt.

Für die oben beschriebenen Konfigurationsdateien für das Repository benötigt man ein eigenes Eclipse-Projekt. Da es keinen speziellen Projekttyp für P2-Repositories gibt, startet man am besten mit einem neuen Update-Site-Projekt. Hat man ein Projekt (zum Beispiel mit dem Namen „net.teufel.e4.mybundle.repository“) erzeugt, findet sich dort lediglich die Datei site.xml, die freundlicherweise gleich im Update Site Map-Editor (Abbildung 8.14) geöffnet wird. Auch wenn dieser Editor in erster Linie für Update Sites vorgesehen ist, kann er verwendet werden, um wichtige P2-Konfigurationen wie Kategorisierung und das Hinzufügen von Features durchzuführen. Die Abbildung 8.14 zeigt, wie eine Kategorie hinzugefügt werden kann. Drückt man den Knopf „New Category“, sind eine eindeutige ID, ein Name und eine Beschreibung einzugeben, und die neue Kategorie erscheint auf der linken Seite des Editors. Analog können beliebig viele Unter-Kategorien definiert werden. Wichtig ist, beim Anlegen einer Kategorie zu beachten, dass der Name und die Beschreibung, die man hier angibt, dem Benutzer später bei Verwendung des resultierenden Repositories zur Übersicht angezeigt wird. Für den ersten Schritt reicht es, eine einzige Kategorie mit folgenden Informationen anzulegen:

- ID: mybundle.category
- Name: MyBundle Kategorie
- Description: P2-Repository for MyBundle

Um das Repository mit Leben zu erfüllen, muss im nächsten Schritt entweder eine Referenz auf ein Feature-Projekt hinzugefügt werden oder eine Produkt-Konfiguration ins

Projektverzeichnis kopiert werden. Da Maven Tycho den Build auf der Basis von Produkt-Konfigurationen wie bereits erwähnt aktuell nicht unterstützt, muss hier mit Features gearbeitet werden. Zunächst markiert man die Kategorie, zu der man das Feature hinzufügen möchte, und wählt es schließlich durch Drücken des Knopfes „Add Feature…" aus.

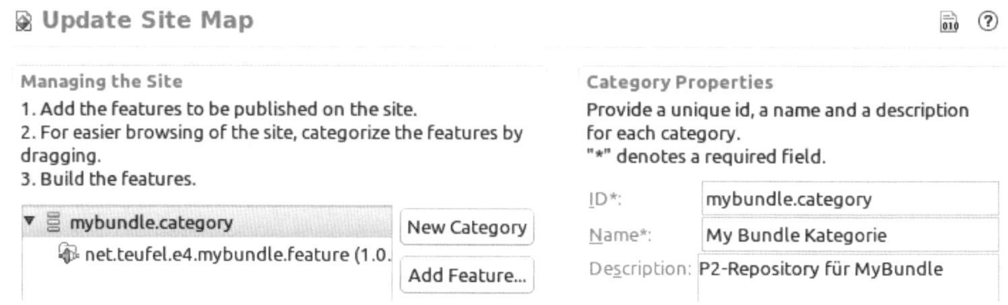

Abbildung 8.14: Konfiguration für P2-Repository vornehmen

Sind alle Kategorien definiert und die gewünschten Features hinzugefügt, muss die Datei site.xml in category.xml umbenannt werden. Dieser Schritt muss manuell erfolgen. Sobald die Datei umbenannt ist, kann sie nicht mehr mit dem Update Site Map-Editor geöffnet werden. Will man nachträglich Änderungen mithilfe dieses Editors vornehmen, ist die Datei jedes Mal temporär in „site.xml" umzubenennen. Alternativ kann die Datei direkt mit einem Text- oder XML-Editor bearbeitet werden.

P2-Repository mit Maven Tycho bauen

Damit Maven Tycho dieses P2-Repository nun bauen kann, muss das Projekt wieder in ein Maven-Projekt konvertiert und das POM dahingehend angepasst werden, dass der Packaging Type eclipse-repository verwendet wird. Außerdem muss das Projekt Bestandteil des Multi-Module-Projekts werden.

```
<project xmlns="http://maven.apache.org/POM/4.0.0"
   xmlns:xsi="http://www.w3.org/2001/XMLSchema-instance"
   xsi:schemaLocation="http://maven.apache.org/POM/4.0.0
                     http://maven.apache.org/xsd/maven-4.0.0.xsd">
   <modelVersion>4.0.0</modelVersion>
   <parent>
      <groupId>net.teufel.e4.mybundle.maven</groupId>
      <artifactId>net.teufel.e4.mybundle.maven</artifactId>
      <version>1.0.0-SNAPSHOT</version>
      <relativePath>../net.teufel.e4.mybundle.maven/</relativePath>
    </parent>


   <artifactId>net.teufel.e4.mybundle.repository</artifactId>
   <packaging>eclipse-repository</packaging>
</project>
```

Analog ist auch das Parent-POM zu erweitern, damit das P2-Repository automatisch auf Basis des Features erzeugt wird, nachdem das Bundle gebaut und die Tests gelaufen sind:

```
<modules>
   <module>../net.teufel.e4.mybundle</module>
   <module>../net.teufel.e4.mybundle.tests</module>
   <module>../net.teufel.e4.mybundle.feature</module>
   <module>../net.teufel.e4.mybundle.repository</module>
</modules>
```

Wird der Build nun erneut mit einem clean install entweder auf der Kommandozeile oder direkt aus Eclipse heraus gestartet, erzeugt Maven Tycho das P2-Repository im target-Verzeichnis des Repository-Projekts (Abbildung 8.15). Auch wenn beim Maven-Aufruf das Goal „install" mitgegeben wurde, was im Normalfall zu einem Ablegen des Build-Artefakts ins lokale Maven Repository führen würde, wird das resultierende P2-Repository nicht ins lokale Repository abgelegt. Die Strukturen von P2- und Maven-Repositories sind hierfür einfach zu unterschiedlich.

Das eigentliche Repository findet sich in zweifacher Ausführung: Einmal ganz regulär im Unterordner repository und einmal in gezippter Form. Die Zip-Datei kann man entweder in einen Unterordner innerhalb des dropins-Verzeichnisses entpacken, um die entsprechenden Bundles in die jeweilige Eclipse-Installation zu bringen oder direkt über den Eclipse-Installationsdialog zu installieren.

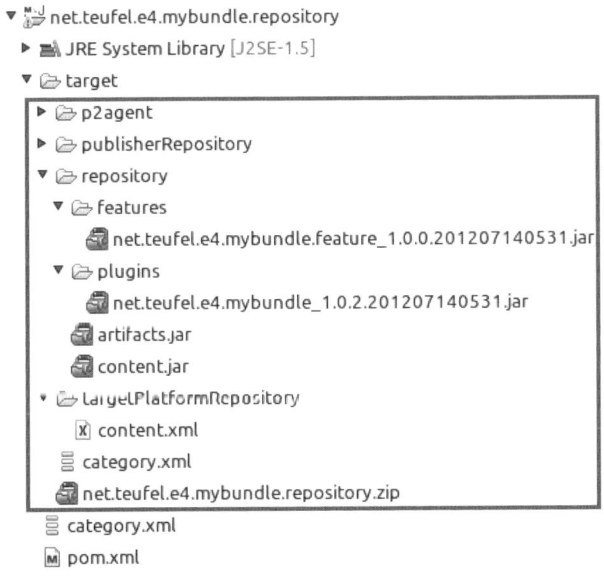

- net.teufel.e4.mybundle.repository
  - JRE System Library [J2SE-1.5]
  - target
    - p2agent
    - publisherRepository
    - repository
      - features
        - net.teufel.e4.mybundle.feature_1.0.0.201207140531.jar
      - plugins
        - net.teufel.e4.mybundle_1.0.2.201207140531.jar
      - artifacts.jar
      - content.jar
    - targetPlatformRepository
      - content.xml
    - category.xml
    - net.teufel.e4.mybundle.repository.zip
  - category.xml
  - pom.xml

Abbildung 8.15: Das generierte P2-Repository im Target-Verzeichnis

Das gebaute Repository kann nun auf einem Web Server bereitgestellt werden und mit dem Eclipse-Installationsdialog unter Help | Install new Software… verwendet werden. Alternativ kann man das Repository auch lokal ablegen und verwenden, wie Abbildung 8.16 zeigt.

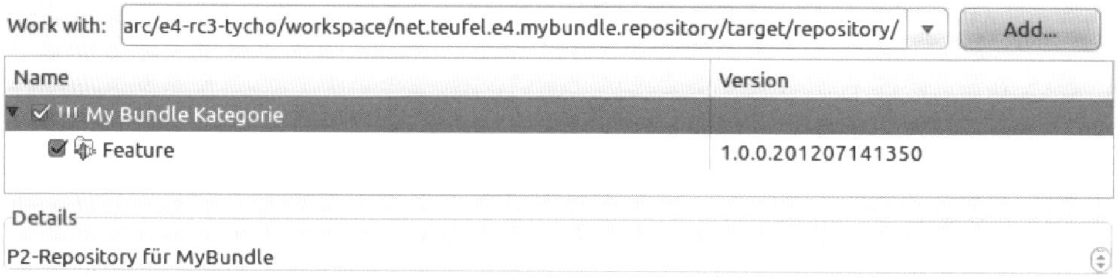

Abbildung 8.16: Das generierte P2-Repository im Standard Eclipse-Installationsdialog

Baut man mit Maven Tycho ein P2-Repository, wird der Build eigentlich von dem Maven-Plugin „tycho-p2-repository-plugin" durchgeführt, welches automatisch heruntergeladen und verwendet wird, wenn man den Packaging Type eclipse-repository verwendet.

Dieses Plugin hält einige zusätzliche Parameter bereit, mit dem man auf die Generierung des Repository Einfluss nehmen kann. In der Standardeinstellung erzeugt Tycho ein P2-Repository mit allen zugehörigen Metadaten und den eigentlichen Programm-Bundles (siehe nochmal Abbildung 8.15). Über den zusätzlichen, optionalen Parameter <includeAllDependencies> kann man Tycho nun anweisen, nicht nur die Programm-Bundles, wie sie im Feature definiert sind in das Repository zu kopieren, sondern zusätzlich alle Bundles, von denen die Programm-Bundles abhängen. Dies hat den Vorteil, dass beim Herunterladen eines neuen Features eventuelle Abhängigkeiten nicht über weitere Repositories aufgelöst werden müssen, sondern alle benötigten Artefakte im eigenen Repository gespeichert sind. Durch diese Vorgehensweise ist die Installation unabhängig von anderen Repositories, deren Verfügbarkeit man eventuell nicht kontrollieren kann. Nichts ist schlimmer, als wenn man eine Anwendung nicht sauber installieren kann, weil Abhängigkeiten aufgrund von nicht mehr verfügbaren Drittanbieter-Repositories nicht mehr aufgelöst werden können. Um den Build des P2-Repositories weiter zu optimieren, können (optional) folgende Parameter in die POM-Datei des Repositories aufgenommen werden:

```
<build>
   <plugins>
      <plugin>
         <groupId>org.eclipse.tycho</groupId>
         <artifactId>tycho-p2-repository-plugin</artifactId>
         <version>${tycho-version}</version>
         <configuration>
            <includeAllDependencies>false</includeAllDependencies>
            <createArtifactRepository>true</createArtifactRepository>
```

```
            <compress>false</compress>
        </configuration>
    </plugin>
</plugins>
</build>
```

Die einzelnen Parameter werden im Bereich <configuration> untergebracht. Das Listing oben zeigt auch schon alle möglichen Parameter mit ihrer Default-Einstellung. In Tabelle 8.5 werden die einzelnen Parameter genauer beschrieben.

Parameter	Default	Beschreibung
includeAllDependencies	false	Löst alle Abhängigkeiten auf und fügt zusätzlich zu den eigenen Bundles alle Bundles ein, die benötigt werden, damit das Feature oder das Produkt, das über dieses P2-Repository vertrieben wird, unabhängig lauffähig ist. Ist diese Option gesetzt, wird beim Installieren eines Features oder eines Produktes kein Drittanbieter-Repository mehr benötigt, da alle zugehörigen Dateien bereits vorhanden sind. Nachteil dabei ist der größere Speicherbedarf und die Tatsache, dass die Abhängigkeiten manuell im eigenen Repository aktuell gehalten werden müssen.
createArtifactRepository	true	Mit diesem Parameter kann gesteuert werden, ob ein P2-Repository mit Artefakten oder ohne generiert werden soll. Mit Artefakte sind Bundles gemeint. Stellt man diesen Parameter auf false, wird ein reines P2 Metadata Repository erzeugt, das keinerlei Programm-Bundles enthält.
compress	false	Setzt man diesen Parameter auf true, werden die P2-Metadaten komprimiert. Das bedeutet, dass die Datei content.xml, welche die P2-Metadaten beinhaltet, gezippt und als jar-Datei bereitgestellt wird.

Tabelle 8.5: Optionale Parameter für tycho-p2-repository-plugin

8.3.5 Produkte bauen

Im Umfeld von P2 existiert mit dem P2-Director ein zentrales Werkzeug, das man auf der Kommandozeile benutzen kann. Mit diesem Tool können Features aus P2-Repositories in bestehende Eclipse-Instanzen installiert oder eigene Produkte erzeugt werden. Unter einem Produkt versteht man dabei ein Archiv, das alle benötigten Komponenten enthält, damit ein oder mehrere Features für sich allein als Standalone-Anwendung installiert und gestartet werden kann. Neben den eigentlichen, plattformunabhängigen Programm-Bundles und mit deren Abhängigkeiten enthält ein Produkt insbesondere auch einen Launcher (zum Beispiel eclipse.exe), die abhängig von der jeweiligen Plattform sind.

Um Produkte zu bauen, stellt Maven Tycho zwei wichtige Plugins bereit:

- tycho-p2-director-plugin
- target-platform-configuration

tycho-p2-director-plugin

Dieses Plugin schlägt die Brücke zwischen Tycho und dem gerade beschriebenen P2-Director-Werkzeug. Es nimmt die im POM hinterlegten Informationen auf und verbindet diese mit einer Produkt-Konfiguration. Im Anschluss startet es den P2 Director, delegiert die Arbeit also weiter. Das eigentliche Bauen des Produkts erfolgt somit nicht in Maven, sondern bleibt unter der Kontrolle der bewährten Eclipse-Tools. Das Plugin benötigt defintiv eine Produkt-Konfiguration in Form einer .product-Datei. In Abschnitt 8.3.3 wurde jedoch erwähnt, dass Tycho nicht auf Basis von Produkt-Konfigurationen arbeitet und das ist auch richtig, denn der Maven-unabhängige P2-Director benötigt diese. Das tycho-p2-director-plugin benötigt zwar eine Produkt-Konfiguration, diese muss aber zwingend auf Basis eines Features lauten. Keine Product-Datei auf Basis von Plugins! Die Produkt-Konfiguration ist ferner wichtig, weil sie neben der Information, welche Features gebaut werden sollen, weitere wichtige Konfigurationsparameter für den Aufruf des P2-Director enthält. Für die Produktkonfiguration kopiert man sich am besten eine bestehende Produkt-Konfiguration, zum Beispiel die, die vom e4 Application Wizard generiert wurde, in das Repository-Projekt und passt diese mithilfe des Product Configuration Editors (Doppeklick auf die Product-Datei) an. Als Erstes wechselt man in den Reiter „Configuration“ und fügt mithilfe des Add-Knopfes alle in Abbildung 8.17 gelisteten Bundles beziehungsweise Plugins hinzu und nimmt die entsprechende Run-Level und Auto-Start-Konfiguration vor. Dies ist wichtig, damit das Produkt später als Standalone-Anwendung starten kann.

Start Levels

Specify custom start levels for plug-ins.

Plug-in	Start Level	Auto-Start
org.eclipse.equinox.common	2	true
org.eclipse.equinox.ds	2	true
org.eclipse.core.runtime	default	true

Add... Remove Remove All

Overview | Dependencies | Configuration | Launching | Splash | Branding | Licensing

Abbildung 8.17: Start-Level und Auto-Start-Konfiguration für das Produkt vornehmen

Als Nächstes ist im Reiter „Overview" eine ID für die Produktkonfiguration einzugeben, z. B. „net.teufel.e4.mybundle.product". Da Maven Tycho/P2 Director, wie bereits erwähnt, den Product Build nur auf Basis von Features erlaubt, ist die Produkt-Konfiguration außerdem von Plugin-basierte auf Feature-basierte Konfiguration umzustellen. Nun geht man in den Reiter „Dependencies" und wählt dann die Features aus, die für die aktuelle Produkt-Konfiguration verwendet werden sollen. Folgende Features stehen zur Verfügung:

- net.teufel.e4.mybundle.feature
- org.eclipse.e4.rcp
- org.eclipse.rcp

Das erste Feature stellt die Eigenentwicklung dar und enthält die Bundles, die als Produkt veröffentlicht werden sollen. Die anderen beiden Bundles werden benötigt, damit die Eclipse 4 Application Platform als Grundlage selbst im Produkt enthalten ist.

Da auch die ausgewählten Features wieder von anderen Features abhängen, empfiehlt es sich, abschließend noch den Knopf „Add Required" zu drücken, damit wirklich alle Abhängigkeiten aufgelöst werden. Die Liste sollte sich entsprechend erweitern, mindestens die Features für EMF sollten hinzukommen.

Damit ist die Produkt-Konfiguration zunächst erledigt. Selbstverständlich könnte die Konfiguration weiter verfeinert werden, etwa mit dem Festlegen eines Launcher-Namens in der Produkt-Konfiguration und so weiter. Für den initialen Produkt-Build reicht die aktuelle Konfiguration jedoch vollkommen aus. Im nächsten Schritt ist das tycho-p2-director-plugin zu aktivieren. Dies erfolgt in der POM-Datei des Repository-Projekts. Hierzu sind folgende zusätzliche Zeilen in die <plugins>-Auflistung des <build>-Bereichs aufzunehmen:

```
<plugin>
   <groupId>org.eclipse.tycho</groupId>
   <artifactId>tycho-p2-director-plugin</artifactId>
   <version>${tycho-version}</version>
   <executions>
      <execution>
         <id>materialize-products</id>
         <goals>
            <goal>materialize-products</goal>
         </goals>
      </execution>
      <execution>
         <id>archive-products</id>
         <goals>
            <goal>archive-products</goal>
         </goals>
      </execution>
   </executions>
</plugin>
```

Startet man den Build nun, wird durch die beiden Goals (materialize-products und archive-products) zunächst nach einer Produkt-Konfiguration gesucht, der P2 Director gestartet und anschließend das erzeugte Produkt in eine ZIP-Datei gepackt. Beim ersten Aufruf kann der Build-Vorgang etwas länger dauern, weil Maven die abhängigen Features (Eclipse 4 Application Platform) und die Launcher zunächst herunterladen und im lokalen Maven Repository zwischenspeichern muss. Ab und zu kommt es vor, dass der Build mit folgender Fehlermeldung abbricht:

```
[ERROR] Cannot resolve project dependencies:
[ERROR]   Software being installed: net.teufel.e4.mybundle.product
1.0.0.qualifier
[ERROR]   Missing requirement: net.teufel.e4.mybundle.product
1.0.0.qualifier requires 'org.eclipse.e4.rcp.feature.group
[1.1.0.v20120521-2329-8yFTIGF3GGduEYakQB9M3DKn]'but it could not be found
```

Dieser Fehler weist auf Versionskonflikte im Zusammenhang mit den Features org.eclipse.e4.rcp und org.eclipse.rcp hin. Hier kann leicht Abhilfe geschaffen werden, indem man die Versionsangaben dieser beiden Plugins im Reiter „Dependencies" mithilfe des Properties...-Knopfes entfernt. Danach sollte der Build mit einer Erfolgsmeldung schließen und ein neuer Unterordner product im target-Ordner erscheinen, in dem sich die ZIP-Datei mit dem Produkt findet. Diese kann nun einfach entpackt und direkt gestartet werden.

target-platform-configuration

In der Standardeinstellung erzeugt das tycho-p2-director-plugin ein Produkt für das Betriebssystem, auf dem der Build-Vorgang gestartet wurde. In der Regel, insbesondere jedoch im Zusammenspiel mit CI-Servern wie Hudson, will man jedoch Produkte für verschiedene Betriebssysteme (Linux, Mac OS X, Windows) erstellen. Maven Tycho unterstützt dies über das optionale Plugin target-platform-configuration. Dieses wird genauso wie tycho-p2-director-plugin in die Plugins-Liste im POM des Repository-Projekts aufgenommen:

```
<plugin>
  <groupId>org.eclipse.tycho</groupId>
  <artifactId>target-platform-configuration</artifactId>
  <version>${tycho-version}</version>
  <configuration>
    <dependency-resolution>
      <optionalDependencies>ignore</optionalDependencies>
    </dependency-resolution>
    <environments>
      <environment>
        <os>win32</os>
        <ws>win32</ws>
        <arch>x86</arch>
      </environment>
      <environment>
        <os>linux</os>
        <ws>gtk</ws>
        <arch>x86</arch>
      </environment>
    </environments>
  </configuration>
</plugin>
```

Für jedes Betriebssystem, für das eine Version des Produkt-ZIPs erzeugt werden soll, muss ein entsprechender Eintrag in die Auflistung <environment> erfolgen.

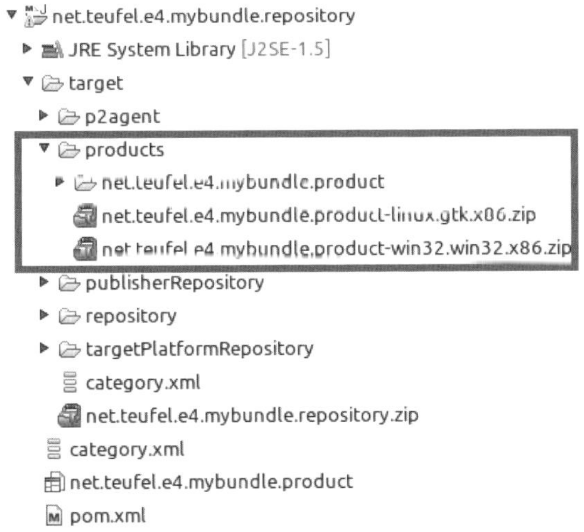

Abbildung 8.18: Produkt-Archive für verschiedene Betriebssysteme nach dem Build

Fügt man das obige Listing in das POM ein, werden im Laufe des Builds zunächst die Abhängigkeiten und Launcher für jedes Betriebssystem separat heruntergeladen und dann die einzelnen ZIP-Dateien generiert. Abbildung 8.18 zeigt, dass die Produkt-Archive zum Schluss in einem neuen Ordner „products" im target-Verzeichnis abgelegt werden. Die Abbildung zeigt außerdem, dass die zuvor erstellte Produkt-Konfiguration und die Maven-POM-Datei im Repository-Projekt auf gleicher Ebene zu finden sind.

9 Migration und Ausblick

In diesem Buch wurden zahlreiche neue Konzepte und wesentliche Vorteile der Eclipse 4 Application Plattform beschrieben. Diese geht mit der Version 4.2 nach 4.0 und 4.1 mittlerweile in ihr drittes Release. Es ist aber das Erste, in dem die neue Plattform Basis für das jährliche Eclipse Simultan-Release ist. Generell enthält dieses 4.2 Release (Juno) deutlich weniger Neuerungen als die beiden Vorgänger. Dies ist jedoch ein ganz natürlicher Prozess der Konsolidierung, der auch schon in Eclipse 3.x Releases zu beobachten war. Die neue Plattform gewinnt im aktuellen Release weiter an Stabilität und Reife. Ein weiterer wichtiger Grund für die kleinere Anzahl neuer Funktionen in der aktuellen Version ist auch die Tatsache, dass sich das Kernteam sehr auf den Compatibility Layer konzentriert hat. Dieses letzte Kapitel beschreibt den Compatibility Layer und geht auf die verschiedenen Migrationspfade von 3.x nach 4.x ein. Im Schlusswort schließlich geht es um die spannende Frage, wie sich die Eclipse 4 Application Platform in Zukunft weiter entwickeln wird, welche neuen Features zu erwarten sind und wie es mit der 3.x Plattform weitergeht.

9.1 Migration

9.1.1 Der Compatibility Layer

Der Compatibility Layer verspricht, dass Anwendungen, die für Eclipse 3.x geschrieben wurden, ohne Anpassungen auf Eclipse 4.2 lauffähig sind. Dazu wird mit dem Compatibility Layer eine Zwischenschicht bereitgestellt, die Workbench API-Aufrufe von Eclipse 3.x nach 4.x übersetzt und diese im Hintergrund in das Programmiermodell integriert. Relevante Extensions aus einer existierenden 3.x Anwendung werden transparent in ein Eclipse 4 Application Model übersetzt. Im Hintergrund läuft somit ein reines Eclipse 4 inklusive aller Services. Der Compatibility Layer ermöglicht damit einen „weichen" Migrationspfad von 3.x auf 4.x ohne große Investitionen zu erfordern. Mit anderen Worten: es sollten zunächst keine Änderungen im Source Code einer existierenden Eclipse 3.x Anwendung notwendig sein. Allerdings müssen in vielen Fällen zusätzliche Plugins gestartet werden, so diese nicht bereits Teil der existierenden 3.x Anwendung sind. Da keine direkten Abhängigkeiten auf diese Plugins existieren, müssen sie manuell konfiguriert werden. Dies erfolgt entweder in einer existierenden Product Configuration, oder zum Testen direkt in einer Run Configuration. Da Eclipse 4 OSGi Services nutzt, die deklarativ definiert sind, wird zunächst das Plugin „org.eclipse.equinox.ds" gebraucht, welches zusätzlich das Plugin „org.eclipse.equinox.util" benötigt. Desweiteren ist die Eclipse 4 Workbench auf den OSGi Event Broker angewiesen, der vom Plugin „org.eclipse.equinox. event" bereitgestellt wird. Zuletzt sollte noch das Plugin „org.eclipse.e4.ui.workbench. addons.swt" gestartet werden, welches einige Features implementiert, wie beispielsweise das Minimieren und Maximieren von Parts innerhalb der Workbench.

Leider ist es nur eigeschränkt möglich, den Compatibility Layer und neue Eclipse-4-Elemente gleichzeitig in einer Anwendung zu verwenden, man muss sich aktuell also entscheiden, ob man weiter gegen die API von 3.x entwickelt oder auf die Eclipse 4 Application Platform umsteigt und deren Vorteile ganz ausnutzt. Die folgenden Abschnitte beschreiben die verschiedenen Möglichkeiten, in Zukunft RCP Applikationen zu entwickeln. Dabei kann Eclipse 4 und 3.x auch gemischt verwendet werden, um damit Anwendungen Schritt für Schritt zu migrieren.

9.1.2 Migration von 3.x?

Eine für viele Projekte wichtige Frage ist natürlich, ob und wann vollständig auf die neue Plattform umgestiegen werden sollte. Hierzu gibt es verschiedene Alternativen. Die hier verfügbaren Ansätze, Eclipse RCP Applikationen zu entwickeln, werden im Folgenden beschrieben.

9.1.3 Reiner Compatibility Layer

Die meisten bestehenden Projekte werden wohl zu Beginn diese Variante wählen. Der größte Vorteil dabei ist, dass für existierende Projekte oder Plugins zunächst so gut wie keine Anpassungen notwendig sind. Das bedeutet auch, dass ein Projekt weiterhin alle bereits verfügbaren Drittanbieter-Komponenten verwenden kann. Zusätzlich bleiben sämtliche Plugins abwärtskompatibel. Dies bedeutet, sie können auch mit früheren Eclipse-Versionen ausgeführt werden. Diese Option wird sicherlich viele Eclipse-Projekte davon abhalten, vollständig auf die Eclipse 4 Application Platform zu migrieren. Viele Benutzer steigen nur im Zwei-Jahres-Rhythmus oder noch später auf neue Eclipse-Versionen um. Ein vollständiger Umstieg auf Eclipse 4 würde also existierende Nutzer einer Technologie aussperren. Da jedoch mit Eclipse Juno die neue Platform im Hintergrund bereits läuft, sind einige Verbesserungen, wie beispielsweise das CSS-Styling schon verfügbar. Wichtigster Nachteil an der Verwendung des Compatibility Layer ist jedoch, dass man die beiden Kern-Innovationen, das Application Model und Dependency Injection, nicht direkt verwenden kann. Es gibt zwar prinzipiell Möglichkeiten, auf das vom Compatibility Layer im Hintergrund erzeugte Application Model zuzugreifen, allerdings noch nicht über eine definierte API.

9.1.4 Eine reine Eclipse-4-Applikation

Die zweite Variante, die insbesondere für neue Projekte interessant ist, ist der Verzicht auf den Compatibility Layer. Die neue Applikation basiert in diesem Fall direkt auf der neuen Eclipse 4 Application Platform. Diese Option eröffnet dem Entwickler alle in diesem Buch beschriebenen Möglichkeiten von Eclipse 4 wie das Application Model und Dependency Injection ohne Einschränkungen zu nutzen. Wurden bereits Teile einer Applikation auf Eclipse 3.x entwickelt, sollten diese vollständig migriert werden. Der entscheidende Nachteil dieser Variante ist jedoch, dass viele existierende Komponenten aus dem Eclipse Ökosystem noch nicht in einer reinen Eclipse-4-Umgebung verwendet werden können, weil sie selbst noch nicht migriert sind. Betroffen sind dabei insbesondere Frameworks, die Oberflächen-Komponenten wie Views oder Editoren enthalten. Typische Beispiele dafür sind der Error Log, die Console View, existierende Editoren sowie zahlreiche Menüeinträge wie der About Dialog. Um Eclipse 4 verwenden zu können, müssten diese Komponenten selbst auf die neue Plattform umgestellt werden. Für die eigene Anwendung sollte vor Start einer reinen Eclipse 4-basierten Entwicklung also überprüft werden, ob die benötigten Komponenten für Eclipse 4 bereits verfügbar sind oder wann eine Umstellung geplant ist.

9.1.5 Eine Eclipse-4-Applikation mit 3.x Komponenten

In dieser Variante wird die Applikation auf Basis von Eclipse 4 entwickelt. Existierende 3.x Komponenten werden eingebunden. Solange diese nicht auf die Workbench API zugreifen und selbst keine UI-Contributions enthalten, sollte dies problemlos möglich sein. Auch UI-Komponenten können in einigen Fällen mit wenigen Anpassungen in Eclipse wiederverwendet werden. Ob dies möglich ist, muss jedoch für jede Komponente gesondert evaluiert werden.

9.1.6 Compatibility Layer und Eclipse 4 Plugins

Hier wird der Compatibility Layer verwendet, um zunächst alle existierenden Komponenten ohne Änderungen weiterverwenden zu können. Neue Komponenten werden nach dem Eclipse 4-Programmiermodell entwickelt und können daher von Dependency Injection profitieren. Prinzipiell gibt es drei verschiedene Möglichkeiten Eclipse-4-Elemente in eine auf dem Compatibility Layer basierende Anwednung zu integrieren:

- Durch die Verwendung von Fragmenten und Processors können neue Elemente in das Application Model eingefügt werden, das vom Compatibility Layer im Hintergrund erzeugt wird. Dieser Weg birgt jedoch momentan noch einige Probleme, insbesondere weil zum Zeitpunkt, in dem Fragmente und Processors ausgeführt werden, der Compatibility Layer noch nicht das vollständige Applikationsmodell im Hintergrund erzeugt hat. Dieses Problem soll mit der Version 4.3 gelöst werden (siehe [1]).

- Eine zweite Möglichkeit, Eclipse-4-Elemente einzubinden ist, eine Kopie des Application Models des Compatibility Layers zu erstellen, per Extension Point als das Modell der eigenen Anwendung zu registrieren und neue Elemente manuell in dieses Modell einzufügen. Eine Vorlage für das Modell befindet sich in der Datei „LegacyIDE.xmi" im Plugin „org.eclipse.ui.workbench".
- Die dritte und momentan vielversprechendste Möglichkeit bietet die e4 Bridge aus dem e4-Tools Projekt. Ziel der Bridge ist es, das sogenannte Single Sourcing von Views und Editoren zu vereinfachen. Das bedeutet Views und Editoren können für Eclipse 3.x. und Eclipse-4-Anwendungen gleichzeitig verwenden werden. Dazu stellt das Plugin „org.eclipse.e4.tools.compat" Wrapper Klassen bereit. Diese sind Subtypen von 3.x Klassen, beispielsweise ist der Wrapper DIViewPart eine Subklasse von ViewPart. Will man eine neue View implementieren, wird eine neue Klasse erzeugt, die von DIViewPart erbt. Diese Klasse wird, wie von Eclipse 3.x gewohnt, per Extension Point in die Workbench eingebunden. Im eigenen Wrapper gibt man nun eine zweite Klasse an, die eine View nach dem Eclipse-4-Programmiermodell implementiert, also als POJO und unter Verwendung von Dependency Injection. Der Wrapper enthält nun lediglich einen Pointer auf die eigentliche Implementierung der View und initialisiert diese per Dependency Injection.

Der Eclipse 3.x Wrapper:

```
public class ExampleViewWrapper extends DIViewPart<ExampleView> {
   public Example3xViewWrapper() {
      super(ExampleE4View.class);
   }
}
```

Die Eclipse 4 View:

```
public class ExampleView {


private Label label;

   @Inject
   public ExampleView(Composite parent){

      label = new Label(parent, SWT.NONE);
      label.setText("Hello World");

   }
}
```

Auch Services und andere Elemente aus dem Context, wie beispielsweise die aktuelle Selection, lassen sich in der e4 View injizieren. Dieser Ansatz ermöglicht es für neue UI-Komponenten die Vorteile des Eclipse-4-Programmiermodells zu nutzen, jedoch alle existierenden 3.x Komponenten weiterzuverwenden.

9.1.7 Eclipse 4 kompatibel entwickeln

Am Ende kommt es wohl vor allem auf die Anforderungen eines spezifischen Projekts an, um zu entscheiden ob und wann ein Umstieg auf Eclipse 4 vorgenommen werden sollte. Insbesondere sollten verwendete oder zu verwendende Komponenten auf ihre Kompatibilität mit Eclipse 4 hin untersucht werden. Eclipse 4 sollte aber für jedes existierende Projekt Anregungen für das Design von Komponenten schaffen. Dabei geht es im Wesentlichen um die Trennung von Code, der nur zur Einbindung einer Komponente in die Workbench und damit in einen ganz bestimmten Anwendungsfall notwendig ist und auf der anderen Seite um Code, der die eigentliche Funktionalität einer Komponente ausmacht. Dies erleichtert nicht nur einen zukünftigen Umstieg auf Eclipse 4, es verbessert bereits in Eclipse 3.x die Wiederverwendbarkeit und Testbarkeit von Komponenten. Die eigentliche Implementierung besteht dann aus zwei Teilen. Eine Wrapper-Klasse implementiert das Interface, das zur Einbindung in die Workbench benötigt wird. Eine zweite Klasse (ein POJO) setzt die eigentliche Funktionalität um. Der Wrapper leitet die entsprechenden Methodenaufrufe an das POJO weiter. Das Interface des POJOs bleibt damit ähnlich wie bei der Verwendung von Dependency Injection minimal. Eine solche Klasse kann leicht in Eclipse 4 eingebunden werden und ist zudem leicht test- und wiederverwendbar.

Ein gutes Beispiel für eine solche Trennung ist die Umsetzung eines Handlers in Eclipse 3.x, der die aktuelle Selection verarbeiten soll. Folgendes Beispiel zeigt die Implementierung eines Wrappers. Dieser greift lediglich die aktuelle Selection und gibt dann ein Objekt (vom Typ MyObject) an die eigentliche Implementierung des Handlers weiter:

```
public class Handler extends AbstractHandler {

  @Override
  public Object execute(ExecutionEvent event) throws ExecutionException {
    ISelection currentSelection = HandlerUtil.getCurrentSelection(event);
    if(!(currentSelection instanceof IStructuredSelection)) return null;
    Object element = ((IStructuredSelection)
            currentSelection).getFirstElement();
    if(!(element instanceof MyObject))
      return null;
    return MyRealHandler.execute((MyObject)element);
  }
}
```

Der eigentliche Handler ist dann, wie in Eclipse 4 üblich, ein reines POJO. Dieser kann leicht getestet und wiederverwendet werden. Fügt man außerdem die entsprechenden e4-spezifischen Annotationen schon ein, kann er bei einem Umstieg auf Eclipse 4 ohne Anpassungen direkt ins Applikationsmodell eingebunden werden:

```
public class MyRealHandler {
   @Execute
   public static Object
    execute(@Named(IServiceConstants.ACTIVE_SELECTION)MyObject element) {

    // Implementierung

   }
}
```

Unter Verwendung dieses Entwurfsmusters können schon in jeder Eclipse 3.x Anwendung die Weichen für Eclipse 4 gestellt werden. Neben einem leichteren Umstieg bringt dieses Design auch ohne Eclipse 4 schon deutliche Vorteile in der Architektur mit sich.

9.2 Ausblick

Viele Entwickler werden nun einige Zeit benötigen, sich in die neue Eclipse 4 Application Platform einzuarbeiten und die Autoren hoffen, dass mit diesem Buch der Einstieg gelingt. Während dieses Kapitel geschrieben wird, arbeiten die Entwickler jedoch schon fleissig an neuen Features für zukünftige Versionen der Plattform. Dieser letzte Abschnitt will daher einen Ausblick wagen und auf Neuerungen eingehen, auf die die Entwicklergemeinde gespannt sein darf.

9.2.1 Eclipse 3.x

Zunächst stellt sich die Frage, wie es mit dem 3.x-Strang weitergeht. Dieser wurde nun in den „Wartungsmodus“ versetzt. Bisher versuchte das Entwicklerteam einen Spagat zu vollbringen: Im Wesentlichen sollte alles beim Alten bleiben, der Rückstand zur 4.x-Linie jedoch trotzdem so gering wie möglich gehalten werden. Wie das funktionieren kann, sieht man am Beispiel der CSS-Komponente sehr gut, einer Komponente, die man sowohl auf der 3.x als auf der 4.x-Plattform verwenden kann. Das Plattform-Team sicherte jedoch zu, weiterhin Fehler zu beheben und für Stabilität zu sorgen. Mit dem 4.2 Release ändert sich nun auch die Ausrichtung. Nach Aussagen der Eclipse Foundation wird es kein 3.9 Release mehr geben, das 4er Release also zum Standard werden [5]. Wer 3.x Releases auch in Zukunft weiter verwenden möchte oder muss, kann für diese auch so genannten Long Term Support buchen [6]. Damit können auch in Zukunft noch Probleme an älteren Versionen von Eclipse behoben werden. Diese Option ist insbesondere für Unternehmen mit sehr langen Wartungszyklen interessant,

9.2.2 Eclipse 4.2.x and beyond

Die Arbeitsplanung für 4.3 hat bereits begonnen. Vorerst wird der Schwerpunkt auf den 4.2.1- und 4.2.2 Wartungs-Releases liegen. Für die Version 4.3 und darüber hinaus ist unter anderem geplant, dass alle Basis-Views, die aktuell über den Compatibility Layer laufen, nativ auf die Eclipse 4 Platform portiert werden. Dann können Eclipse 4 Views und Dialoge, wie beispielsweise die Log- oder Error View, nativ in eigenen Eclipse 4.x-Anwendungen verwendet werden.

Auch viele ältere Probleme, die schon seit geraumer Zeit in Bugzilla gelistet sind, sollen in den nächsten Versionen endlich gelöst werden. Konkret gibt es da eine Umsetzung der „Split Editors" (Bug 8009 [2]), die vermutlich im Zuge der 4.3-Entwicklung aus der Inkubationsphase entlassen werden kann. Es gibt auch schon eine vorläufige Implementierung der Möglichkeit, Sash- oder Stack-Strukturen in einem eigenen Fenster anzuzeigen (Bug 151510 [3]). Das Entwicklerteam arbeitet außerdem weiter daran, die Eclipse 4 Application Platform für Nicht-SWT-Plattformen fit zu machen. In diesem Buch wurde an mehreren Stellen erklärt, dass spezielle Renderer dafür verantwortlich sind, das Applikationsmodell auf den Bildschirm zu bringen und umgekehrt. Konkret wird hier an speziellen Renderern für JavaFX und Vaadin gerarbeitet. JavaFX (laut Oracle offizieller Nachfolger von Swing) ist eine direkte, plattformunabhängige Alternative zu SWT. Stellen die Entwickler einen Renderer für Vaadin zur Verfügung, wird e4 auch den Sprung ins Web schaffen. Apropos Web. Mit der Rich Ajax Platform (RAP) besteht für den 3.x-Strang schon lange eine Lösung, um Eclipse-Anwendungen mit wenig Änderungsaufwand (Stichwort Single Sourcing) komfortabel ins Web zu bringen. Auch hier arbeitet man bereits fleißig daran, RAP mit der Eclipse 4 Application Platform zusammenzubringen. Erste Tests verliefen erfolgreich und der Prototyp sieht vielversprechend aus [4].

Links & Literatur

[1] *https://bugs.eclipse.org/bugs/show_bug.cgi?id=376486*

[2] *https://bugs.eclipse.org/bugs/show_bug.cgi?id=8009*

[3] *https://bugs.eclipse.org/bugs/show_bug.cgi?id=151510*

[4] *http://eclipsesource.com/blogs/2012/07/16/eclipse-4-applications-on-rap/*

[5] *http://mmilinkov.wordpress.com/2012/09/10/juno-performance/*]

[6] *http://eclipsesource.com/blogs/2012/09/17/so-long-and-thanks-for-all-the-fish/*

Autoreninfo

Marc Teufel

Marc Teufel arbeitet als Projektleiter und Softwarearchitekt bei der hama GmbH & Co. Hier entwickelt, betreut und implementiert er Projekte im Bereich internationale Logistik. Dabei programmiert Marc aktiv in Java, Groovy, Scala und PL/SQL. Er kennt das .NET Framework, hier bevorzugt er jedoch Visual Basic.NET vermutlich aus dem Grund, weil mit Visual Basic vor mehr als 10 Jahren sein Einstieg in die IT erfolgte.

Marc ist regelmäßiger Autor für Java Magazin und Eclipse Magazin. Er ist einer der Autoren der erfolgreichen Bücher „Java Web Services mit Apache Axis" und „Java Web Services mit Apache Axis2", beide erschienen bei entwickler press. Außerdem tritt er, sofern es Zeit und Projekte zulassen, auf Fachkonferenzen und Java User Groups als Sprecher auf.

Wenn noch Zeit bleibt – Muße für Kreatives: Schreiben, Posaunenspiel und geistige Fitness. Außerdem Wandern und Wohnmobilreisen.

Kontakt:*teufel.marc@gmail.com*

Dr. Jonas Helming

Dr. Jonas Helming ist Geschäftsführer der EclipseSource München GmbH sowie Consultant, Trainer und Software Engineer im Bereich Eclipse-Technologie. Seine Schwerpunkte liegen neben Java auf den Technologien Eclipse RCP, Eclipse-Modellierung und Eclipse 4. Weiterhin verfügt er über mehrjährige Erfahrung in der Etablierung und Anwendung von agilen Prozessen.

Jonas ist aktives Mitglied der Eclipse-Community, leitet mit der EMF Client Plattform und dem EMFStore zwei bei der Eclipse Foundation gehostete Open Source Projekte und ist in einigen weiteren aktiv beteiligt. Als Berater und Trainer verfügt er über mehrjährige Erfahrung in der Vermittlung von Themen rund um Java und Eclipse sowie agilen Prozessen und hält einen Lehrauftrag der Technischen Universität München. Darüber hinaus ist er als Speaker regelmässig auf Kernkonferenzen wie der Jax oder der EclipseCon.

EclipseSource ist führender Anbieter von Consulting, Training, Entwicklungsdienstleistungen und Produkten rund um Eclipse und OSGi und ist auf modulare Architekturen, auf Eclipse RCP und Eclipse 4, auf Modellierung, auf Eclipse Distributionen/Deployment, Single Sourcing, sowie den Geschäftseinsatz von Open Source Software spezialisiert. EclipseSource ist Gründungsmitglied der Eclipse Foundation und eines der sechs strategischen Mitglieder der Eclipse Foundation in Europa.

Kontakt: *jhelming@eclipsesource.com*

Stichwortverzeichnis

Symbole

A

B

C

D

E

L

M

O

P

Q

R

S

T

U

V

W

X